智慧图书馆管理与档案管理

袁　洋　李国栋　薛玮璐　著

吉林科学技术出版社

图书在版编目（CIP）数据

智慧图书馆管理与档案管理 / 袁洋，李国栋，薛玮璐著. -- 长春 ：吉林科学技术出版社，2022.12

ISBN 978-7-5744-0085-6

Ⅰ. ①智… Ⅱ. ①袁… ②李… ③薛… Ⅲ. ①数字图书馆—研究②数字技术—应用—档案管理—研究 Ⅳ. G250.76②G270.7

中国版本图书馆 CIP 数据核字(2022)第 244345 号

智慧图书馆管理与档案管理

著　　袁　洋　李国栋　薛玮璐
出 版 人　宛　霞
责任编辑　杨超然
封面设计　正思工作室
制　　版　林忠平
幅面尺寸　185mm × 260mm
开　　本　16
字　　数　280 千字
印　　张　12.5
印　　数　1–1500 册
版　　次　2023年8月第1版
印　　次　2023年10月第1次印刷

出　　版　吉林科学技术出版社
发　　行　吉林科学技术出版社
地　　址　长春市福祉大路5788号
邮　　编　130118
发行部电话/传真　0431-81629529 81629530 81629531
81629532 81629533 81629534
储运部电话　0431-86059116
编辑部电话　0431-81629518
印　　刷　廊坊市印艺阁数字科技有限公司

书　　号　ISBN 978-7-5744-0085-6
定　　价　60.00元

编委会

前　言

随着20世纪中期计算机的发明，人类逐渐由工业社会进入到信息社会。特别是20世纪90年代互联网的产生和飞速发展，将人类社会由工业文明发展为信息文明。在图书馆界，一些领航者开始进行大胆探索，尝试将计算机技术、网络通信技术等现代信息技术在图书馆中应用，图书馆开始由传统的工作机制和工作模式转变为网络化、自动化、信息化的工作模式。计算机在图书馆中逐渐被广泛应用，卡片式检索被计算机检索、联机检索、网络检索取代，纸本资源如图书和期刊的地位逐渐被网络数据库和数字文献所取代。在此期间，网络图书馆、数字图书馆、虚拟图书馆开始出现和普及，并成为现代化图书馆的代名词。

智慧图书馆作为未来图书馆发展的目标，其服务理念和方式受到图书馆界学者的持续关注，本研究就是以智慧图书馆为前提，分析和解释在智慧图书馆中，知识服务如何更好的发展，如何为用户提供更人性化、智慧化的服务，因此有必要对智慧图书馆做一个全面的介绍，以期对接下来的研究提供理论依据和技术支撑。

随着数字网络技术的快速发展，“智慧地球”（Smarter Planet）在2009年初由IBM公司提出，“智慧地球”可以使社会和人类变得更加智慧从而适应全球的高速发展。与此同时，有了“智慧地球”必然滋生出“智慧的城市”。“智慧图书馆”作为“智慧城市”的重要组成部分近年来受到广大图书馆学者的关注。

本书的章节布局，共分为十章。第一章是智慧图书馆概述；第二章对图书馆信息资源建设概述做了相对详尽的介绍；第三章是智慧图书馆信息资源建设的政策；第四章是智慧图书馆信息资源建设的方法；第五章是智慧图书馆信息资源建设的创新发展；第六章是智慧图书馆特色信息资源建设；第七章是档案整理；第八章是档案保管；第九章是档案检索；第十章是档案室建设与管理。

本书在撰写过程中，参考、借鉴了大量著作与部分学者的理论研究成果，在此一一表示感谢。由于作者精力有限，加之行文仓促，书中难免存在疏漏与不足之处，望各位专家学者与广大读者批评指正，以使本书更加完善。

目　录

第一章 智慧图书馆概述

第一节 智慧图书馆发展历程

随着20世纪中期计算机的发明，人类逐渐由工业社会进入到信息社会。特别是20世纪90年代互联网的产生和飞速发展，将人类社会由工业文明发展为信息文明。在图书馆界，一些领航者开始进行大胆探索，尝试将计算机技术、网络通信技术等现代信息技术在图书馆中应用，图书馆开始由传统的工作机制和工作模式转变为网络化、自动化、信息化的工作模式。计算机在图书馆中逐渐被广泛应用，卡片式检索被计算机检索、联机检索、网络检索取代，纸本资源如图书和期刊的地位逐渐被网络数据库和数字文献所取代。在此期间，网络图书馆、数字图书馆、虚拟图书馆开始出现和普及，并成为现代化图书馆的代名词。

网络图书馆、数字图书馆、虚拟图书馆三者之间既有联系又有区别，为了对它们进行彻底的研究和辨析，我们需要了解它们的概念、内涵等。

一、网络图书馆

20世纪90年代以后，图书馆的外部环境和内部需求都发生了极大的变化。先进的计算机技术、多媒体技术、数字化技术和通信技术日益发展，数据库的简历，文献数字化的发展带来更多网络化连接的机会，自由灵活的信息使用代替了以往的固定完整的信息收藏等。在这种背景下，网络图书馆作为网络环境下资源的一种新的组织形式，作为图书馆界的一种新型合作模式，应运而生，网络图书馆也成为国内外众多专家学者研究的对象。

对于网络图书馆的认识，学术界存在较大争议，可谓仁者见仁，智者见智，主要流行的观点有以下几个。

（一）网络图书馆是就是电子图书馆

这种观点认为网络图书馆是虚拟图书馆、电子图书馆、数字图书馆等概念的统称，认为网络图书馆就是利用计算机技术，网络通信技术将数字化的信息进行加工整理和贮存，并依托网络进行传播的一种信息服务机构。与传统图书馆相比，网络图书馆侧重对数字化、网络化的信息的处理和传播，其工作内容和工作方式均与传统图书馆有很大不同。并且，网络图书馆与传统图书馆相比，更容易实现对信息的共享，打破了传统图书馆较为僵化的信息获取模式，因此，又被称为“无墙图书馆”。

（二）网络图书馆其实是图书馆的计算机管理系统

该观点认为网络图书馆并不是图书馆的一个种类，而是由于现实的需要，由图书馆开发的一套为实现信息资源共享和有效传播的网络化管理系统。它在一定程度上拓展了图书馆的功能，并且使图书馆的管理手段和服务方式发生了变革。通过网络图书馆，可以实现网络采购、网上编目、在线借阅、馆际互借和参考咨询等，丰富了图书馆的服务内容和服务手段。

（三）认为网络图书馆是跨地区、跨系统的图书馆联盟

这种观点认为网络图书馆产生和发展的最终目的是为了实现信息资源共享，网络图书馆的本质就是图书馆联盟，是图书馆联盟在网络环境下的组织形式。网络图书馆是基于图书馆联盟合作的深入发展，在自愿和互惠互利的基础上建立起来的图书馆联盟。

关于网络图书馆，我国图书馆学者吴慰慈先生给出的定义为：网络图书馆是指一定范围内若干图书馆以计算机技术、数字化技术、网络技术为基础共同合作组建的，可供用户异地获取图书馆馆藏资源与服务信息资源的网络系统。这是目前学术界比较全面系统概括网络图书馆特征的概念。

二、虚拟图书馆

最早提出虚拟图书馆这一术语的人是美国人A. Harley，他当时是大英图书馆外借部计算机与通信工作组负责人，他认为虚拟图书馆指的是一种环境，是一种远程获取图书馆情报资源和服务的行为。

1992年，美国学者卡耶在《虚拟图书馆知识社会与图书馆员》一书里，认为虚拟图书馆是利用电子网络远程获取信息与知识的一种手段。他认为虚拟图书馆只是用户获取知识与信息的一种方式，而不是一种图书馆形态。日本学者Jajko则认为虚拟图书馆是一种知识管理实体。通过远程通信技术将图书馆拥有的信息资源与外部世界范围的信息有机结合，促进快速和有效地利用信息。

国内学者也对虚拟图书馆做了较多的研究，如武汉大学黄宗忠教授认为虚拟图书馆是虚拟现实技术在图书馆的应用，是一个跨地区、跨国家的信息空间，而不是一个物理存储的图书馆。北京大学的吴慰慈教授则认为虚拟图书馆就是虚拟化的图书馆镜像，它以信息资源的数字化存储和网络化传递为基础，是实现信息资源共享的“大公共图书馆”“无墙图书馆”“全球图书馆”。

虚拟图书馆中“虚拟”一词源于计算机技术，是指用计算机来虚拟现实世界中的客观事物和环境，所造出和现实事物极其相似的镜像。计算机技术、网络技术的发展使图书馆利用信息技术在网络上开展工作和服务成为可能，而网络上的图书馆是现实中的图书馆在网络上的镜像，因此，虚拟图书馆也就是图书馆在网络中的镜像。通过网络实现与跨地区、跨系统甚至跨国的图书馆连为一体，而其他图书馆的馆藏资源也成了虚拟图书馆的虚拟馆藏资源，它依托本馆馆藏资源和其他馆馆藏资源为用户提供服务。

三、数字图书馆

1993年，美国克林顿政府提出的信息高速公路计划中，将数字图书馆规划作为“试点”建设的重要项目。1994年，美国国家科学基金会等单位正式实施的一项“数字图书馆创始计划”中，首先提出了数字图书馆的概念。同样在得克萨斯又召开了国际数字图书馆会议。同年9月，美国国家科学基金会、美国国防部高级研究计划署、美国国家航空与太空总署联合发起了“数字图书馆创始工程（DLI——Digital Library Initiative）”。1995年初，美国IBM公司又发起了全球数字图书馆研究的倡议，并成立了数字图书馆学会，“数字图书馆”一词广泛流传开来。1997年，美国国家科学基金会赞助的专题讨论会上认为：“数字图书馆”的概念并不仅仅是一个有着信息管理工具的数字收藏的等价词，数字图书馆更是一个环境，它将收藏、服务和人带到一起以支持数据、信息乃至知识的全部流程，包括从创造、传播、使用到保存的全过程。自美国开始研究数字图书馆之后，英国、法国、日本等世界上许多国家开始对数字图书馆项目进行规划和建设，如英国图书馆电子化贝奥伍夫项目（BL）的创建，日本国会图书馆实施的“关西图书馆工程”等，均是对数字图书馆的研究和尝试。

数字图书馆的研究者将数字图书馆的定义分为两类，一类观点是从技术和数字存储空间的角度来对其进行定义，这种观点认为数字图书馆应该更突出“库”的概念，即数字图书馆是一个数字化的信息资源库，它是为国家信息基础设施建设提供关键性的信息管理技术，同时提供主要的信息源和资源库的数字化仓储空间。这一类观点的代表性定义有：（1）数字图书馆是一个分布式的信息环境，其相关技术使得创建、传播、处理、存储、整合和利用的困难大幅降低。（2）美国研究图书馆协会（ARL）给数字图书馆的定义是：数字图书馆不是一个单一的实体；数字图书馆是把许多地方的资源连接在一起的技术；众多数字图书馆和信息服务的连接对最终用户应是透明的；数字图书馆的目标是让广大用户最大限度地获取信息、得到信息服务；数字图书馆的馆藏不应局限于原件的替代品，还应包括无法用印刷方式表现或传递的实物，并将其数字化。（3）美国“数字图书馆创始计划”提出：数字图书馆不仅仅是数字馆藏及管理工具的集合，而应包括信息、数据和知识在整个创建、发布、利用、存储等生命周期内的所有活动。（4）数字图书馆即是一个数字化的信息系统，它将分散于不同载体、不同地理位置的信息资源以数字化方式存储，网络化方式互相联接，提供即时利用，实现资源共享。

第二类观点将重心放在“图书馆”上，认为数字图书馆就是运用当代信息技术，对数字信息资源进行采集、整理和储存，并向所有连接网络的用户提供，为一定的社会政治、经济服务的文化教育机构以及这种机构的组合。代表性定义有：（1）数字图书馆是采用现代高新技术所支持的数字信息系统，是下一代因特网网上信息资源管理模式，它将从根本上改变目前因特网因规模庞大而不便使用的现状。这一概念说明数字图书馆是超大规模的，分布式的，便于使用的，没有时空限制的，是跨无缝连接与智能检索的知识中心。（2）所谓数字图书馆，是指运用计算机技术、网络技术、通信技术、数据库技术和多媒体技术等多种信息技术及其设备，对不同类型、不同载体、不同形式的各种文献信息资源进行搜集、选择和规范化处理，使之以数字化的方式和多媒体的形式存储，建立分布式的馆藏信息资源库和虚拟馆藏信息资源库，并通过各种局域网、广域网和因特网，向世界各地所有连接因特网的用户提供信息服务的数字化和网络化的信息系统。第二类观点是图书馆界比较认可的观点。

关于数字图书馆的类型，加利福尼亚大学信息管理和信息系统学校的Peter Lyman将数字图书馆分为4个类型：（1）数字图书馆，包括多种媒体介质的数字化馆藏，它由图书馆员来组织管理。数字化馆藏包括印本资源的数字化和各类型数据库。（2）新生的纯数字图书馆，这种类型的数字图书馆从建立之初便以数字形式创造和存储各类文献。（3）数据图书馆，数据图书馆不但存储图书馆活动本身产生的各类数据，即用户、图书馆员和图书馆专业设备所产生的数据，也存储图书馆外部产生的数据，如各类传感器、气象卫星、智能化设备、经济活动、科学研究等所产生的数据。（4）数据通信，这种类型的图书馆包括一组数字通信的电子文件，如环球网、电子邮件和用户组，还包括数字电视、网络视频、数字电话和数字广播等。

哈佛大学商学院教授克莱顿·克里斯滕森提出了“破坏性技术”（Disruptive Technologies）概念，泛指那些有助于创造新价值、开辟新市场，而且逐步或者迅速地颠覆原有的市场格局、取代原有技术的新技术。从21世纪开始，以信息技术、自动化技术、智能技术等为代表的高新技术的飞速发展对原有的社会经济结构和模式造成了“颠覆性影响”。在世界范围内，大部分的产业发生了深刻变革，这既对传统的产业造成了危机，又带来了一定的机遇。作为传统的信息服务机构的图书馆，也在一定程度上受到了破坏性技术的冲击，如图书馆查询信息的功能被Google、百度等搜索引擎冲击，图书馆的馆藏图书和期刊被存储电子化、数字化文献和信息资源的数据库所影响，参考咨询服务被社交网站、百科类网站和问答式的网站所冲击等。表1-1是在维基百科有关资料基础上整理的一个破坏性技术与传统技术对照表。

表1-1　破坏性技术与传统技术对照表

主流技术	破坏性技术
电报	固定电话
固定电话	移动电话
交卷相机	数码相机
百货商店	大型超市
IBM主机	个人计算机
存储软盘	闪存装置
Microsoft	Google
Google	Facebook
传统报纸	网络门户
网络门户	Twitter/微博

数字图书馆面临着来自多方面的挑战，这里的多方面，既包括来自技术的挑战，也包括来自于外部相关机构的挑战。如目前学术数字资源建设商发展迅猛，中国知网资源建设已由中国期刊论文逐步拓展到国内外期刊论文、会议论文、学位论文、重要报纸文章、专利、标准等，在图书资源方面，也收录大量图书，不仅提供年鉴、工具书的查询服务，最近还建立了教辅平台。另一重要学术资源服务平台——万方数据知识服务平台，也提供了国内期刊论文、学位论文、会议论文、专利、标准、地方志、法规文献、科技成果、图书、行业机构、专家学者等学术资源。其他的资源建设商，如维普期刊服务平台等在学术资源建设方面都取得了许多成绩。目前，这些资源建设商所拥有的非图书资源是国内绝大多数图书馆都无法比拟的。我国大多数高校图书馆已经离不开这些资源建设商提供的学术资源服务了。超星图书馆，主要提供数字化的图书资源，该数字图书馆包括文学、经济、计算机等50余大类，拥有数百万册电子图书，500多万篇学术论文，全文总量超13亿页，已经达到一个大型图书馆的藏书规模，假以时日，将会超过目前我国绝大多数图书馆的藏书。另外，该数字图书馆还收藏了近20万集的学术视频，这些收藏对我国传统数字图书馆形成了很大的冲击。此外，百度和Google等搜索引擎均设置了学术搜索，并开始涉足学术出版领域，这些都在不同程度上对数字图书馆产生影响。

在技术方面，大数据技术、云计算技术、语义技术、数据挖掘技术、RFID技术、跨平台检索技术等，都对数字图书馆造成了一定的冲击，用户的需求随着新技术的发展而不断提高，人们不再满足于以前的信息获取模式，泛在化的、个性化的、智能化的信息服务被越来越多的用户所青睐，并逐渐成为评价图书馆服务好坏的一个重要标准。当然，信息技术在给数字图书馆带来了挑战的同时，也给它带来了发展机遇，数字图书馆可以应用这些技术到工作中去，到服务中去。数字图书馆所遇到的问题和其所获得的机遇，也就预示着数字图书馆的整体结构和工作、服务模式必然要有所变革，这就为智慧图书馆的产生和发展提供了前提条件。

第二节 智慧图书馆内涵

一、智慧图书馆的概念

（一）馆馆相联的图书馆

馆馆相联的图书馆是智慧图书馆的内涵所在，其目的是将一个区域内乃至全部地区的图书馆（无论规模大小，服务质量好坏）都动态的连接起来，使得每个馆的每一个文献资源都可以得到充分的共享；学科馆员、参考咨询等也可以跨馆为用户服务；与此同时，几个图书馆动态连接形成联盟后，不同馆的馆员之间也彼此形成了交流，将吸取的知识和经验应用到自己的工作中，在充实自己的同时也充实了图书馆。这种馆馆相联的形式使得每一个参与其中的图书馆都能更上一层楼，在提升自身身价和服务质量的同时，也为用户带来了不小的便利。

（二）馆内相联的图书馆

馆内相联，即馆内的资源和书籍都是动态连接在一起的，也可以称作书书相联。书书相联是智慧图书馆知识服务的基础。书书相联顾名思义就是将书和书连接在一起，这里的书不单单是纸质的，还包括电子版、网络版的书籍或文献。书书相联就是将一个图书馆的所有文献资源整合到一起，并通过物联网、云计算、大数据等技术共享到另一个图书馆中，实现了馆与馆之间文献资料的共享以便读者阅读和借阅，达到文献资源的集群化，从而为读者提供更加人性化的知识服务。深圳在2012年为图书馆颁布了一项全新的政策，即“统一服务”。“统一服务”就是把执行这项政策的图书馆统一起来，读者只需办理一个读者证就可以访问所有的数据库和系统。这项政策大大方便了读者，读者再也不用担心为了寻找一本书而走遍所有图书馆，再也不用适应每一个图书馆的不同服务规则。此外，读者还可以在自己的读者证内存入适量金额，当需要产生必要的费用时系统会自动从读者证上扣除。“统一服务”政策所遵循的最基本原则就是公益性原则，因此为读者所提供的服务基本上都是免费的。这种统一服务就是书书相联图书馆的一种形式，它不但方便了读者，还使一些“孤岛”现象的基层图书馆得以重新利用。

（二）书人相联的图书馆

书人相联是智慧图书馆知识服务的关键，体现了图书馆以人为本的服务理念。书人相联包括书与馆员的相联，也包括书与读者的相联。全天城市街道自助图书馆就是书人相联图书馆的一个很好例子。全天城市街道自助图书馆打破了以往的服务方式，它拥有人性化、智能化等特征，它可以为用户提供自助借书、还书、预定、查询、办理图书证等一系列图书馆的基本服务。这种服务模式是数字技术与公共文化服务的完美融合，大大方便了市民的文化生活，对构建公共文化服务体系具有深远意义。

它的优势是读者再也不用担心图书馆严格的闭馆时间，可以随时随地的到住处附近的自助图书馆进行借还书。这种借还形式大大降低了成本，提高了图书馆借阅率并且操作方便，易上手。24小时城市街区自助图书馆将书与人（读者）紧密的联系在一起，形成书人相联的图书馆。但书人相连还是以书书相联为基础的，比如读者去自助图书馆借书，如果发现所需图书在自助图书馆中没有收藏，而在别的图书馆有，这时就需要利用数字化技术使馆与馆之间彼此相联，确定被借书的馆藏地点，再由图书馆员送到读者所在的自助图书馆。再比如读者想要预定某本图书，读者可以在图书馆设立的自助终端机或浏览图书馆官网，检索到所需图书的借阅情况并申请预借请求，图书馆员收到预借图书请求后，会将图书送到离读者所在地最近的自助图书馆并通知读者取书，读者得到通知后必须尽快去图书馆取书，时限为1天。这自助借阅形式将图书和读者联系在一起，不仅方便了读者，也大大提高了图书的借阅率。

（四）人人相联的图书馆

人人相联是智慧图书馆知识服务的核心。人人相联不单单是把读者和馆员有机相联起来，还要在读者间和馆员间建立起相联关系。随着互联网技术的越发成熟，中国的一些大型图书馆开始在网上提供知识服务导航站还有一些其他的个性化服务，这为人人相联的图书馆开创了先河。在互联网技术的支持下，馆员间彼此的相联甚至可以把国内外的优秀馆员都连接在一起，形成了庞大的人力资源群体，可以更有效的为读者提供参考咨询服务。Ken Wheaton在《为什么智慧城市需要智慧图书馆：以阿拉斯加的故事为例》提到一个本土的阿拉斯加人坚定的说这个冬天阿拉斯加将会面临大幅度降温、暴雪和特大风天气。一些大型复杂的天气预报仪都测不出来的东西他是怎么预测到的呢？许多人都持怀疑的态度，但是他说对了，当年阿拉斯加确实迎来了历史上最糟糕的一个冬天。这个本土的阿拉斯加人所拥有的知识在课本上是学不到的，而是前人经验及智慧的总结，即现代人对前人经验的传承。所以人与人之间就需要即时的沟通，吸取他人的经验从而使自己变得更加智慧。图书馆势必会随着时间的推移而发生翻天覆地的变化，现如今的图书馆里面只有长长的过道和满满架子的书，现在人们已经对这种传统图书馆不买账了，我们应该回到人类最原始获得知识的状态：人与人的沟通，也就是人人相联的图书馆的本质追求。

（五）摆脱时间限制的图书馆

摆脱时间限制的图书馆是智慧图书馆知识服务的时间延伸。它是指读者可以忽略传统图书馆的时间限制（开、闭馆时间），全天候的浏览图书馆的馆藏内容。利用数字化、智能化和网络化技术，图书馆就像一台笔记本电脑一样可以随时的使用，让读者可以自由的在任何时间享受图书馆的服务。虽然传统图书馆仍然会有它独特的魅力所在，但是这种任何时间都可以使用的智慧图书馆可以让用户摆脱时间的束缚，使用户可以更自由的支配自己的时间来使用图书馆。这种新型图书馆打破了原有传统图书馆的服务模式，让读者感到图书馆就像他们的手机一样一直在他们的身边，可供随时使用。

（六）摆脱空间限制的图书馆

摆脱空间限制的图书馆可以让用户在任何地方享受图书馆带来的服务。在相当一部分人的认知中，图书馆就是一个庞大的建筑物，是一个物理空间的存在。智慧图书馆则改变了人们这一传统的认知。在智能技术的支持下，读者可以摆脱空间的限制在任何地点，比如餐厅、火车上、家里等都可以享受图书馆提供的服务，让读者能体会到图书馆就在他们的身边，并且可以随时随地使用。例如美国密歇根州的特拉弗斯飞机场就为其用户提供了类似图书馆的服务。该服务是利用机场的WIFI让读者通过二维码扫描下载一个应用程序到他们的移动智能设备上，通过该程序读者可以浏览大量的免费电子书籍，并且读者下载下来的书籍都是不限时的，旅客可以长期保存而不会过期。现如今许多机场都设立了类似的电子书免费下载服务，做到了真正的摆脱空间限制让读者在任何地方都能享受到图书馆的人性化服务。

二、智慧图书馆的主要特征

（一）人性化

智慧图书馆的服务不单单是依靠智能技术的支持，其最核心和最重要的服务特点应该是以人文本的智慧化服务。图书馆要想成功进阶到智慧图书馆这一层面，就必须摒弃以前的服务观念：(1) 转变以馆员为中心的服务思想，馆员应站在用户的角度去思考问题，确立以人文本、以读者为中心的服务思想。(2) 转变以往机械化、略显僵硬的服务方式，创新出能够体现个性化、人性化的服务方式。(3) 转变重藏轻用的思想。一个图书馆是否强大不单是看其馆藏是否丰富、特色文献是否充裕，最主要的应是其能否吸引更多的用户来访问并使用它，因此图书馆应改变固有的重藏轻用观念，加强服务意识，树立以服务为本的理念。(4) 转变以往的被动服务观念。以往被动服务时期，图书馆员只有当用户提出问题了，馆员才会为其解决，这难免让用户对图书馆产生冷漠、服务态度不好的看法，所以应该树立主动服务的意识，即主动的询问用户是否需要帮助，让用户感受到温暖、贴心的服务从而全面提升图书馆的形象。

(二) 知识化

知识化是以数字化为基础的，在互联网时代，通过将大量资源和知识数字化，知识的应用和共享得以最大限度的开发，从而使得用户的智能潜力和社会物质资源潜力被充分发挥。随着数字技术的不断发展，在未来公共图书馆中纸质资源的增长速度会越来越缓慢，数字资源将逐渐替代纸质资源成为主要的知识载体。专家曾经预测未来图书馆的发展方向将是以数字资源为主，纸质资源为辅，图书馆应是利用最新的数字化技术的智能化虚拟图书馆，如今看来似乎梦想照进了现实。早在2007年，由美国亚马逊公司设计并开发的KINDLE电子书阅读器正式面向消费者，KINDLE电子书阅读器可以通过亚马逊官网直接购买并可下载电子书、期刊、报纸等。2011年5月亚马逊公司宣布，其售出的纸质图书销量第一次低于了电子图书的销量，这对电子书来说是具有非同凡响的意义。根据销售结果显示，亚马逊公司出售的纸质图书和电子图书的比率是1：1.05。2011年6月大不列颠图书馆与GOOGLE签署了一份协议，将18世纪前后的大约25万册文献资料以电子版的形式重新呈现给大家。大英图书馆馆长达梅.琳内.布林德说到，历届馆长的最终目标都是想让更多的人获取知识，而现在的计划就是对之前的目标的进一步拓展。馆长还提出，之所以和GOOGLE合作，就是为了将这些历史材料能够永久的保存，让所有人都能欣赏到这笔宝贵的财富。知识化的核心理念是学习和创新知识，数字化时代无疑更加推动知识化的发展，更多人可以通过网络来学习知识，交流知识进而创造新的知识。

(三) 网络化

现如今图书馆的发展已经离不开网络，互联网逐渐成为继物理和社会空间之后的图书馆服务的第三空间。由于网络的迅猛发展，公共图书馆网络服务大幅增加，用户可以在任何时间、任何地点享受检索、电子书阅读、参考咨询等图书馆服务。ITU在2014年5月公布报告，结果显示在2014年底全世界使用网络的人数将达到30亿，手机用户将超过70亿。在国内，根据CNNIC2015年2月发布的统计显示：截至2014年12月，中国网民数量已经增加到6.49亿，手机网民数量达到5.57亿，均居全球首位。在网络化的大环境下，公共图书馆的服务也随之产生了天翻地覆的变化，用户可以不受时空限制的随时随地自由访问图书馆并获取自己需要的信息。此外，许多大型图书馆为了给用户提供更优质的服务，近年来购置了大量计算机并优化了上网速度、建立了许多大型网络数据库资源使得图书馆的网上信息不断增加，更多的用户通过互联网查询电子信息并通过移动设备享受图书馆所提供的各式各样的移动服务。在今后图书馆的发展中，网络化将扮演着一个重要的角色成为智慧图书馆发展的必然条件。

（四）集群化

所谓集群化就是将知识和信息有机的整合在一起并能随时的方便获取、无障碍转换，并跨越时空进行传递等。当一个图书馆的管理达到了集群化，那么这个图书馆就离转型成智慧图书馆更进了一步。图书馆的集群化将表现为以下三个方面：

（1）整合：图书馆的整合就是将各个图书馆的馆藏，各个知识库的资料，全人类的智慧整合在一起。现如今各个公共图书馆及其他机构馆都有相当数量的特色馆藏文献和数字资源，但有很大一部分资源都处于冰封状态，既不互通互联，也不共建共享，想要获取到这些资源非常的困难。这就需要改变原有的格局，将各个馆的馆藏进行整合共享，通过整合让知识资源更加显性，使用户更方便快捷的获取到自己想要的信息。

（2）集群：集群这一概念最早是由美国迈克尔·波特教授在1990年提出的，图书馆要想跟上时代的脚步就必须转变其服务理念和管理方式，集群是图书馆成功转型的必备要素之一。通过集群，各图书馆可以形成联盟，将各自的资源先聚集再共享，这样每个馆的知识储备都会变得更为充足，购书成本会相应减少，服务质量却会大幅提高，这会让用户的体验变得更加舒心、顺畅。

（3）协同：协同服务的加入会使图书馆的发展变得更为迅速，服务方式也更为灵活。协同服务近年来得到国内乃至国外图书馆界的一致认可，是未来图书馆发展的主要目标。协同服务包括很多种形态，例如企业之间的协同、不同地点之间的协同、国内协同、全世界协同等。协同服务就是将分散在各个地点的图书馆全部统一起来，在管理机制、服务体制上进行整体的规划和改革，改变因布局分散造成的重复建设，降低图书馆支出成本，为用户带来更好的服务质量。

三、智慧图书馆建设的原则与内容

（一）智慧图书馆建设的原则

1. 标准化和规范化原则

智慧环境下，图书馆信息的采集和加工，传播和利用，都是以网络为依托的。“无处不在”的互联网，对于图书馆建设的便利性是不言而喻的，但若要形成全国范围内的图书馆事业体系，甚至全球范围内的共建共享，统一的标准和建设规范是必不可少的。由此可知，标准化和规范化会直接影响智慧化建设的成败。例如国际上通用的数据格式标准规范，统一的网络通信协议，符合行业标准规范的设备等，统一的标准、规范、协议，以及可兼容的软硬件，在数字资源系统建设、技术平台构建、信息服务系统开发等过程中，都是至关重要的，在图书馆系统互联互访到其他系统的智慧化建设中，发挥着不可替代的作用。换句话说，智慧图书馆的未来建设，及其功能服务更好的实现，必须建立在统一的标准、规范基础之上。

2. 开放性和集成性原则

未来智慧图书馆的发展，将为读者提供智慧化程度较高的个性服务，同时，读者能够互动式或自主式的参与图书馆的服务与管理。在移动互联网的基础上，信息的创建和处理，传输和搜索，都会达到难以想象的高效和便捷，图书馆员不再是唯一的信息制造者和发布者，读者也将成为信息数据的创造者，使得信息的扩散更加迅速，信息在“图书馆——读者”之间的流动更加快而直接。智慧图书馆为用户提供的微信互动、微博分享，网上联合知识导航站，以及电话预约、就近取书等服务，降低了图书馆的进入“高度”，使馆员与读者，读者与读者，馆员与馆员之间能够自由互动、协同参与，在图书馆的管理和服务中，读者可直接或间接地发挥作用。

智慧图书馆是在云计算技术、物联网技术的基础上，实现各个文献信息机构之间，不同类型文献之间，实现跨系统应用集成，跨部门信息共享，跨媒体深度融合，文献感知服务和集群管理。上海图书馆的“同城一卡通”，使读者对可用一卡通借阅的文献的存储和流通状态，能够跨时空、实时获取，在237个总分馆中，跨空间的实现各个单一集群系统的互通互联。通过知识信息的共建整合，无障碍转换，跨时空传递等，实现集约显示、便捷获取，依靠集群化综合服务平台，使知识资源的视角不仅仅局限于点，而是扩展到条、面、区域，从而达到条线的交流，块面的联系，区域间的互动，实现智慧化运作。图书馆要实现服务创新，就必须依靠新技术的智慧化应用。

3. 共建性和共享性原则

全国范围智慧化图书馆体系的建设，一个图书馆的力量是有限的，短时间内很难完成智慧资源建设。几个图书馆之间的信息共享，通过共享人力、物力，可短时间内丰富馆藏资源，最大化的满足用户需求。由此可知，作为个体的图书馆，若想要尽快实现泛在化、智慧化建设，必然需要与其他馆合作，通过共建共享，贡献自己力量的同时，也获得更多其他馆的馆藏资源。

为实现信息资源共建共享，图书馆个体可以相互联盟，如国际上的OCLC（On-line Computer Library Center，联机计算机图书馆中心），以及国内的CALIS（China Academic Library&Information System，中国高等教育文献保障系统）等，一方面，一定区域内的图书馆形成统一体，以联盟的形式采购图书、数据库等，从书商、服务商处获得较低的采购价格，不仅节省资源，也可扩大资源利用率；另一方面，各个图书馆之间可以共享技术、平台资源等，在数字化建设过程中，避免资源重复开发、节约成本，还能有更多的资源用于读者服务，促进图书馆的智慧化建设。

4. 智慧性和泛在性原则

图书馆的智慧化、泛在化主要体现在：①服务时间和服务空间：无线网络技术的发展，更加智能的自动化服务系统的出现，实现在网络所覆盖的地区，都能体验到的图书馆服务，且连续7×24h的服务。图书馆用户通过终端设备，可以不受时间、地点限制地享受数字资源、服务。②服务对象和服务模式：移动通信技术的发展，图书馆的服务模式势必要发生改变，为所有连入网络的用户主动推送资源、服务，不再仅限于到馆用户，每个人都能公平的获取所需资源和服务，真正地扩大图书馆服务对象的范围。③服务内容及服务手段：泛在环境下，图书馆之间资源的共建共享，使得图书馆用户可获得资源服务，不再仅限于本馆的馆藏，而是整合不同平台的资源，如共享资源中心、互联网和开放知识库等，同时，对信息加以归纳整理、去伪存真，然后供用户使用，如通过网站、WAP平台拓展数字化资源的利用率。

由此可知，时代背景和技术环境的变化，图书馆的建设发展务必要遵循智慧化、泛在化的原则，才能真正体现图书馆的社会价值。

（二）智慧图书馆建设的内容

随着社会的数字化、网络化发展，各种挑战接踵而至，图书馆就要不要转型、如何转型，一直面临着各方面的压力。换个角度，社会的发展，也为图书馆开创了一个前所未有的时代，包括传统的馆舍、资源建设以及服务创新、合作共享、数字平台建设，阅读推广等等，都是图书馆的崭新成果。移动互联网、物联网的出现，平板电脑、智能手机及可穿戴设备等载体的应用，使用户需求发生了巨大变化，不再是以往的简单获取文献，而是直接获取知识、享受智慧服务，随之而来的是图书馆服务模式的与时俱进。

1.图书智能分拣、盘点系统

RFID标签的使用，改变了传统的图书馆工作流程，配合RFID设备的使用，图书馆管理数据流的业务流程为：采编-分拣-盘点-借阅。图书进入图书馆后，要先进行分类编目、标签工作，后由自动分拣系统分配上架，供读者借阅。读者通过自助借还设备归还图书，分拣系统对归还图书进行整理，后直接分配、上架。另外，由于每本图书都有专属的RFID标签，图书的清点工作便变得简单，可通过RFID读写装置自动清点，并实时更新图书的存放位置，清楚图书的在架情况。目前，国内图书管理系统研究较成熟是深圳市远望谷信息技术股份有限公司，具备不同功能的RFID设备（如图1-1所示），在全国三百多家图书馆投入使用。

图1-1　推车式盘点系统、便携式盘点设备、图书自动分拣系统

2.馆内自助系统

（1）自助借还一体机

自助借还一体机是射频识别技术的一种应用，通过自助借还系统，读者不再局限于服务台办理图书借还，而是读者自助进行操作的一种设备。拥有图书馆智能卡的用户，借书时只需将智能卡片、待借图书放在各自的感应区内，由自助设备自动扫描识别，读取卡片上用户的个人信息、书籍信息，然后用户核对信息并确认借阅，即完成整个借书过程。相对于借书过程，读者的自助还书过程更加简单快捷，只需点击自助设备显示屏上的“还书”，后将所要归还图书放置感应区，然后确认信息并归还，无

须出示借书卡。另外，可同时借还多本图书，自助借还系统可24小时连续服务。自助借还设备的使用，不仅方便读者，减少馆内工作量，更提高了图书的流通速率、图书馆的服务品质。

（2）座位预约系统

座位预约系统同样是RFID技术的一项应用，实现了图书馆内用户与设备的互联。在每个椅子中植入重量传感器，通过馆内的无线网络，发送是否空闲的信息，控制中心汇总所有信息，在显示屏上以图像形式展示，读者可到馆预约，也可通过“我的图书馆”在手持终端预约（见图1-2），座位自助预约系统是图书馆智能化、人性化的体现，用户可根据喜好预约。但对于恶意预约用户，通过限制预约权限、减少借阅数量等形式进行惩罚，以杜绝此行为的出现。

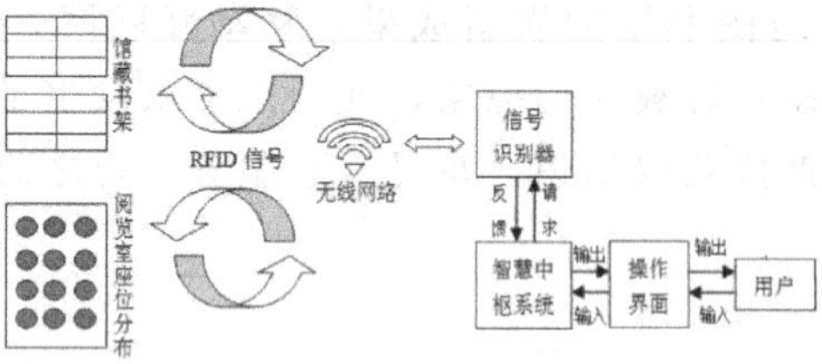

图1-2 座位预约系统的运作机制

（3）图书馆多媒体终端机

读者自助操作，进行图书馆导航，以及书目检索和报纸期刊的阅读，还能用来宣传展示图书馆。

（4）自助打复印一体机

用户可根据需要，进行自助打印、自助复印，也可将自己需要的纸质图书资源，自助扫描到自己的邮箱，并可通过网络，完成异地打印。

（5）触摸屏阅报机

馆内配置多台触摸屏阅报机，供读者阅读报纸、期刊，并能够进行图书馆3D全景地图导航。

3.智能管理和安全系统

（1）综合能耗管理系统

在智慧城市的大背景下，智慧图书馆的建筑主体务必要达到环保、节能的标准。综合能耗管理系统，是在图书馆内部相关设备内嵌入传感器，以便实时控制整个图书馆的内部环境，包括空调、照明、给排水等，在确保读者人身安全的同时，为其营造舒适的阅读环境，并对馆内设备进行在线监控，确保其最佳运行状态和最低能耗。并根据图书馆所处的地理环境，选择绿色环保的建材，充分利用气候因素，实现智慧图书馆的安全、节能。

（2）图书安全防盗系统

图书安全防盗系统包括RFID、磁条双重防盗系统。合法借阅的图书，需满足三个条件，即EAS防盗位，EPC编码字段中的标签类型位，消磁。联网状态下，对图书实时监测，如有不合以上三个条件的图书，系统将进行声光报警；脱机状态下，此防盗系统可以实现离线报警。北京超讯科技公司开发的，适用于大型图书馆或书店的EM-2005电磁波防盗系统，灵敏度高，盲区小，功耗低，寿命长，并能实现多通道联机使用，各通道之间，可实现单独报警。采用全数字调制技术，配合微电脑控制技术，具有较强的抗干扰能力，因此，能够很好地避免金属干扰引起的纠纷。

（3）智能门禁系统

智能门禁系统一般由门禁控制器和门禁读卡器，门禁管理软件、电控锁和开门按钮，以及管理电脑和门磁等主要部件构成。具备联网功能的智能门禁系统，在集成安保系统的同时，还能集成报警系统。当图书馆内因为异常发出火警警报，门禁系统自动打开消防门、其他安全出口。另一方面，消防门上的电控锁，能够实现火灾时断电，为馆内人员提供逃生路径。

4. 移动服务建设

进入本世纪后，随着互联网和信息技术的发展，移动服务方式，从短信服务发展到网站服务，再到移动APP服务；服务载体，从普通手机到智能手机，电子阅读器、平板电脑等，使用户可以随时随地，接受或访问图书馆的数字化服务。总的来说，移动服务，是图书馆事业上的一次移动革命。

智慧图书馆广泛互联互通的特点，使其能够实现手机、阅读器、IPTV（互联网协议电视技术）等之间的无缝对接。以手机、平板电脑等移动设备为载体的手机图书馆，通过无线上网进行信息的双向传播。基于3G、4G手机高速浏览网页的功能，图书馆与数字图书馆之间可实现连接；借助移动短信咨询平台、移动阅读和交流平台，以及网络信息浏览平台，为读者提供书目查询服务，图书的续借、预定和到期提醒服务，参考咨询、读者荐购、个性化定制及移动阅读等服务。读者可以使用手机进行操作，随时随地进行书目检索、图书预约续借和到期查询，获取图书馆的公告信息和讲座预告信息，简单方便。通过相应接口的开发，利用数字图书馆与数字电视的交互，实现二者的互联。用户只要在家通过电视，就能对图书馆的图书进行预约、续借，查询借阅信息，阅读馆藏电子书刊，观看视频公开课资源。

5. 智慧空间重构

互联网时代，以安静的阅览室为主体的图书馆结构，已经不能适应用户的需求。在世纪之交，开放获取运动应运而生，由此，不仅推动了信息的开放和共享，也促进了图书馆管理与服务的转型，催生了信息共享空间（Information Commons，IC）的发展，这对于图书馆来说，无疑是一次转型的机遇。全球范围内，在信息共享空间的引领下，出现了图书馆空间再造的热潮。1992年，美国的爱荷华大学，第一个将电脑室、视听室、阅览室结合在一起，以讨论和交流为主要功能的信息共享空间出现。于是，各种形式的信息共享空间，便如雨后春笋般发展起来，如学习空间，创客空间，联合办公室等。

信息共享空间是一种创新服务模式，以促进图书馆用户交流、学习、协作和研究，培育用户信息素养为目标。美国北卡罗莱纳大学Charlotte图书馆IC前负责人Donald Beagle，从两方面进行解释：①一种独特的在线环境。该环境下，用户可通过网络工作站上的搜索引擎检索馆藏及其他数字资源；同时，通过用户界面，便可获得多种数字服务。②一种新型物理设施和空间。它是一种新的信息环境，可以是图书馆的某个部门，或某一楼层，或独立的物理设施；在数字环境下，整理管理工作空间、提供服务，并在第一种模式的基础上，增加了图书馆员的服务。

6. 泛在智慧服务建设

图书馆文献服务，是以文献载体为主；图书馆信息服务，是以信息传播为主；图书馆智慧服务，是以知识传播为主；相比之下，图书馆智慧服务，以用户的智慧生成过程为中心，以智慧创造为目的，培育用户运用、创新知识的能力，根据用户的需求偏好、心理认知，为其提供个性化服务。例如，图书馆用户进行资源检索时，图书馆不仅能反馈原始信息，还能快速分析检索结果，组织成综述、研究报告，供用户参考使用，并能按照用户需要的格式，从多种形式的用户终端导出。

泛在网络环境下的图书馆，一改传统服务模式的局限，使服务定位从用户的角度出发，进行服务拓展，使信息资源占有力、信息检索效率得到重点提高，更重视用户的个性化需求。智慧图书馆将服务融入到学习和科研中，通过移情感知，获得用户的原始数据，利用数据挖掘技术，获取隐性知识，主动为用户提供个性化、集成化的泛在服务。

情景感知服务。移动环境中，通过智能终端，使用移动传感设备，例如RFID、蓝牙、GPS等，采集读者的原始情景信息；通过读者登录时的账号，感知和捕捉其所处位置，借阅记录和偏好等的动态信息，并进行分类和过滤处理。

订制服务/聚合服务。订制服务（RSS服务），是基于RSS即信息聚合技术开展的个性化服务。RSS具有过滤信息，聚和信息，推送信息的功能，因此在图书馆的具体应用有：新书通告，电子期刊RSS服务，读者个性化信息的定制服务等。

推送服务。根据用户信息需求，智能分析用户请求，通过数据挖掘等分析技术，实现主动推送。基于图书馆泛在云平台，通过语义关联技术，依据用户的历史访问记录，记录用户的关注领域，进而推断其喜好特征，建立需求预测模型。通过电子邮件和RSS等手段，向用户推送动态科研信息。

预约服务。包括纸质资源和数字化资源的预约，自习座位、研讨室等其他移动设施的空间和设备预约，以及培训预约等。

7. 智慧机器人

按照系统功能的不同，图书馆智慧机器人服务大致可分为以下五种：

（1）自助图书馆，其智能化程度较低。最早出现在美国，是一种迷你型图书馆，能够提供24小时图书借还服务，但局限于面向少量读者。近年来，服务方便快捷的自助图书馆，在我国各地陆续出现，如首都图书馆北门、香港科技大学的自动图书馆等。

（2）机器人与立体仓库的结合应用系统，用于提高大型图书馆的自动化处理能力，如自动存取中心（Automated Retrieval Center，ARC）概念、机器人堆叠书库管理系统等，主要用于完成图书的存取。ARC系统存在缺陷且造价昂贵，虽然工作效率和自动化程度非常高，但很难推广。截止目前，我国图书馆中还没有这类设备。

（3）图书搬运机器人系统（AGV），具代表性的是：德国洪堡大学图书馆的AGV系统，可以完成图书的分捡、上架，但该系统成本为38万欧元；日本大阪市立大学图书馆的AGV图书馆机器人，价格低廉，工作效率高，但只能完成图书的搬运、放置等简单的重复性工作。

（4）全自主智能图书存取机器人系统，能够自动完成图书搬运与存取，上下架、整理等一系列操作，智能化、自动化程度较高，目前尚处于研究探索阶段。

（5）智能参考咨询机器人，大致可分为：数字参考咨询软件，IM（即时通讯）软件，用户定制软件。IM软件，如清华大学图书馆的智能“小图”、上海交通大学图书馆的“小交”，因其成本低廉、交流便捷、用户基础广泛等特点，一经推出便倍受欢迎。

第二章 图书馆信息资源建设概述

第一节 信息资源的演变与发展

一、信息的概念

“信息”一词由来已久，并在人们日常生活中被广泛使用，进入信息时代后更是成为人们社会生活、经济活动频繁使用的“关键词”之一，但在过去人们常常将其与“消息”等同使用。其实当今人们使用的“信息”概念，无论内涵还是外延都和以往有着很大的区别。“信息”作为一个科学术语也是众说不一。“信息”一词最早出现在哈特莱（R. V. Hartley）于1928年撰写的《信息传输》一文中，到了20世纪40年代后期，尤其是随着信息论、控制论的产生，“信息”作为一个科学的概念，应用于自然科学和社会科学的许多领域，成为哲学、数学、系统论、控制论、经济学、管理学等学科共同讨论和使用的重要概念。由于学科及研究角度的不同，人们对信息概念的理解也不一样。但无论各种理解的差异有多大，“信息”反映的都是人与人之间、人与事物之间相互作用而产生的内容。因此，信息的内容是包罗万象的，是一切数据、符号、信号、资料等的集合体，在数字信息环境下，其表现形式更是多种多样的，数字、文字、语言、声音、符号、图形、报表等都能表示信息。

二、信息资源的概念

在生产力低下、科学技术落后的农业社会，人们是不可能从“资源”的角度来认识信息的。信息时代，由于信息被应用于生产，缩短了生产周期、节约了物质资源、降低了产品成本，也并提高了产品质量，对经济增长和社会发展起到了特殊的作用，因而为人们所刮目相看。从此信息作为一种新兴资源深入人心。信息是一种具有巨大作用的资源，然而，它只有经过开发、加工、处理，使之有序化，才能成为有用的资源。信息时代，以计算机和网络技术为核心的现代技术为信息的充分开发和利用提供了前所未有的技术基础和条件，使信息利用更为便捷。而对信息资源的认识也是众说纷纭。“信息资源”这一术语最早是由国外学者罗尔科（J. Rourke）于1970年在他的论文《加拿大的信息资源》中提出的。

因此，从狭义上讲，信息资源是经过人类选择、加工、处理、组织、序化的各种有用信息的集合。从广义上讲，信息资源除了信息内容本身外，还应包括与其密切相关的信息设备、信息人员、信息系统、信息网络等。但从信息资源建设的角度看，信息资源的概念主要是狭义上的。

三、信息资源类型的发展

信息需要依附于一定形式的载体才能传播、交流。从信息资源的载体形式看，信息资源可分为体裁信息资源、文献信息资源、网络信息资源和实体信息资源。体裁信息资源是指以人体为载体，并能为他人识别的信息资源，如谈话、授课、唱歌等口语信息资源和表情、手势、姿态、舞蹈等体语信息资源。文献信息资源是指以文献为载体的信息资源，如人所皆知的图书、期刊、报纸等信息资源。网络信息资源是指以计算机技术、通信技术、多媒体技术相融合而形成的在网上可查找到的信息资源，如电子图书、联机杂志、各种数据库，以及电子邮件等信息。实体信息资源是指以实物为载体的信息资源，如产品、样品、模型、雕塑等人工实物信息资源和野外地质剖面、海岸线的形态等天然实物信息资源。从图书馆信息资源建设角度看，信息资源可划分为刻写型文献信息资源、印刷型文献信息资源、缩微型文献信息资源、视听型文献信息资源和数字信息资源。

刻写型文献是指以刻画和手工书写为手段，将知识信息内容记录在各种自然物质材料和纸张等不同的载体上而形成的文献，如古代的卜辞、金文、简策、帛书，以及现代的笔记、手稿、书信、原始档案、会议记录等。

印刷型文献是通过石印、油印、铅印、复印等印刷方法将知识信息内容记录到纸质载体上的一种文献形式。印刷型文献阅读方便、直观、随意，欣赏性强。因此，到目前为止一直受到人们的欢迎。印刷型文献主要是图书、期刊、报纸、特种文献资料，以及其他零散资料。

图书是迄今为止人类利用最多的文献信息资源，以纸质为载体材料，记录着内容全面、系统、成熟的知识，多是著者长期知识积累和研究的成果。它包括有专著、译著、教材、资料汇编、通俗读物、少儿读物等，还包括书目、索引、文摘、指南、百科全书、手册、年鉴、字典、词典等工具书。近年来，多卷书、丛书日渐增多，为读者利用专题文献信息提供了便利。

期刊是一种连续出版物，记录着内容广泛、知识新颖的信息。期刊内容涉及广泛，包括经济、政治、思想、科学技术、文化教育、文学艺术，以及社会生活等各个方面，因此，期刊有政论性、学术性、工艺美术性、通俗性、检索性、资料性等期刊。因为期刊出版周期短，信息传递速度快，能及时反映最新理论、技术、方法、动态等信息，所以最受读者青睐。按出版周期来看，期刊可分为年刊、半年刊、季刊、双月刊、月刊、半月刊、旬刊等。近年来期刊品种并没有大幅度增加，但是每种期刊的版面逐年增大，且多数期刊期数增多——许多从季刊变为双月刊，双月刊变为月刊、月刊变为半月刊，半月刊变为旬刊等，说明期刊文献信息资源越来越丰富。

报纸是出版周期最短、报道内容最广泛、时效性最强的定期连续出版物。报纸具有报道、宣传、评论、教育、参考、咨询等多种社会职能，是最为灵活、活跃、重要的信息资源。按报纸的报道内容可划分为综合性报纸、专业性报纸；同时又可根据其报道内容的区域范围划分为全国性报纸和地方性报纸。此外，按其出版周期，可分为日报、周报、月报、旬报等，而日报则又有早报和晚报之分。总之，报纸信息资源也是在蓬勃发展。

特种文献资料指的是那些出版形式比较特殊的科技文献资料，介于图书与期刊之间，主要包括科技报告、政府出版物、会议文献、学位论文、专利文献、标准文献、产品资料等。特种文献资料的特殊性表现如下：第一，内容专一，专业性极强，都是有关某一专业的技术或学术等方面的资料；第二，特种文献资料多数是内部参考文献，没有标准书号，如许多论文集就没有ISBN号；第三，多数没有连续性，如有的学术会议文献有时有出版论文集，有时又没有；第四，交流范围较窄，大多是在行业内部交流，具有一定的保密性；第五，内容真实，实用性强，如产品资料记载的数据比较可靠，对技术人员在产品设计、造型、试制、改造，以及引进国外技术设备方面爲有参考价值；第六，收集较难，因其大多数是内部交流资料，没有公开发行，收集难度较大。近些年，特别是保密性不那么大的政府出版物会由政府委托出版商在各图书馆宣传、推销，从而得以收藏。

缩微型文献信息资源是指采用光学记录技术将印刷型文献的影像缩小记录在感光材料上制成的文献复制品。缩微型文献信息资源主要指的是缩微资料，其按外形划分可分为缩微胶片、缩微胶卷、缩微卡片等。缩微资料的主要优点是体积小，重量轻，信息存储量大，复制性能好，不走样，同时易于转换成其他形式的文献；成本相对低廉，只有印刷品的1/10 1/15。不足之处就是不方便阅读，须借助阅读放大机，阅读效果也不及印刷版文献，同时缩微资料的保存和使用条件要求严格，设备费用成本较高，因此一般图书馆收藏极少或无收藏。

视听型文献信息资源是指以电磁材料为载体，以电磁波为信息符号，将声音、文字、图像记录下来的一种动态型文献。视听型文献信息资源主要是指视听资料，其按人的感官接受方式可分为视觉资料、听觉资料、音像资料三种，视觉资料主要有照相底片、摄影胶卷、幻灯片、无声影片、传真照片等。听觉资料主要有唱片、录音带等发声记录资料。音像资料主要有声影片、电视片、配音录像带等显像发音记录资料。视听资料生动、感性，是教学、欣赏的重要资料，也是公共图书馆和专业图书馆及专科院校图书馆收藏的重要资料，如公共图书馆就收藏了较多的音像资料供读者欣赏，电影、音乐、美术院校图书馆也收藏了大量的视听资料。

数字信息资源是指以数字化的形式将文字、图像、声音、动画等多种形式的信息存储在光、磁等非纸质载体中，以光信号、电信号的形式传输，并通过计算机和其他外部设备再现出来的信息资源。数字资源有单机信息资源与网络信息资源之分。单机信息资源是指通过计算机存储和阅读，但不在网络上传输的数字信息资源。由于单机信息资源主要存储在磁带、磁盘、光盘上，在利用上受到很多限制，因此，不利于信息资源的存取和共享。如今人们利用更多的是网络信息资源，所谓网络信息资源指的是借助计算机网络以获取和利用所有信息资源的总和。网络信息资源按其使用形式可划分为联机检索信息资源和互联网信息资源。联机检索信息资源是指通过主机或联机网络及检索终端获取信息的联机数据库。其内容覆盖面广、检索精确度高、信息规模大，节省时间，是获取网上信息的重要途径。互联网信息是世界上最具活力、前景最广阔的信息资源。各种信息内容都集中在统一易用的用户界面上，方便用户存取与利用，而联机检索信息资源用户界面不统一，使用时还需专业人员帮助，因此，互联网信息资源较之于联机检索信息资源更为优越。

数字信息环境下，数字资源大为发展，已经成为社会发展、经济建设、科学研究不可缺少的重要信息资源。因此，数字信息资源成了图书馆收藏的重要对象。近年来，数字信息资源发展迅猛，不仅数量剧增，类型也更为多样化。按照所对应的非网络信息资源来划分，可分为电子图书、电子期刊、电子报纸、信息数据库，以及其他电子信息。

电子图书是指以二进制的数字化形式记录文字、图像、声音等信息，通过磁盘、光盘、网络等电子载体出版发行，并借助于一定的工具进行阅读利用的“数字化书籍”。电子图书主要有两种类型：一类是将纸质图书通过扫描等计算机处理技术将其转换为数字格式的，用电子的方式发行，用计算机阅读和存储的电子读物；另一类为原生数字出版物，即一开始就有电子文本的电子图书。电子图书具有许多优点：①便携性，人们外出时也可阅读大量的图书；②阅读时自然、随意，可以像阅读纸本书那样一页一页地翻看，而不是在电脑屏幕上滚动翻看；③可以用系统附带的书写笔等输入工具在书页上做批注或书写读书感想等；④通过关键词在全文、标题等不同位置的检索，读者可快速找出所需图书；甚至精确到章节，降低读者精确查找图书的时间成本；⑤阅读外文图书时遇到不会念的单词只要点击该单词就会发出读音；⑥阅览图片时动静态可随意转换，如在动态下，可以看到花蕾慢慢绽放的全过程。因此，电子图书越来越受人们喜爱，是图书馆收藏的重要内容之一。

电子期刊是指以数字形式存储在电子媒介上，并通过电子媒体发行和阅读使用的连续性出版物。电子期刊按出版发行方式可分为与印刷版并行出版的电子版期刊和纯电子版期刊两种类型。前者是在编辑、出版、发行印刷版期刊时将电子版期刊采用联机形式安装在网络服务器中，提供网上服务；后者则是从投稿、编辑、出版、发行、订购、阅读，乃至读者意见反馈等各环节都在网络环境中进行。相比较而言，与印刷版并行出版的电子版期刊发展势头旺盛，因为印刷版期刊历史悠久，尤其是那些知名度高的期刊早已深入人心，如Elsevier，xford等著名出版社出版的期刊。这些期刊一旦发行电子版，就能很快被用户接受，因此这类电子期刊是图书馆收藏的重点。另外，按出版来源可分为由原始出版机构发行的电子期刊和由非原始出版机构发行的电子期刊。前者是由出版机构直接将其电子期刊通过网络发行；后者是由电子期刊集成服务商向原始期刊出版机构付费取得经销权，将不同机构出版的电子期刊集中整合于同一检索平台以提供服务，这种期刊价格相对便宜，但有时间滞后问题，有的会延时6个月左右。

电子报纸是指在多媒体技术、网络技术和通信技术的基础上，将电子技术应用到报纸出版、发行、利用的全过程，从而成为一种新的数字化新闻媒体。人们可利用计算机和其他电子装置通过网络来阅览。如今电子报纸越来越公众化，在图书馆、公共场所都设有许多触摸屏的电子报纸，供人们选择阅览。电子报纸内容除了显现文字外，还可以呈现表格、彩色图像，甚至可带有声音、动画等多媒体信息，广受大众喜爱。电子报纸可分为四种形式：第一种是完全纸质的电子报；第二种是纸质报纸在网上设立独立的网站，如人民日报的“人民网”，其特点是整点刷新，容量远远大于印刷版，而且还可为用户提供网上资料库查询、短信服务、电子商务等多种服务内容；第三种是数据库形式的电子报纸，如《中国重要报纸全文数据库（CCND）》，数据库型电子报纸学术性、资料性较强，内容覆盖面很广，涉及经济、政治、军事、法律、文化、艺术、教育、科技，以及婚姻家庭、社会生活各个方面；第四种是便携式的电子报纸，可以随身携带，轻松便捷。这种电子报纸支持网卡式离线阅读，可存储多份报纸和相关数据，容量大，阅读方便。

信息数据库是指按照一定的数据模型在计算机系统中组织、存储和使用的互相联系的数据组合。数据库的规模大小不一，专业内容无所不包，类型也多种多样。按数据库记录的方式可划分为书目数据库、目次数据库、索引数据库、文摘数据库、综述数据库、事实数据库、数值数据库和全文数据库。

书目数据库指的是图书馆或情报部门根据需要而建立的馆藏书目数据库或联合目录数据库。现今图书馆馆藏目录已发展成联机公共目录检索系统（OPAC），人们通过图书馆目录的URL（Uniform Resource Locator），就可以查询到世界各地各种类型图书馆的藏书信息，这是信息资源建设与共享最早的成果，也是最重要的成果之一。

目次数据库是指将某些期刊论文的篇名目次汇集在一起，供人检索之用的数据库，如CCC西文期刊篇名目次数据库。

索引数据库指的是在出版物中以“篇或知识单元”作为著录单元的检索型数据库。常见的有篇名索引、内容索引、引文索引等数据库；著名的引文索引数据库有SCI，SSCI，AHCI数据库和我国的CSCD，CSSCI等数据库。

文摘数据库，多数是将印刷型的文摘进行数字化处理而形成的数据库，是图书馆资源建设的重要内容之一。尤其是国外知名的文摘，如生物学文摘、化学文摘，其网络版BIOSIS Previews，SciFinder Scholar等数据库大型图书馆都会收藏。

综述数据库指的是将纸质综述性期刊数字化后汇集在一起，供人利用的数据库。

事实数据库指的是系统存储已有的供人检索并利用的基本事实，包括事实、概念、思想、知识等非数值信息的数据库。

数值数据库是指将物质的各种参数、观测数据、统计数据等数字数据和图表、图谱、市场行情、化学分子式、物质的各种特性等非数字数据按照事物的某种属性集合在一起，供人们检索和获取的数据库，如科学数据库、工程数据库等。

全文数据库指的是存储文献全文的数据库。从数据检索意义上讲可将全文数据库划分为两种：一种是可进行全文检索的电子图书型全文数据库；另一种是文献库型全文数据库，如期刊全文数据库、学位论文数据库、学术会议论文数据库等。

按信息数据库的文献类型来划分，信息数据库可分成电子图书数据库、期刊数据库、报纸数据库、学位论文数据库、会议论文数据库、专利数据库、标准数据库、产品数据库，以及各种专题数据库，如考试类数据库、美术数据库等。数字信息资源的发展大大促进了知识信息的利用，充分发挥了其本身固有的作用，如会议论文是一种很有参考价值的文献，一般而言，会议论文主题鲜明，其议题都是某一时期业界关注的热点问题，是作者自身研究成果的原始创作。科学上的许多新发现、新观点及新成果多半是在学术会议上首次发表，因此，从会议论文里人们可感受到业界发展的新动向。然而，由于印刷版会议论文集出版处于无序状态，要么没有结集出版，要么出版没有ISBN号，只能在小范围里交流，图书馆也难以收藏。而会议论文数据库则将各行业的会议论文汇集在一起，供人们较为全面的阅读和利用，发挥出印刷版会议论文难以发挥的作用。再如学位论文，尤其是博、硕士学位论文，都是在导师的精心指导下，经过长期调查或实验，收集大量文献资料而做出全面、系统的论述，并提出创造性的见解，因而具有较高的学术水平和参考价值，是学术研究的重要信息源。然而，纸质的学位论文在利用上具有很大局限性，只能在小范围里使用，而学位论文数据库则大大拓展了人们的利用范围。由此可见，数字信息资源在传播、利用上有着纸质信息资源难以达到的效果。另外，专利数据库、标准数据库，以及产品数据库的出版发行都更加便于人们的利用。

其他电子信息主要指的是除了上述几种类型信息外的电子信息，如电子邮件、电子公告等。这些都是网络信息资源的重要组成部分。

第二节 信息资源建设的含义及内容

一、信息资源建设的含义

“信息资源建设”一词现在图书馆界已广泛使用，但“信息资源建设”这一称谓也是经历了不断的演变而得来。在我国，先秦时期就出现了“藏书”这一概念。由于当时社会生产力低下，社会知识成果数量有限，文献生产的数量相当之少，人们用各种方法尽可能地全面收集图书并加以妥善收藏和保管，因此“藏书”的含义更多的是表示收藏。进入近代社会，随着西学东渐与西书翻译的发展，西方近代印刷术与造纸术的广泛应用和杂志、报纸、教科书等新型出版物的诞生和发展，图书的种类与出版物的数量日益增多，图书馆藏书已不再局限于狭义的图书。图书馆也不可能对全部文献收罗无遗，于是就出现了“藏书采访”这一专业术语，它强调的是图书馆要有计划地、科学地、选择性地收集文献。20世纪60年代，由于“藏书采访”一词已不足以概括对文献资料的精心选择、收集、组织和积累等工作的全过程，于是，我国图书馆界开始使用“藏书建设”这一专业术语。20世纪70年代以后，藏书建设已形成了较为完善的系统概念。它更加注重了读者需求，强调了藏书建设规律、藏书发展的过程和藏书结构体系。20世纪80年代，图书馆藏书建设面临许多新问题，藏书类型更加复杂，出现了各种不同载体的出版物，如缩微资料、音像资料、机读资料，“藏书建设”的概念就难以真实和准确地反映这一领域理论和实践的发展。因此，图书情报理论界开始寻求新概念和新理论，到了20世纪80年代中期提出了“文献资源建设”这一概念。所谓的文献资源建设就是指依据图书情报机构的服务任务与服务对象和整个社会的文献情报需求，系统地规划、选择、收集、组织管理文献资源，建立特定功能的文献资源体系的全过程。其核心内容包含了两个层次的含义：在微观层次上，是指具体图书情报机构的藏书体系的建设，即图书馆如何将各种分散无序的文献予以选择收集、组织管理，使之成为较为完整的藏书体系；在宏观上，是指一定范围内，如一个地区、一个系统，乃至一个国家里众多图书情报机构对文献资源进行统筹规划、协调发展，形成一个完整的资源保障体系，以满足整个社会对文献的需求。文献资源建设突破了传统的图书馆藏书、藏书建设的局限，更好地概括了文献和文献工作的本质，从建立文献资源保障体系的视角和高度来审视和研究各类文献的收藏，将馆际协作、文献资源整体化建设和资源共享、建立联合目录报道体系等一系列宏观文献资源建设理论纳入了研究范畴，从而突显了这一理论的创新性。20世纪90年代以来，由于信息技术的突飞猛进，尤其是互联网的迅速普及，数字图书馆的迅猛发展，文献资源建设的实践发生了巨大的变化，因此，文献资源建设的理论也显露出它的一些局限性。20世纪90年代中期，图书馆界提出了“信息资源建设”这一概念。面对各种形式的数字信息资源的大量涌现，图书馆的信息资源结构发生了翻天覆地的变化，即由单一的实体馆藏变成了实体馆藏加虚拟馆藏。同时信息资源共享只有借助于先进的信息生产、存贮传播技术才能最大限度地实现信息资源共建、共知、共享，从而真正建立起一个无比丰富的信息资源保障系统。这一系统问题是文献资源建设概念所无法容纳的。因此，也只有信息资源建设这一概念才能涵盖。所谓信息资源建设，就是人类对处于无序状态的各种媒介信息进行选择、采集、组织和开发等活动，使之形成可以利用的信息资源体系的全过程。从狭义上讲，尤其是在数字信息资源环境下图书馆信息资源建设就是依据本馆制定的目标和与其他馆的协议进行分工、协作，并对处于无序状态的各种媒介信息进行选择、采集、组织和开发，从而建立起可以利用的信息资源体系的全过程。

二、信息资源建设的内容

（一）信息资源体系规划

信息资源体系指的是信息资源各要素相互联系、相互作用而形成的具有特定功能的有机系统。信息资源体系规划就是根据信息资源体系的功能要求来设计这个体系的微观结构和宏观结构。在微观层次上，就是每一个具体的图书馆根据本馆的性质、任务确定信息资源建设原则，资源收藏的范围、重点和标准，提出本馆信息资源构成的基本模式，制订信息资源建设计划，各型信息资源入藏的数量、比例、层次级别，从而建立起具有特色的信息资源体系。宏观层次上的信息资源体系规划就是从一个系统、一个地区，乃至全国的整体出发，按照整体的规划和分工进行信息资源建设，从而建立起一个较为完备的整体化、综合化的信息资源体系。

（二）信息资源的选择与采集

图书馆根据制定的信息资源选择与采集原则、范围、重点、复本标准、书刊比例、纸质信息资源与电子信息特征及读者、用户利用特点，以及购置经费等情况来选择、采集各种信息资源，读者、用户的需求是动态的，因此，在信息资源的选择与采集这一环节，要跟踪其需求变化，这样才能使采集的信息资源得以有效利用，特别是国外价格昂贵、规模大的数据库资源要慎重采集。

（三）馆藏资源数字化与数据库建设

为了便于资源共享，图书馆应通过计算机和大容量的存储技术、全文扫描技术、多媒体技术，将馆藏中具有独特价值的纸质文献转化为扫描版全文电子文献，以便更大范围的利用。数据库建设要将购买和自建相结合，除了有计划地采选一些数据库资源外，还要建设一些数据库。对图书馆来说，数据库建设主要是书目数据库和特色数据库建设。书目数据库是开发图书馆信息资源的基础数据库，也是图书馆实现网络化、自动化的基础，它直接关系到联机编目和联合目录数据库的建设，尤其是外文期刊的联合目录数据库的建设是十分重要的，其关系到资源的有效利用和资源共享问题。特色数据库是图书馆特色资源的集中反映，是图书馆充分展示其个性，提高其社会影响力和信息服务竞争力的核心资源，如北京大学图书馆的《北大名师》、清华大学图书馆的《中国科技史数字图书馆资料库》、厦门大学图书馆的《东南亚及闽台研究数据库》、华中师范大学图书馆的《中国农村问题研究文献数据库》等都是特色鲜明珍贵的数据库。图书馆可根据本馆馆藏优势，了解社会的需求，选择适合的主题，集中技术力量制作独具特色的专题数据库，提供上网利用，为本地区，乃至全国更大范围的用户提供服务。

（四）网上信息资源的开发利用

互联网信息资源丰富多彩，图书馆对其开发组织，就可构建成自己的虚拟馆藏，为用户提供更多的信息源。这里开发和利用就是根据用户的需求与资源建设的需要，搜索、选择、挖掘互联网中的信息资源，下载到本馆或本地的网络中，或链接到图书馆的网页上，建立Internet信息导航库，为用户提供服务。如今外文电子期刊备受用户青睐，但其价格昂贵，图书馆费尽全身解数也难以满足用户的需求。而现在网上有许多OA期刊，这是为用户解决电子期刊资源缺乏的新途径。图书馆可根据本馆用户的需求，尽可能地收集、挑选相关网站作为今后集成和跟踪的对象，广泛而有针对性地收集相关的OA期刊，为用户提供更多的外文电子期刊信息源。

（五）信息资源的组织管理

信息资源的组织管理分别是对馆藏纸质信息资源和电子信息资源的组织管理。其目的是使资源得到有效的利用。纸质信息资源的布局、排列是相当重要的，如外文图书混杂在中文图书里就如同海里捞针，而将外文文献归放在少人去的分馆则会更加减少其利用率。因此，要妥善处理图书馆馆藏布局，合理安排藏书结构，使馆藏得以充分利用。此外，图书馆的电子信息资源也日益增多，为此，图书馆要对购买的数据库资源进行整合，将不同类别的资源加以合理区分，以便用户利用，同时将购买的数据库与自建数据库有机地集成一体，对其内容进行充分揭示，实现跨库检索，提供“一站式”服务，尽可能地为用户信息利用提供便利，并节约其宝贵的时间。

（六）信息资源的共建与共享

进入信息时代，各种信息资源剧增，特别是随着数字化进程的快速推进，电子资源数量激增。数字信息环境下图书馆再也无法凭借一馆之力来满足用户日益增长的信息需求。因此，信息资源共享便成了图书馆的呼声，也是图书馆为之奋斗的最高目标。然而，信息资源共享的前提是信息资源共建。因此，信息资源共建是信息资源建设的一项重要内容。具体地说，数字信息环境下，信息资源共建共享要达到如下目标：通过整体规划与图书馆之间的分工协调，建立起相对完备的信息资源保障体系；形成覆盖面宽、利用便捷的书目信息网络；建立迅速、高效的文献传递系统和便利的馆际互借系统。

第三节 信息资源建设的基本理论与建设原则

一、信息资源建设的基本理论

（一）系统论在信息资源建设的应用

系统论是研究系统的一般模式、结构和规律的学问，研究各种系统的共同特征，用数学方法定量地描述其功能，寻求并确立适用于一切系统的原理、原则和数学模型，是具有逻辑和数学性质的一门科学。

系统论的创立人是美籍奥地利人、理论生物学家L. V. 贝塔朗菲（L. Von. Bertalanffy）。他在1932年发表“抗体系统论”，提出了系统论的思想，并于1937年提出了一般系统论原理，奠定了这门科学的理论基础。但他的论文《关于一般系统论》到1945年才公开发表，他的理论于1948年在美国再次讲授“一般系统论”时，才得到学术界的重视。确立这门科学学术地位的是1968年贝塔朗菲出版的专著：《一般系统理论基础、发展和应用》，该书被公认为这门学科的代表作。

系统论的核心思想是系统的整体观念。贝塔朗菲强调，任何系统都是一个有机的整体，系统中各要素不是孤立地存在着的，每个要素在系统中都处于一定的位置，起着特定的作用。要素之间相互关联，构成了一个不可分割的整体。要素是整体中的要素，如果将要素从系统整体中割离出来，就将失去要素的作用。

现代系统论认为，客观世界的一切物质都存在于一定系统中。所谓系统是由相互联系、相互依赖的若干个组成部分结合而成、具有特定功能的有机整体。数字信息环境下系统论对图书馆信息资源建设起着重大作用。图书馆信息资源建设，实际上也是在一种闭合的循环系统中运行，并由采访信息接收系统、采访信息处理系统、订单信息接收与反馈系统、信息资源使用信息反馈系统等多个子系统组成，有效地处理好各系统的关系便能促进信息资源建设工作的开展，并收到事半功倍的效果。

（二）控制论在信息资源建设的应用

控制论是研究各类系统的调节和控制规律的科学，是具有方法论意义的科学理论。控制论自1948年诺伯特·维纳发表著名的《控制论——关于在动物和机器中控制和通讯的科学》一书以来，其思想和方法便已渗透到了几乎所有的自然科学和社会科学领域。维纳把控制论看作一门研究机器、生命社会中控制和通信的一般规律的科学。其实管理系统是一种典型的控制系统。管理系统中的控制过程在本质上与工程的、生物的系统一样，都是通过信息反馈来揭示成效与标准之间的差，并采取纠正措施，使系统稳定在预定的目标状态上的。因此，从理论上说，适合于工程、生物控制论的理论与方法，也适合于分析和说明管理控制问题。

从控制论的本质看，控制的过程就是一个信息流通的过程，控制就是通过信息的传输、变换、加工、处理来实现系统高效运转的。由此可见，控制的基础是信息，一切信息传递都是为了控制，进而任何控制又都有赖于信息反馈来实现。信息反馈是控制论的一个极其重要的概念。所谓信息反馈就是控制系统把信息输送出去，又把其作用结果返送回来，并对信息再输出产生影响，起到制约的作用，以达到预期的目的。

当代信息资源增长迅速，数量浩繁，出现了信息涌流的现象，这就是信息流。所谓的信息流是指以科学文献为主要传播媒介的各种信息在人类社会生活各个领域的传播，知识信息量增长之速度，传播之广度，触及社会生活之深度，参与交流、传播之人数都是人们始料未及的，乃至在某些方面使人们对它失去控制。正是因为信息流的出现及其对人们社会生活的广泛影响，因此，被人们称为“信息爆炸”。

信息流的出现给人们的社会生活带来了重大影响，尤其是给科学和专业工作者的劳动增添了巨大困难。主要表现在三个方面：其一是具有情报价值的新的知识信息被大量价值不大的文献信息所淹没，给人们检索所需信息加大了难度；其二是信息的涌流造成了知识内容的重复；其三是知识信息的有效期缩短，信息的自然淘汰期加速，也给信息的及时利用增加了难度。总之，由于信息的涌流，图书馆用户不得不花去大量时间检索自己想要的信息，而用于创造性研究和思考的时间则变少了，这实际上是对社会最宝贵生产力的巨大浪费。由于信息流的泛滥及用户有效信息获取难度的增加，人们对信息的涌流必然要采取对策，图书馆信息资源建设就是对众多信息资源进行有效的控制。所谓的信息控制是指对信息进行选择，使其具有合理的流向，并定向传播，有效地满足人们的需求。

（三）经济理论在信息资源建设中的运用

信息是一种重要的经济资源，因而信息资源建设必须遵循基本的经济学法则，即用有限的信息成本获取尽可能大的信息报酬。信息成本指的是用于信息资源建设的资金投入。信息报酬指的是信息投资的产出或效益。近年来，我国用于信息资源建设的投入在逐年增长，但无论如何增长也跟不上信息资源数量的迅猛增长和价格的不断上涨。从我国大学图书馆信息资源资金投入现状看，省属重点大学图书馆多在一千万元人民币，国家重点大学图书馆多在几千万元人民币，但信息报酬则平平。严格地说，信息资源投资的效益是指信息资源被利用后引起生产要素增值的部分。但由于这种增值是一个十分复杂的过程，有很多因素在起作用。因此，信息资源效益具有很大的模糊性和难计量性。然而一个十分直观的事实便是信息资源的效益与资源的使用率成正比。从我国目前资源利用情况看，各种类型的信息资源利用率并不高，据统计资源表明，外文文献利用率仅为10%，中文文献利用率稍高些，也只在30% 40%，因此，图书馆信息资源建设就是运用经济学的有关理论、原理来有效配置信息资源，使其得以尽可能地利用，从而最大限度地提高其效益。

1.“二八规则”在图书馆信息资源建设中的运用

经济学中的“二八规则”指的是20%的事物被80%的人所利用，而80%的事物则只被20%的人所利用。这就存在着成本效益比的问题。这一经济法则启示了图书馆信息资源建设要集中财力搞好图书馆的核心馆藏资源建设。图书馆中20%的信息资源被80%的读者（用户）所利用，而这20%的信息资源就是图书馆的核心馆藏，图书馆对核心馆藏应采取“拥有”的模式，而80%的信息资源只有20%的读者（用户）在利用，由于经费的制约，所以图书馆要采取“获取”的模式加以利用。在数字信息环境下，图书馆要广泛地通过馆际互借、文献传递等方式为读者（用户）获取那些利用率不高但有些读者又有需求的信息。

读者在利用文献时存在着集中性和离散性。掌握这一规律对信息资源建设具有重大意义，尤其在外文资源利用的方面，一定要掌握用户对各类信息资源、各学科信息资源利用的集中性，以便准确配置电子信息资源。信息资源建设中运用经济学中的“二八规则”主要是从读者、用户利用信息资源的角度上来搞好信息资源建设。

2.“长尾理论”在图书馆信息资源建设中的运用

所谓长尾，是从统计学中一个形状类似“恐龙长尾”的分布特征口语化表述演化而来的。图书出版的“长尾现象”是指某类图书的出版高度地集中在极少数的出版社，而极少数的图书广泛地分散于数量很大的出版社里。这种现象由来已久，这是市场经济作用下出版业繁荣的一种特征。

（四）信息管理理论在信息资源建设的运用

1. 布拉德福定律对信息资源建设的指导作用

现代科学不断分化、不断综合的发展趋势，使各学科的严格界限渐渐消失，各学科之间的相互联系逐渐加强，文献的分布呈现出既集中又分散的不均匀现象。这一现象引起了人们的重视。早在20世纪30年代，国际文献学、情报学、图书馆学界就开始对其进行深入的研究。著名的布拉德福定律就是揭示科学论文在期刊中既集中又离散的分布规律的。

英国化学家、文献学家布拉德福（S. C. Bradford）认为，按照科学具有统一性的原则，科学技术的每一个学科或多或少、或远或近。其他任何一个学科相关联。因此，才会产生某一学科的文献出现在另一个学科期刊之中的现象。基于这一点，布拉德福经过长期对各学科文献的大量统计调查，发现了文献分布规律。他发现，全部有关电技术的文献约1/3登载在本专业的少数几种期刊上，约1/3登载在数量约5倍的并非直接与电有关的能力学和交通运输等相关学科的期刊中，还有1/3的有关电技术的文献，登载在25倍数量的相邻学科期刊上。布拉福德在对书目、文摘等进行大量统计分析的基础上，采用等级排列技术，揭示了文献离散定律。

区域分析方法：该方法依据布拉德福定律把期刊分成三个区域，使每个区域中相关专业或学科的论文数量大致相同，即恰好全部期刊发表的该学科论文总数的1/3，同时各区期刊数量呈1：n：n^2的关系。换言之，期刊总数的3.4%刊载了某学科33.3%的文献；期刊总数的17.2%刊载某学科33.3%的文献；期刊总数的79.4%也刊载了某学科33.3%的文献。

图像分析法：该方法是按布拉德福定律制图的分析方法，即按等级排列的统计数据绘制坐标图，对曲线进行分析。

布拉德福定律表明，每一学科或专业的文献，在科技期刊群中的分布，总是相对集中在少数专业期刊中，同时又高度分散在数量庞大的相关专业与相邻专业的期刊中。专业核心区期刊，种数不多，但该学科文献载文率高，信息量大，与该学科关系密切，大多是反映了该学科的前沿问题，学术价值高；相关区期刊，种数较多，该学科载文率中等，信息量次之，与该学科关系较密切，学术价值较高；非专业相邻区期刊，种数很多，该学科载文率低，信息量小，与该学科关系较疏远。总之，核心期刊载文率高，质量上乘，而且读者借阅率高，引用指数较高，是一个学科重要的学术信息源。

布拉德福定律的理论从产生到现在之所以受到图书情报界的重视，得到广泛传播，是因为它在实际应用中具有一定的价值，尤其是对图书馆的信息资源建设具有很强的指导作用。布拉德福定律描述的是科学论文在期刊中的分布规律。其实布拉德福定律还具有普遍性。它不光表现在科技期刊论文分布具有集中性和离散性，图书文献中学术专著的分布也同样具有集中性和离散性。如通过分析各个出版社关于某一学科或专业的专著出版情况，不难看出学术著作的出版也存在着既集中和分散的现象。因此，图书馆应积极运用布拉德福定律原理及方法，测算出每个学科的核心期刊，每个学科的学术专著出版的核心出版社，掌握专著的基本分布规律，了解每个学科的“核心出版社”，从而有的放矢地配置资源。在数字信息资源环境下，各类信息资源如潮水般涌现，而图书馆信息资源购置经费又紧缺，准确确定核心期刊、核心出版社及核心作者对图书馆信息资源建设尤显重要，对准确收藏读者利用率最高的信息资源，指导读者重点阅读，制定信息资源建设政策及优化馆藏等工作都具有重大意义。

2. 文献老化理论与信息资源建设

随着时间的推移，已发表的文献日益变得陈旧、过时，逐渐失效而越来越少或不再被人们所利用，这就是文献的老化。文献的老化是一个普遍的现实问题。探求文献的老化规律，寻求描述文献老化的正确方法和指标，具有重要的理论和现实意义。20世纪40年代许多科学家、图书馆学家就开始都对其做了大量的研究。到目前为止对文献老化速度的量度主要有两个，即半衰期和普赖斯指数。

1958年美国科学家贝尔纳在其发表的《科技情报的传递：用户分析》一文中，借用放射性元素衰变过程中的“半衰期”（Half-life）这一术语来描述文献的老化率。1960年，美国图书馆馆员伯顿（R. E. Burton）和凯普勒（R. Kegler）合作，共同研究科技文献的半衰期。他们对文献半衰期下的定义如下：现有活性文献中一半的出版时间。所谓“现有活性文献”，指的是某学科现在还被读者利用的文献，而半衰期与某学科文献中的半数失效所经历的时间相当，通俗地说文献半衰期就是各学科被利用的文献总量中，一半文献失去利用效率所经历的时间。

伯顿和凯普勒统计了9个学科的文献半衰期，其他人后续补充统计了几个学科，得出的结论是不同学科的半衰期长短差异甚大。如地理学为16.1年，地质学为11.8年，数学为10.5年，植物学为10年，化学为8.1年，生理学为7.2年，而机械工程则为5.2年，社会学为5年，物理学为4.6年，冶金学为3.9年，生物医学为3年，说明了发展较快的学科的文献半衰期较短，如生物医学发展最快，其半衰期仅为3年。由此可见，文献的老化是一个非常复杂的问题，不仅取决于这些文献所属的学科性质，而且还受到文献增长、时代特点、人类需要、社会环境和情报需求等许多因素，特别是文献的类型和性质的影响，比较成熟、稳定的学科的文献要比在内容或技术上正在经历重大变化的学科的半衰期长；历史较长的学科的文献要比新兴学科的文献半衰期长。某一学科的各种类型文献也有着不同的老化速度。科学专著要比期刊论文、科技报告、会议文献等的半衰期长；经典论著要比一般论著的半衰期长；理论性刊物要比通讯报道性刊物的半衰期长。

与半衰期有着密切联系的另一个衡量各个知识领域文献老化的数量指标是普赖斯指数，即在某一学科领域内，对发表年限不超过5年的文献的引用次数与总的引用次数之比值。其计算公式如下：P（普赖斯指数）=出版年限不超过5年的被引文献量/被引文献总量。一般来讲，某一学科领域文献的普赖斯指数越大，半衰期就越短，其文献老化的速度也就越快。

普赖斯指数与文献半衰期是两个既有联系又有区别的衡量文献老化的指标。它们都是从文献被利用的角度出发，但以不同的方式来反映文献老化的情况。文献半衰期只能笼统地衡量某一学科领域全部文献的老化情况，而普赖斯指数既可用于衡量某一学科领域全部文献的老化情况，也可用于衡量某种期刊、某一机构，甚至某一作者和某篇文献的老化情况。

由于同时有好多个互相制约的因素在起作用，无论是半衰期还是普赖斯指数都未能同时全面考虑诸多因素的影响，有顾此失彼的缺陷，因而有待进一步完善。但是，研究文献老化理论，探索和掌握文献老化规律，对信息资源建设有着十分重要的意义和作用。它有利于信息资源采访原则的制定，有利于图书馆建立科学、合理的信息资源体系，有利于优化馆藏信息资源结构，也有利于信息资源的优化管理。因此，图书馆对半衰期较短的学科，如计算机科学、经济，以及热门图书最好采用现采的方式来配置这些信息资源，因为图书现采的采访模式耗时少，日常的图书订购采访模式实际上是一种期货订购模式，从发送订单到图书到馆最快也得一个多月的时间。再加上图书到馆后的分编、加工、典藏等流程至少也得半个月时间，因此，对半衰期较短的学科信息资源要采取最快的方式来配置。一方面及时发挥其时效性作用；另一方面也及时满足读者对最新知识、最新技术及最新热点问题的渴知。在制定各类文献采访政策时，在复本数的要求上，对不同学科的图书应有不同的配置原则，对半衰期较短的学科，复本数相对要少些，品种要多些，对半衰期较长的学科，且图书出版品种原本就少的，复本数相对要多些；同时要加强对半衰期较短的学科信息资源的报道和开展定题服务，尽快为读者提供利用服务；此外，还要根据文献老化的数据，确定文献资源开发架利用年限．合理控制各学科信息资源的流通时间，使有用的信息流及时、准确地流向读者。

二、信息资源建设的原则

信息资源建设原则是信息资源建设客观规律的反映，是信息资源建设实践的科学概括和总结。信息资源建设的实践是随着信息环境的变化、图书馆事业的发展而发展的，同时还会受到社会经济、政治、科技、教育及文化发展状况的影响，因而信息资源建设原则的内涵，也是随着社会的发展而不断丰富和发展。因此，数字信息环境下，信息资源建设应该遵循实用性原则、系统性原则、特色化原则，协调发展原则以及共建共享原则。

（一）实用性原则

实用性原则是指图书馆要从实际使用需要出发，规划、选择、搜集、整理、组织和管理信息资源，以最大限度满足读者、用户的信息需求。实用性原则首先要求图书馆要根据本馆工作任务的需要进行信息资源建设，如国家图书馆和大型综合性公共图书馆承担着为政府决策和国家的政治、经济、科学、教育和文化发展服务的任务。因此，就要系统收集、保存各学科有价值的信息资源。而中小型公共图书馆的主要任务是为地方经济、文化发展服务，为满足人民群众学习科学文化知识的需要服务，要重点收藏符合地方经济和社会发展的有关科研、生产、管理等方面信息资源，以及地方文献和有关群众学习科学文化知识的信息资源。高校图书馆的主要任务是为本校教学和科学研究服务。那么，高校图书馆既要系统收集有关专业的教材和教学参考书，重点入藏与学校科研任务有关的信息资源，又要广泛而有选择地收藏各种课外读物。科学专业图书馆的主要任务是为科学研究服务，要紧密结合本系统、本单位的研究方向和研究课题的需要，完整、系统地收集本专业的国内外信息资源，有重点地收集相关学科的信息资源，有选择地收集其他学科的信息资源。

实用性原则要求图书馆应根据读者、用户实际需要进行信息资源建设。读者或用户是图书馆的服务对象，图书馆要完成所负担的服务任务，是要通过为读者或用户提供各种信息资源来实现的。图书馆的信息资源如果脱离了服务对象的实际使用需要，就无法实现它的价值。不同的读者、用户对各种类型的信息需求存在着很大的差异。专家型（研究型）读者、用户更喜欢电子信息资源，尤其是网络信息资源，而大众型（学习型）读者、用户更喜欢纸质信息资源；年轻读者、用户更喜欢电子信息资源，年长读者、用户更喜欢纸质信息资源。因此，图书馆信息资源建设要从读者的实际需求出发，了解各种类型读者、用户群的大小，从而掌握各类型信息资源入藏比例。

实用性原则要求图书馆应根据信息资源实际出版、发行情况来配置信息资源。数字信息环境下，无论是信息资源数量、类型都在激增，因此，图书馆要了解时下有哪些类型的出版信息资源，从各类型的信息资源中选择读者、用户最需要的那些信息资源，不能心中无数，盲目或有偏见地只配置某一类型的信息资源，导致有些读者、用户缺少自己喜爱的信息资源。另外，还要关注各类型的信息资源出版数量，在资源配置时可能从多中选优，而数量少时切不可失去良机，从而造成某些信息资源的缺藏。

总之，图书馆应根据本馆的服务任务，读者、用户的实际需求，以及信息资源的实际发展情况来配置信息资源，改变传统图书馆以书为本、以“藏”为工作重心的文献资源建设观念，转变为数字信息环境下以人为本、以“用”为工作重心的信息资源建设观念。信息资源建设所做的每一件事都要从读者的实际需求出发，不做“假大空”、不切合实际的事情。只有这样，才能建立起符合实际使用需要的信息资源体系。

（二）系统性原则

系统性原则是指在信息资源建设中图书馆要注意信息资源系统各要素之间相互联系和信息资源系统与环境的联系。

首先，科学知识具有系统性。任何门类的科学知识在时间上，从古至今，不断继承、积累，纵向发展，各类知识大量产生，各学科发展日益完善；在空间上从中到外，各门类知识相互渗透、交叉，横向联系，边缘学科、交叉学科、横断学科大量产生，各学科之间的关系越来越密切。这体现了科学知识内容的系统性。此外，其生产具有连续性。例如，各种类型、各种载体类型的文献，其出版发行大多具有计划性和连贯性的特征，尤其是时效性强的报纸、杂志、丛书、丛刊、多卷书等连续出版物等。

其次，读者对科学知识的需求具有系统性。信息资源利用的主体，是由不同层次的年龄结构、文化结构、知识结构组成的读者群系统。他们对信息资源的要求和使用，在类别和类型上，在时间和水平上，在范围和深度上，从表面上看好像宽泛杂乱、变幻莫测，但实际上是有一定的专指性和系统性的。尤其是从事系统学习和系统研究的读者群，更表现出循序渐进的阅读需求和专门深入的检索需求。要满足各种读者的系统要求，就必须在信息资源建设过程中始终保持各种类型和载体的比例合理，系统收集，分别组织，做好总体规划，使信息资源的系统性与读者需求的系统性相一致。

图书馆先应根据主要服务任务和读者需要，将某些学科、专业或专题范围的文献作为重点收集的对象。对这些重点藏书，从纵向系统看，要在内容上保持这些学科内在的历史延续性和完整性，反映出学科发展变化的特点和规律；从横向系统看，要广泛收集这些学科各个学派有代表性的专著和有关评论、重要期刊、主要相关期刊和其他类型文献资料。此外，图书馆将长期积累的某些类型的珍贵书刊资料作为特藏。对于特藏书刊，要保持它们的历史连续性和稳定性。

然后，对与本馆服务任务直接相关的多卷书、丛书、连续出版物及重要工具书，要完整无缺，不能随意中断。这类文献无论在知识内容还是在出版发行形式方面，都具有很强的系统性，一旦中断，就会失去其完整性，因而也就失去了价值。目前，这类文献很多已经数字化，并通过网络传递，因此，图书馆要根据实际使用需要和可能的条件，确定这类文献中哪些应该购买印刷版，哪些应该购买电子版，哪些既要印刷版又要电子版。总之，要使这类文献配套，形成相互联系、相互依存的系统。

最后，要注意各学科间相互渗透、边缘交错的内在联系，广泛而有选择地收集相关学科、边缘学科，以及供一般读者学习和阅读的基础书刊。这类书刊涉及学科面广，读者使用面宽，数量大，图书馆应根据需要挑选其中最主要、最有价值的部分入藏，从而形成有重点、有层次的馆藏文献资源体系。

（三）特色化原则

信息资源特色化，指的是一个图书馆馆藏信息资源所具有的独特风格，它体现着图书馆馆藏资源的生命力。社会信息资源是一个整体，每个图书馆的信息资源都是这个整体的一个组成部分。如果每个图书馆的信息资源都具有各自的特色，就能更好地实现地区性，乃至更大范围内的信息资源共享。同时，各类型图书馆，除了共同性的任务以外，还分别担负着为某些方面服务的特殊服务，拥有本馆特定的读者群。因此，图书馆必须根据本馆的性质、任务和读者对象的需要，建设能满足特殊服务任务和特定读者需要的信息资源体系。信息资源特色化原则主要体现在学科特色、专题特色、地方特色、文献类型特色四个方面。

学科特色，即对某些学科、专业的文献有完整系统的收藏，形成自己的特色，学科特色对科学专业图书馆、高校图书馆而言都是至关重要的。科学专业图书馆要围绕自己所服务的科研领域、任务来形成学科特色资源。高校图书馆要根据本校专业设置，尤其是重点学科专业情况，形成专业特色资源。即使是公共图书馆，也要根据本地生产、科研的重要领域，确定本馆资源的学科特色。

专题特色，即围绕某些专题（事物、问题、人物等）较为完整、系统地收藏有关文献，形成专题文献特色。如有些图书馆建立服装文献特藏、陶瓷文献特藏、旅游文献特藏，有些图书馆建立台湾问题研究文献特藏、东南亚问题研究文献特藏，有些图书馆建立起某位名人研究文献的特藏等。这种专题特色是馆藏特色的重要内容。

地方特色，即根据本地区的地理、历史、经济和文化特点，对有关本地的文献完整系统地收藏，从而形成特色。而最具有地方特色的文献就是地方文献。所谓地方文献，是指凡涉及本地区政治、经济、历史、文化、科学等方面内容的文献资料。地方文献记载着从古至今本地区的历史沿革、经济特点、自然环境、风俗民情、文化古迹等情况，为研究本地区的历史和现状提供了第一手材料，对发展本地区的经济、文化、科学事业，特别是发挥本地区的优势，具有独特的使用价值。因此，藏书的地方特色对为地方经济、科学和文化发展服务的公共图书馆来说，是至关重要的。

文献类型特色，即根据图书馆的任务、历史特点、藏书协调组织的统筹安排等，对某些文献类型完整系统地收藏，形成特色，如某些图书馆的标准文献特藏、专利文献特藏、缩微资料特藏、音像资料特藏等。如有些艺术类高校图书馆、国家图书馆或省级公共图书馆收藏的许多音像资料都是很重要的特藏。

信息资源特色化原则除了在资源类型等方面有所要求外，在信息资源数量方面也有所要求。信息资源特色的形成，是图书馆对资源长期积累的结果，因此，一定的信息资源数量是保证馆藏资源特色的基础，数量太少，特色就很难形成。这就要求图书馆对已经确定为馆藏资源特色的信息资源要尽可能完整、系统地收集，在经费上优先分配，使这些种类的文献在数量上得以保证。此外，还要看其是否达到完备程度。

信息资源特色化原则除了在信息资源数量上有所要求外，在质量方面也有所要求。信息资源数量是形成特色的一个因素，但绝不是有了数量就自然形成特色，资源数量要以资源质量为基础，并以质量来控制数量。首先要求图书馆收集的信息资源在内容上要有一定的深度，能够体现学科发展的最新动向与发展水平。这对科学专业图书馆来说是毫无疑问的。对高等院校图书馆来说，为了保证馆藏特色，也必须有一定品种数量的符合专业特色的有较高水平和深度的科研用书，包括特藏书、外文原版书、大型成套工具书、特色数据库等。省级公共图书馆除了担负为广大群众提高科学文化水平服务的任务外，同时也负担着为科学研究与生产服务的任务。因此，省级公共图书馆不仅要收藏为普及科学文化服务的书刊，更要注意收集学术性较强的科学专著、期刊及其他类型的资料，否则难以形成特色。其次，特色化要求图书馆对特色信息资源的入藏比例合理，尤其是已形成特色的学科领域的最新文献资料要占有合理的比例。一般说来，公共图书馆新书率应在15%~20%，高校图书馆文科新书率应在20%~25%，理工科新书应在25%~30%。达到新书率的标准，就能使图书馆提供最新的信息和最先进的知识，使信息资源的特色经得起时间的考验。如果没有新信息资源的及时补充、更新，原有的特色就会衰老和消失。

重点藏书是图书馆信息资源中的精华，图书馆信息资源的特色也主要是体现在重点藏书中。因此，图书馆要为主要服务任务和重点服务对象配备某些学科、某些专业或专题的信息资源，对重点藏书的要求，一是要做好调查研究，使确定的重点藏书真正符合客观实际，有较强的针对性；二是要全面、系统地收集，在纵向上注意其历史连贯性，横向上注意各学科的相互联系性，补充要及时；三是要保持其稳定性，保证购书经费及各类书刊的合理比例，调整其局部变化。

核心期刊信息密度大，内容质量高，论文寿命长，引用率、文摘率和借阅率也都比其他期刊高，代表着某学科、某专业领域学术水平和发展趋势。因此，核心期刊是信息资源特色的一个重要组成部分，图书馆应根据实际情况和读者需要，结合期刊本身的质量（可靠性、权威性、实用性等），慎重确定。一旦各专业核心期刊确定后，就要从各方面给予保证，系统订购，长期保存。

此外，特色数据库建设也十分重要，但须慎重。当一个图书馆的馆藏转化为文献数据库并提供网上信息服务时，其他图书馆再把相同的资源进行加工上网是没有意义的。如果说传统的图书馆作为独立的存在体，它们所拥有的资源相互之间还允许一定程度重复的话，那么在网络上，图书馆作为网络整体的一个节点，它的数据库资源如果被网上其他机构的数据库资源所覆盖，那么它的生命力和存在价值就会大大降低。而只有图书馆拥有的信息资源各具特色、互不雷同，图书馆从网络获取的资源才是丰富而真正有价值的。

（四）协调发展原则

数字信息环境下，不仅信息资源数量激增，而且类型多样。因此，图书馆应根据本馆的实际情况及读者、用户的需求特点进行资源配置，并使之协调发展，以充分满足读者、用户的各种信息需求。数字信息环境下，图书馆首先要注意各学科信息资源的协调发展。各学科信息资源协调发展指的是在兼顾一般学科的基础上主要保证重点学科、特色学科信息资源的持续发展。不要因某类图书出版得多就不加选择地订购，而是要根据学科建设的需求情况而定。其次要注意各语种信息资源的协调发展。读者、用户对外文信息资源需求量是不同的。中文信息资源一直是我国读者、用户利用的主要信息资源，但近年来，读者、用户对外文信息资源的需求量逐年攀升。但并不是说读者、用户对外文信息资源的利用都均衡。一般说来，读者、用户对外文科技类信息资源需求量较大，对社科类外文信息资源需求量较小。因此，信息资源建设语种上协调发展，也要根据读者、用户对各学科信息资源的实际需求情况来发展。再次要注意各种载体的信息资源协调发展。近年来，用户对电子信息资源需求量越来越大，其中需求量最大的是中文全文电子期刊，其次是外文全文电子期刊；用户需求面也越来越宽，不仅是对书目数据库、电子期刊数据库有需求，对电子图书数据库、专题数据库、各种教学视频库等都有需求。一方面，要注意根据用户对各类型电子资源的实际需求情况来配置电子资源；另一方面也要注意纸质信息资源与电子信息资源的配置比例，从而促进各种信息资源的协调发展。

（五）共建共享原则

共建共享原则是指一个地区、一个系统、一个国家，乃至全球的图书馆之间建立广泛的合作关系，科学规划，分工协作，共同建设互为利用、互为依存的信息资源联合保障体系。数字信息环境下，信息资源共建共享变得更为必要和迫切。信息技术的发展和网络环境的形成也为信息资源共建共享提供了强有力的技术支持。海量的信息存储系统、高速和成本低廉的传输手段、联机联合目录及各种电子化的检索工具等，都为信息资源共建共享创造了有利条件。因此，图书馆要从整体目标出发，信息资源建设要进行统筹安排、科学规划、合理布局。各图书馆要在服从整体目标的前提下，建立本馆有重点、有特色的专门化信息资源系统。各图书馆之间通过分工协作、联合采集、优势互补建立起相对完备的信息资源联合保障体系。同时，通过建立于现代信息技术基础上的馆际互借和文献传递系统，各馆的资源相互提供利用，从而实现广泛的信息资源共享。

数字信息资源环境下，信息资源建设的五项原则是一个相互联系、不可分割的统一体。其中，实用性原则是基本原则，系统性原则、特色化原则和协调发展原则既要以实用性原则为前提，又是实用性原则的保证。共建共享原则把信息资源建设的实用性、系统性、特色化和协调发展从微观领域带入宏观领域，丰富了这些原则的内涵，同时也使信息资源建设真正成为一项社会性的事业，并对促进社会的发展和进步起到重要的作用。

第三章　智慧图书馆信息资源建设的政策

第一节　信息资源建设政策的基本问题

一、基本概念

信息资源建设政策是信息政策的重要组成部分。关于信息政策的概念，国内外学界做了很多研究，比较有代表性的观点有：

美国学者温加滕（Weinganen）认为，一切用以鼓励限制和规范信息创造、使用、存储和交流的公共法律、条例和政策的集合即为信息政策。

日本东京大学的洪田纯一教授认为，信息政策是包含了通信政策、信息通信政策、传播政策的全部内容，并且具有广泛射程的发展性的概念。

我国的卢太宏教授提出，信息政策是国家用于调控信息业的发展和信息活动的行为规范的准则，涉及信息产品的生产、分配、交换和消费等各个环节，以及信息业的发展规划、组织和管理等综合性的问题。

武汉大学的胡昌平教授认为，信息政策是某一个国家或者国际组织开展信息工作与发展信息产业所采取行为的概括性总体原则。从更狭义的角度看，信息政策是处理特定信息问题的一系列指导方针。信息政策可以是某一国际机构或组织制定，以此指导和约束与此相关的国际信息活动；在某一国家内，信息政策、国家政法部门或专业机构制定并用于指导和约束全国或地方的信息活动。

武汉大学的马费成教授认为，所谓的国家信息政策，就是用于把控信息生产、交流和利用的措施、规范和准则的集合，它涉及信息产品的生产、分配、交换和消费等各个环节。

相对于信息政策而言，信息资源建设政策的研究者相对比较少，比较有代表性的是武汉大学肖希明教授的观点：信息资源建设政策就是人们为实现信息资源建设目标时制定的方针、原则、策略、措施、对策等。

信息资源建设政策就是信息机构为了实现信息资源建设目标所制定的方针、原则、策略和措施。具体地说，就是信息资源建设政策要解决的问题，包括：明确信息资源建设的目标、原则；规划图书馆信息资源的结构和信息资源的宏观布局；确定图书馆各种类型的信息载体的采集原则、选择标准、入藏比例及经费安排；制订适应新的信息环境的数字化信息资源建设规划、步骤；规定图书馆藏书资源管理的原则、方法、措施；提出信息资源共建共享的目标、任务、实施步骤等。

信息资源建设政策具有以下特点：

第一，系统性。信息资源建设政策是一个完整的政策体系，各个政策之间存在相互影响、相互配合和相互制约。要保证政策机制的正常运行和各项政策付诸行动，必须注意政策之间的相互联系。

第二，中介性。政策是理论与实践的中间环节，也是联系理论与实践的桥梁。信息资源建设理论要指导信息资源建设实践，就必须借助于信息资源建设政策这一中心环节。

第三，稳定性。信息资源建设政策确定后，就不能随意地因人员变更而随意有所改变，必须保持其稳定性，以便于政策得到贯彻实施。

第四，变通性。任何政策都是根据客观形势制定的。客观形势的变化决定了政策必须具有变通性。信息资源建设也要随信息环境和图书馆的变化及时调整自己的策略。

第五，可操作性。信息资源建设政策不仅对信息资源建设的概况、目标等从总体上做了规划，而且还对各个学科的不同类型、不同载体的信息资源建设制定了相应的政策，同时还制定了信息资源交换政策、经费分配政策、信息资源共享政策等，具有很强的可操作性，是信息资源建设的依据。

第六，规范性。信息资源建设政策是按照一定的程序研究制定的，因此，对于它的改变和修正，也需要按一定的程序进行，这样它才能够对信息资源建设全过程起到指导和规范的作用。

第七，干预性。信息资源建设政策为信息资源建设活动提供了具有约束力的行为准则，对参与信息资源建设活动的各方进行宏观控制，从而确保信息资源建设活动的良性发展。

第八，前瞻性。在制定信息资源建设政策时，尽量考虑到将来可能发生的各种情况，不仅关注今天，而且更要关注明天，预测到未来的发展趋势，使信息资源建设政策有更好的实践的适应性。

二、信息资源建设政策的作用

近年来，世界上各发达国家和一些发展中国家都十分重视研究和制定信息资源建设政策。尤其是在信息技术迅速发展的今天，信息资源建设在观念、模式、策略、标准、方式等诸方面都面临着新的变化，图书馆必须认真研究和制定适应新的信息环境的信息资源建设政策。从我国图书馆的实际情况来看，研究和制定信息资源建设政策的作用主要体现在宏观指导方面、提供标准和规范、提供共建共享依据方面。

（一）宏观指导方面

信息资源建设是图书馆一项重要的基础性工作。它关系到图书馆能否建立一个科学合理的信息资源体系，以有效地履行它的各项职能，并最大限度地满足读者和用户的信息需求，这不是制定一般的选书或采访标准所能解决的。必须研究和制定正确的政策，为信息资源建设提供宏观指导。

1. 对信息资源建设模式的指导

信息资源建设模式是对图书馆信息资源建设所做的方向性、原则性的规定，对信息资源建设全过程起着决定性的作用。对信息资源建设模式的指导就是要求图书馆在考虑本馆的特点、中心任务、发展方向、客观条件及由此而决定的整体发展战略的基础上确定本馆信息资源建设的最佳模式。

图书馆的类型不同，其服务任务、服务对象的需要，以及客观条件也是不同的，由此所确定的信息资源建设模式也就不同了。即使是同一类型的图书馆，具体情况的不同，信息资源建设模式也是有所区别的。因此，确立信息资源建设模式是一项十分重要而又复杂的工作，需要进行认真的调查研究和全面综合的考虑，切忌主观随意性。很显然，信息资源建设政策的制定对信息资源建设模式的确定起着重要的指导作用。

2. 对信息资源建设目标的指导

信息资源建设目标是一个复杂的目标体系，包括数量目标、质量目标、特色化目标等，每一项目标都包含着丰富的内容。能够对这些目标产生影响的主客观因素很多。因此，确定信息资源建设目标必须进行科学的论证，分析各项目标的必要性和实现的可能性，并在信息资源建设政策的指导下进行，切不可盲目草率。

3. 对确定重点馆藏发展领域的指导

重点藏书是图书馆藏书中的核心，反映图书馆信息资源建设的水平。确定重点藏书发展领域，是指从众多学科领域中，选择对完成本馆的主要服务任务和满足本馆主要服务对象需求具有决定性作用的某些学科或专题，对这些学科或专题的各种信息载体完整系统地收藏。确定重点藏书发展领域，要求图书馆根据本地经济建设及科学、教育、文化发展的需要和本馆承揽的主要服务任务、主要科研方向、主要读者或用户的需求，原有藏书基础及各馆重点藏书分工协调等因素，确定本馆重点藏书的发展领域。确定重点藏书发展领域也是一项影响图书馆信息资源建设方向和水平的重要工作，必须运用政策进行宏观指导。

（二）提供标准和规范方面

除了政策的宏观指导外，利用政策进行具体规范也是信息资源建设必不可少的环节。例如，书刊选择和采购，许多图书馆没有科学的标准，明确的范围，只是将图书粗略地划分若干类，机械地规定哪一类每种采购多少册。再如，购书经费的分配问题，一些图书馆对各类学科、各种类型、各种语种、各种载体的文献资料采集的经费分配比例缺乏合理的标准。在经费使用中，还存在着经费充足时突击购书，经费短缺时又随意中止应订书刊的情况。由于其本身就缺乏科学性，导致具体的执行中随意性很大。

信息环境的变化，使得图书馆的文献采访策略、选书原则、复本标准、购书经费分配方法、文献获取的具体方式等，都发生了明显的变化，对此需要制定明确的政策加以规范。比如，图书馆的文献采访策略以及与此密切相关的购书经费分配问题。近年来网络信息资源的大量出现，图书馆在信息资源建设方面都面临“拥有”还是“存取”的选择问题。事实上，在目前情况下，任何图书馆都不可能以“存取”来取代“拥有”，自然也不应该固守“拥有”的模式而拒绝“存取”。图书馆应该从传统的“拥有”单一的信息资源建设策略，转变为“拥有”与“存取”相结合的策略。图书馆的购书经费除一部分转换为实物形式的文献外，还有相当一部分将转换为服务的形式，如使用网络化信息资源需要缴纳的入网费、检索费、租借费等。图书馆如何调整采访策略，如何合理分配经费，是必须通过信息资源建设政策加以规范的。

（三）提供共建共享依据方面

信息技术的迅速发展，促使影响信息资源共建共享的技术因素逐渐消失，然而各种人文、社会因素不但没有消失，反而变得日益复杂，这就需要政策发挥调节作用。

从微观角度考虑，制定信息资源建设政策可以使各馆信息资源特色更加鲜明，结构更趋合理，从而为合作藏书、资源共建提供基础。藏书特色化与合作藏书发展存在着辩证关系。藏书特色化是合作藏书发展的基础和前提，如果没有各馆明确的藏书特色，合作藏书就无法进行。当然，如果没有合作藏书作为各馆满足读者需要的保障，藏书特色化也就失去了意义。因此，藏书特色化与合作藏书是相辅相成的。在今天的网络环境中，图书馆资源的特色化建设不但没有消失，反而显得更为必要和迫切。制定信息资源建设政策，就是要明确本馆信息资源的特色，并按特色化的要求设计和调整信息资源结构，为信息资源共建共享创造良好的基础和前提。

从宏观方面考虑，制定信息资源建设政策可以明确各馆参与信息资源共建共享的权利和义务，建立一种利益的平衡机制，以保证参加合作的成员馆都能得到实惠，调动其积极性。在合作藏书、资源共享中，建立利益平衡机制是十分重要的。虽然从整体上看，信息资源共建共享对所有图书馆都有利，但从局部上看，如果没有一种利益平衡机制，就很难保证参加共建共享活动每个成员都能获得与其投入相应的利益，有的甚至会相差很远。于是那些投入多、获益少的成员自然会失去积极性。因此，如果想要有效地开展信息资源共建共享活动，就必须制定正确的政策，建立一种利益平衡机制，使各图书馆之间能依据它们在资源共建共享中的投入和贡献，获得相应的利益。可以说，信息资源共建的关键在于制定既符合客观现实，又有一定灵活性，能适应情况发展变化的信息资源建设政策。

三、信息资源建设政策研究概况

信息资源建设是从藏书建设、文献资源建设等概念发展而来的。欧美国家将概括这类活动所使用的概念称为“藏书发展”，其含义比较宽泛。尽管比起信息资源建设的概念，它并没有更大的包容性，但已经涵盖了信息资源建设的主要内容。因此，国内外关于藏书发展政策研究的状况，基本上反映了信息资源建设研究的概貌。

（一）国外研究概况

20世纪70年代以来，以美国为代表的图书馆界开始积极研究和制定图书馆藏书发展政策，并在理论和实践方面都取得了不少成果。

1977年，美国图书馆学家奥斯本撰文论述了藏书发展政策的功能和目的及达到此功能目的所应注意的问题，并提出一个制订藏书发展政策的工作计划。此后，图书馆学家集中讨论了藏书发展工作的领域和方法、制定了藏书发展政策的必要性和具体模式。许多图书馆都意识到研究和制定藏书发展政策的重要性。

20世纪80年代以来，藏书发展政策研究进一步发展，研究领域不断拓宽。图书馆学家系统地探讨了藏书发展与藏书发展政策的定义、价值功能、内容范围、基本框架，制定藏书发展政策的目标、程序及原则，并通过分析现有藏书发展政策状况来评价现有藏书发展文件，同时还对一些具体问题，如藏书经费分配的目的和特征、分配原则及分配过程等进行了论述。图书馆藏书发展政策的制定工作得到了迅速发展，到1993年为止，72%的高校图书馆和78%的公共图书馆已制定藏书发展政策，并呈递增趋势。

20世纪90年代，在信息化浪潮冲击和挑战下，国外图书馆界更加关注藏书发展政策的研究。哈佛大学图书馆的Dan C. Haze撰文探讨了信息时代网络环境下藏书发展政策的变化，认为“传统的藏书发展政策将不再适应今天的需要，用户、图书馆和管理者都需要更具灵活性的政策文件”。Elizabeth Futas所著《藏书发展政策与程序》第3版（1995年）针对近年来形势变化，重新探讨了美国图书馆藏书发展的目的和目标、藏书规划、藏书评价和选书标准等问题，并对电子文献与联机服务的选择标准问题进行了探讨。许多图书馆学家针对新的信息环境给图书馆藏书带来的影响和变化，提出了一系列新的藏书发展政策，包括：建立超文本信息图；电子文献采访的技术化和专门化；确定筛选数据库资料的基本标准；建立虚拟图书馆，发展合作藏书等等。

（二）国内研究概况

20世纪80年代初期，我国图书馆界开始关注藏书发展政策问题。1982年，肖自力先生翻译介绍了美国图书馆协会制定的《藏书建设方针规范指南》。1984年，姜建军等提出《高等院校图书馆藏书建设方针的编制模式》。

我国藏书建设、文献资源建设的理论研究和实践发展实际上包含了信息资源建设政策的内容。

1. 藏书补充的研究

藏书补充是传统藏书建设理论中一个基本的概念，也是图书馆信息资源建设中最主要的实践活动。藏书补充涉及图书的选择与采访政策问题。主要的研究问题有：

第一，藏书补充的原则和采访方针。提出了图书馆藏书建设的实用性原则、系统性原则、发展与剔除原则、分工协调原则等，以及各类型图书馆根据本馆的性质、任务应该遵循的藏书采访方针。

第二，选书标准。提出了图书馆选择藏书的一般标准，并形成了《采访条例》之类的规范性文件，作为指导选书工作的政策性规定。

第三，复本政策研究。分析了影响藏书复本量的因素，探讨了确定藏书复本量的依据，并提出了不同类型图书馆处理藏书品种与复本关系的原则。

第四，经费短缺情况下藏书建设对策研究。分析了藏书建设所面临的经费短缺的严峻形势，寻求摆脱困境，有效遏制文献入藏量不断下滑的对策。

2. 藏书发展政策的研究

关于藏书发展政策的意义和作用，学者们普遍认为主要表现在四个方面：

第一，为藏书发展提供重要依据和宏观指导，包括对藏书发展模式的指导，对藏书发展数量、质量和效益目标的指导，对确定重点藏书发展领域的指导。

第二，为藏书发展工作提供政策性的标准和规范，保证藏书发展的平衡性和一致性，为文献资源建设质量提供重要保证。

第三，有助于开展读者服务工作。

第四，促进合作藏书发展与资源共享。

3. 藏书结构的研究

确定合理的藏书结构是信息资源建设政策的重要内容，其相关的研究内容包括：

第一，藏书结构理论研究。涉及藏书结构的概念、藏书结构与藏书体系的关系、藏书结构的一般特征、决定或影响藏书结构的主要因素等。

第二，藏书结构的构成要素。指出藏书结构是一个由多种因素形成的结构，藏书的学科结构、等级结构、实践结构和文献类塑结构是藏书几个基本的构成面，也是重要的分支结构。

第三，藏书结构的规划和设计。探讨了设计藏书结构的基本方法，并对图书馆藏书结构的现状及未来发展方向进行了分析，编制出藏书结构一览表。这种一览表可以看作是信息资源建设政策的一种最直观的表现形式。

第二节　信息资源建设政策的内容

一、图书馆信息资源现状

图书馆是信息资源的主要集中地，制定信息资源建设政策必须要以此为依据。自20世纪90年代以来，各类型图书馆的数字信息资源建设取得了长足的进展，其数量不断增加、类型不断丰富，在信息资源建设经费中所占的比例也不断提高。目前，对图书馆信息资源现状的分析主要包括以下三个方面：

1. 印刷型信息资源现状

对印刷型信息资源现状的分析主要应从其数量、类型、语种、出版年代等方面进行。

第一，数量主要是指目前的复本量如何，能否满足读者的信息需求。

第二，类型包括图书、连续出版物、工具书、会议文献、手稿等收藏情况。

第三，语种是指除中文文献外其他语种收藏情况，如收藏文献的语种是否齐全，能否满足读者的需求。

第四，出版年代主要指馆藏文献不仅包括现代出版物，而且还包括各个历史时期的出版物，能否满足读者对不同历史时期的文献需求。

2. 非印刷型信息资源现状

对非印刷型信息资源现状的分析主要是对其数量、类型、语种和时间跨度进行分析。非印刷型信息资源主要有缩微制品、视听资料、光盘、网络型资源等。目前，网络数据库尤其是全文数据库，以其内容丰富、检索功能强大等特点日益成为深受读者喜欢的信息资源类型，因此对图书馆网络数据库的现状进行分析研究，显得尤其重要。

3. 目前两者的比例是否能很好地满足读者需求

受到印刷塑和电子型信息资源价格上涨的冲击，各个图书馆都受到了经费紧张的影响，要想同时定购两种类型的信息资源就显得异常困难，此时对印刷型和非印刷两者采购比例的确定就显得非常重要。

只有全面地掌握了图书馆信息资源的现状、弄清楚了图书馆信息资源的优势和薄弱环节，把握了目前信息资源满足读者的程度后，才能预测未来馆藏信息资源的发展方向，制定出正确的信息资源建设政策。

二、图书馆信息资源建设目标的确定

目标是想要达到的境地和标准。信息资源建设目标，是图书馆对经过一段时期后信息资源建设应该达到何种水平所做的规定。一般而言，包括：

（一）数量目标

在一定时期内图书馆拥有和可获取的信息资源的增长应达到什么目标，各学科文献的覆盖率应达到什么比例。必须指出的是，由于现代图书馆信息资源结构的变化，信息资源建设数量目标已经不是单纯的印刷型文献入藏的数量目标。它至少应该包含以下内容：

第一，各学科图书的种数、册数。

第二，期刊的种数。

第三，其他特种文献资料的种数。

第四，音像资料和缩微资料的数量。

第五，电子出版物的种类和数量。

第六，可“拥有”的数据库的数量。

第七，通过网络可远程检索的数据库的数量。

（二）质量目标

对入藏文献信息内容的科学价值、现实使用价值提出明确的标准，对入藏文献信息要达到的广度、深度、新度和各类信息载体的比例提出明确的要求。

第一，广度。主要表现在文献的学科、类型、文种及参考工具书的配备是否全面广泛和相互联系，核心书刊的完备程度、相关书刊的广泛程度、外文书刊的比例、期刊及内部资料品种的丰富；程度、各种参考工具书和检索工具的配备程度，各种信息载体的比例和各种文献数据库、事实数据库、数值数据库的覆盖面等，是衡量藏书广度的具体标准。

第二，深度。主要指重点专业文献的系统完整程度，包括各个时期、各个国家、各种主题范围、各种代表性著述的文献是否齐备。

第三，新度。主要是指各学科领域最新书刊、最新学科资料和新型信息载体的资料在藏书中所占的比重，以及能否反映各学科的新进展、最新研究成果，以及最新的知识信息内容，这是衡量信息资源质量中知识信息含量的具体标志之一。

（三）特色化信息资源建设目标

特色化是现代信息环境对图书馆信息资源建设的客观要求。图书馆应根据本地区的地理、历史与文化特点，本地区、本单位赋予图书馆的服务任务，本馆读者的需求等因素，确定本馆的特色藏书与特色数据库，并对标志特色化形成的各项指标做出具体的规定。

三、文献信息资源采访政策

文献信息资源（印刷型书刊）仍然是当前图书馆信息资源的主要组成部分，因此，确定文献信息资源的选择与采访标准，可以看作是信息资源建设政策的主要内容。

（一）图书采访政策

在图书采访方面，要求各个图书馆根据本馆的实际情况制定符合本馆实际情况的图书采访政策，一般来说，图书采访政策应该包括以下因素：

1. 确定入藏图书的范围

不同类型的图书馆，其性质、功能和任务，以及服务对象也是不同的。因此，每个图书馆对信息资源的收藏范围和要求也各不相同。图书馆只能选择入藏与本馆藏书的学科或专题范围相符的图书。图书馆必须根据服务任务和服务对象的需求，确定各学科图书的入藏比例。

2. 确定入藏图书的类型

图书馆中收藏的文献内容越多，其为人们提供的便利也就越多。但是，受到经费等条件的限制，每个图书馆中不可能收藏所有的文献类型。这就要求各图书馆根据读者的信息需求选择入藏的文献类型，并尽可能地收藏更多类型的文献，以满足读者对文献的需求情况。

3. 确定入藏图书的内容深度和质量标准

在内容深度方面，由于读者群的不同，决定了其对图书内容的深浅程度要求也是不一样的。因此，图书馆在选择入藏图书时必须考虑所提供的读者群是否能够接受。任何图书馆都只能选择入藏适合本馆读者阅读水平和需求的文献。

图书的内容质量是图书本身所具有的科学价值、艺术价值、现实价值和参考价值。对图书的内容质量的评价，一般可根据以下信息进行。

（1）著作者

著作者方面主要考察图书的著作者在其所从事活动领域中的知名度。知名度在很大程度上能反映该书在其所涉及的学科领域中所占的学术地位，因此，图书馆应优先选择该学科领域重要著者的重要著作。

（2）出版者及出版记录

出版者和文献的质量之间存在着密切的关系。任何出版社想要树立和维护其声誉，就需要对其所出版的文献进行认真的审查，力争出版高质量的图书。因此，选择那些享有较高声誉的出版社出版的图书，是一种比较可靠的选书方法。

此外，每种图书都有自己的出版记录，用于记录该图书的出版年代、版次、印刷及定价等。通过出版年代可以了解图书所采用资料的新旧；版次记录了图书的出版次数；图书印数多少表明图书的普及程度，但对于满足研究型读者的需要来说，应注意选择那些印数较少而又有价值的图书。

（3）名著

名著大都是经过长期流传被公认为具有独特的科学价值和文化价值，具有较大影响，在科学史、思想史和文化史上占有一定地位的学术著作或文学作品。名著在图书馆藏书中占有重要位置，其数量和所占比例在一定程度上反映了该馆藏书的质量和水平。因此，图书馆在入藏图书时应注意对名著的选择。

（4）影响面

由于种种原因，某些图书往往拥有广泛的读者，成为“热门”图书。对这些“热门”图书，图书馆应当采取积极的态度，选择入藏。因为图书“热门”，实质上就是它具有较高的使用价值，而使用价值，正是衡量藏书质量的标志之一。

4. 确定入藏图书在本地区其他馆的收藏情况

图书馆想要靠自己的馆藏来满足读者的全部信息需求是不可能达到的，各图书馆应该积极通过馆际联合等合作方式来进行信息资源的分工采购，尤其是那些价格昂贵的外文原版书刊、大型工具书等就可以通过联合采购的方式获得，这样不仅节约了经费，也保证了特色馆藏，实现了文献资源的共建共享，更好地满足了读者的信息需求。

5. 确定入藏文献的复本配置标准

在图书采访政策中，还必须明确文献的复本配置问题，以满足众多读者在同一时间内对同一种图书的需求。

影响复本量的因素很多，且各个图书馆的情况又很不相同，因此，不同图书馆很难有一个共同的规范化复本标准，各馆只能根据自己的实际情况来确定藏书复本量。目前，我国图书馆基本上都是在总结经验的基础上，通过调查研究，综合分析影响藏书复本量的各种因素，找出各类藏书的最佳复本数量，以此为标准，作为配置复本的参数。

6. 确定图书的采购规范

图书采购作为图书馆业务中一项重要的商业性活动，不仅要遵循图书馆信息资源建设的一般规律，而且也要遵守国家的有关法律和政策。因此，为了规范图书馆的文献采访行为，越来越多的图书馆开始实行图书招标采购，从中选择资信优良的发行商，从而获得更多的配套服务，同时获得更多的优惠价格。为了保证通过招标采购后图书馆获得的文献的质量，图书馆在图书采访政策中必须对相关的问题做出规定，如图书招标采购的原则、招标的方式、招标采购工作的组织和一般性程序等。

（二）期刊采访政策

与图书一样，期刊也是图书馆信息资源体系的重要组成部分，但是由于期刊的采访有其自身的特点和规律。因此，图书馆的信息资源建设政策有必要对期刊的采访做出专门的规定。

一般来说，期刊采访政策应该包括以下内容：

1. 确定期刊的采访标准

不同于图书采访标准，期刊采访标准除了要对期刊内容所涉及的主题学科范围进行考虑外，还必须考虑下面因素：

第一，期刊的使用频率和被引用率。

第二，期刊的价格，包括直接价格和相对价格（全年的订购价格除以每年平均被读者利用的次数）。

第三，通过其他途径，如馆际互借、电子文献传递的可获得性。

第四，期刊从索引、文摘及数码数据库中的可检索性，这是读者使用期刊的向导。

2. 确定核心期刊及相关保障政策

核心期刊是某学科、某专业高水平研究成果最集中的刊物，它包含着该学科、该专业领域中最丰富、最前沿的学术信息。但是，对于各学科核心期刊的认定，各图书馆的标准是不同的，如中文期刊主要依据是否成为CSCI、CSSCI等重要检索刊物的来源期刊，有的图书馆则依据北京大学图书馆编撰的《中文核心期刊要目总览》来认定中文核心期刊的。不管采用何种标准，都要在信息资源建设政策文件中明确规定，并且要对保证核心期刊的措施作出具体的规定，以确保核心期刊的完整性、系统性。

3. 协调期刊的订购与馆际互借、文献传递关系

现代通信技术的发展，尤其是网络环境的形成，使文献传递方式发生了革命性的变化。读者需要的期刊可以通过馆际互借，电子文献传递等形式获取，也可以从互联网上获取各种各样的网络化电子期刊。显然，读者从其他途径获得期刊的可能性越大，对馆藏期刊的依赖性就越小，这样，图书馆在期刊采访时，对那些价格昂贵且利用率低的期刊可以少订或不订，而通过馆际互借来满足读者的需求是一种可行的策略。对于何种情况下订购印刷型期刊，何种情况下通过馆际互借和电子文献传递获取期刊，则应该在信息资源建设政策中予以明确。

第三节 信息资源建设政策的制定与实施

一、信息资源建设政策的制定

（一）制定信息资源建设政策的目的

制定信息建设政策的主要目的如下：

第一，为图书馆员、用户和图书馆所属的上级领导机构和图书馆长界定图书馆馆藏的性质、任务、范围、发展目标及其任务。

第二，明确参与信息资源建设各方的责任及分工。

第三，明确信息资源选择的标准、优先次序等，保证信息资源建设的一致性、平衡性及可持续发展。

第四，为信息资源建设经费预算和分配提供依据。

第五，为信息资源建设方面的馆际合作提供一个参加、交流的框架。

第六，为图书馆信息资源建设相关工作人员提供参考工具和培训手册。

（二）制定信息资源建设政策的原则

1. 系统性原则

信息资源建设作为图书馆系统重要的组成部分，其建设政策必须服从于和服务于图书馆整体发展战略。也就是说，我们不仅要考虑大系统与分系统的关系，还要考虑相同层次系统间的横向关系。只有各项政策相互配合，形成一个有机整体，才能实现系统的总目标。

2. 协调性原则

制定信息资源建设政策时，不仅要协调好与图书馆其他子系统的关系，还要着眼于信息资源整体布局，注意与其他馆的协调与合作。

协调性原则就是要求各馆将本馆的信息资源纳入整体信息资源系统，通过分工协调，规定各馆信息资源建设的责任和范围，使不同学科、不同主题或不同类型的文献由不同图书馆分担收藏，通过馆际互借、文献传递，实现资源共享。

3. 科学性原则

制定信息资源建设政策时所必须遵循的科学性原则包括两层含义：

第一，信息资源建设政策的制定必须遵循图书馆信息资源建设活动自身的发展规律，不同类型的图书馆，其服务对象及其需求是不同的。因此，一定要根据各自的目标和任务研究来制定信息资源建设政策，以满足读者的实际需要。

第二，制定信息资源建设政策要采取科学的程序和方法，以保证信息资源建设政策的正确性。

4. 连续性原则

连续性原则要求政策在有效时间内具有持久性，它是政策稳定性的动态表现。一般而言，政策的制定是需要依据形势的变化而不断发展，但这种发展并不是对前一政策的否定，而应保留前一政策的合理内容。

信息资源建设是一项连续性很强的事业，它的现状不仅要受到历史因素的制约，同时还可能会对未来产生重要影响。因此在制定信息资源建设政策时，一定要对原来的有关政策进行研究，吸收其合理的内容，同时对出台新的政策要十分慎重。

5. 务实性原则

信息资源建设政策必须充分考虑图书馆及其所属机构和地区的实际情况，一切从实际出发，制定出满足图书馆所有用户信息需求的信息资源建设政策。不同类型的图书馆，所面向的读者需求是不同的。因此，图书馆必须根据读者的需求和本馆的实际情况制定信息资源建设政策。

6. 灵活性原则

制定信息资源建设政策时，除了必须遵循上述原则外，还应该使政策具有灵活性，也就是具有弹性，能随着外部环境和条件的变化而加以调整。

信息资源建设政策不仅是对当前信息资源建设活动的总结和概括，还要具有导向、预示的功能，能对信息资源建设的发展和信息社会日新月异的变化趋势有所预见，对未来发展具有容纳性，对新的情况留有余地，做到与时俱进，适度超前。

（三）制定信息资源建设政策的程序

信息资源建设政策的制定是一个动态的过程，必须按照一定的程序进行，才能保证政策的正确性和科学性。一般说来，制定信息资源建设政策应该遵循下列程序：

1. 成立工作小组

信息资源建设政策的制定应该成立专门的信息资源建设政策制定委员会，由馆长担任委员会的主席，分管信息资源建设的副馆长负责日常的业务工作。该委员会成员必须具备图书馆的专业知识和图书馆服务领域的其他学科知识，熟悉出版情况和文献类型，了解图书馆所服务的社区和读者的信息需求。要确定这个工作小组的负责者、工作任务、完成期限、经费等。

2. 收集相关资料

通过多方面的深入调查研究，收集与图书馆信息服务和资源建设有关的各类信息、资料及数据，并进行环境、馆藏、读者信息需求等方面的分析，利用已经得到的信息对信息资源建设活动进行分析、研究和预测。这些调查包括对馆藏现状的调查，以摸清家底，了解本馆各学科文献收藏的强弱情况；通过对读者利用本馆文献现状的调查，以了解读者对馆藏文献的使用情况；向图书馆服务的社区（如大学图书馆对本校读者）了解近期与中长期学习和科学研究对文献信息的需求；读者获取知识、信息常用的方法；对文献时效要求的调查等。最后对这些调查的结果进行定性与定量的分析、评价和确认。

3. 拟定政策草案

由于政策文件不仅是本馆的工作文件，而且是要向读者公布的。因此，应该用通俗而易懂的语言阐述政策的内容。初稿的设计一般分两个阶段：一是大胆设想阶段，运用创造性思维构思方案轮廓，根据方案的轮廓确定指导方针、行动原则、政策界限、发展阶段等问题；二是进行精心设计，确定方案的细节，估计方案的实施结果，应进行反复细致的推敲分析。

初稿的编写框架为：

第一，引言：包括信息资源建设政策的定义、编制目的、作用、使用对象。

第二，总论：①图书馆所服务的地区或机构概况的分析；②图书馆性质与任务说明；③读者信息需求的分析；④图书馆信息资源现状的分析；⑤图书馆信息资源建设目标的确定；⑥图书馆信息资源结构的规划；⑦图书馆信息资源建设的责任归属。

第三，实体馆藏的采访政策。

第四，数字馆藏建设政策。

第五，书刊交换与接受捐赠的政策。

第六，经费分配政策。

第七，信息资源管理政策。

第八，信息资源共建共享政策。

第九，相关的附录。

4. 广泛征求意见

为了更有效地为读者提供文献信息服务，制定信息资源建设政策需要有图书馆员和读者的参与。读者的满意程度是评价图书馆信息资源建设的一个重要指标。读者的参与，一是在制定政策前的准备阶段，配合调查充分发表对图书馆信息资源建设的意见；二是在政策草稿完成后及时公布，听取读者意见，特别是听取对学科藏书发展和文献信息需求最有发言权的专家学者的意见。对于图书馆员，由于他们的工作与图书馆信息资源建设密切相关，对图书馆的情况也最熟悉。因此，在制定政策的过程中，需要图书馆的各业务部门参与并提出建议，特别是参考咨询部门和流通阅览部门应该积极参与。图书馆员的支持是政策顺利实施的重要保证。

5. 试验验证

试验验证也叫“试点”，是执行前进行的局部试验，以验证其方案实际实施的可靠性，为信息资源建设政策的全面推行提供参考。

信息资源建设政策的正确性和可行性需要实践的检验，执行政策的活动需要经验示范。试验验证是一个小规模的信息资源建设政策执行过程，验证的过程和结果不仅对信息资源建设政策规划者们有用，而且也对信息资源建设政策执行者们起到一定的指导作用。试验验证首先就是要选好“各类点”，制订周密的试验方案。若试验成功，则可以进入普遍实施阶段。若试验结果不理想，则必须反馈回去进行追踪检查。因此，要全面考察试验成功与失败的所有因素，弄清这些因素与政策方案的关系，提出修改方案的措施与意见。

6. 修改政策草案

在广泛地征求馆员和读者意见，并经过试验验证的基础上，根据得到的反馈信息，对信息资源建设政策的初稿进行修改，并提请某种形式的图书馆咨询委员会（如大学里的图书馆工作委员会）进行讨论，再次进行修改。

7. 报批政策草案

由于信息资源建设政策规定着图书馆未来信息资源建设的方向和经费的需求和流向，因此获得图书馆上级主管部门的支持是非常必要的。信息资源建设政策制定完毕后，应该报其上级主管部门审批，只有在获得上级主管部门的批准后，才能公布实施。

8. 公布政策

将经过上级主管部门正式批准的信息资源建设政策以各种形式向全体馆员和读者公布，使馆员和读者都知晓。可以采取发布公文、橱窗粘贴、制定小册子、网络发布等方式公布图书馆信息资源建设政策。

9. 定期修订政策

随着社会信息化的不断推进，图书馆的任务和目标的变化，以及读者需求的变化等，都会对信息资源的建设产生影响，因此信息资源建设政策也要做相应的调整，定期修订信息资源建设政策，以适应这种变化，保持其生命力。

二、信息资源建设政策的实施

实施是政策制定后的一个重要环节，是信息资源建设政策发生作用的关键环节，是制定信息资源建设政策的目的。信息资源建设政策的实施就是在制定信息资源建设政策完成后，采取一定的方式、手段和措施等实现信息资源建设目标的动态过程。

信息资源建设政策实施的过程如下：

1. 充分准备

实施信息资源建设政策前，必须做好相应的准备工作。这种准备工作主要包括：

第一，物质准备。主要是指必需的物力和财力的准备，它是信息资源建设政策实施顺利进行的经济基础。

第二，组织准备。不仅解决组织形式问题，而且还包括建立精干高效的组织实施机构，配备称职的领导者和一般的政策执行人员，制定必要的规章制度，使人力、物力和财力得到最合理的利用。

第三，政策实验。包括选择实验对象、设计实验方案和总结实验结果三个环节，主要任务是验收政策，总结经验。

2. 大力宣传

为了使实施者了解和执行信息资源建设政策，必须对信息资源建设政策进行广泛的宣传，只有在实施者了解和理解了信息资源建设政策的前提下，才能积极主动地去贯彻执行信息资源建设政策。

3. 全面实施

全面实施信息资源建设政策是实施过程中一个最重要的环节。实施者除了应做好充分的准备工作和宣传工作外，在实施过程中还应该采取正确的实施策略和合适的实施手段，把原则性和灵活性有机地结合起来。

信息资源建设政策实施的手段主要有行政手段、法律手段和经济手段。行政手段，是指依靠行政机构的权威性，采用规定、条例、命令等方式来贯彻执行信息资源建设政策的方法；法律手段，是指依靠法律的强制性来实施信息资源建设政策的方法；经济手段，是指通过奖励、惩罚等触及实施者经济利益的方式来贯彻信息资源建设政策的活动，对认真执行信息资源建设政策的人员予以奖励，反之，则给予惩罚。政策执行过程中，实施者要依据政策和不断变化着的信息资源建设活动，决定自己的行动和措施。

4. 正确协调

协调是上一级领导为使下层各实施机构之间、各实施人员之间能分工合作、协调一致地实现共同的政策目标所进行的各项活动。通过协调，可以使每一个实施机构、每一个实施人员的工作都成为实现共同政策目标的整体工作的一部分，从而保证整个实施活动有序地进行。

5. 有效监控

监控是信息资源建设政策的一个重要组成部分，是信息资源建设政策顺利实施的重要保障。它能够确保信息资源建设政策贯彻执行活动的合法、合理和有效，及时纠正出现的偏差。监控的内容主要包括：

第一，对改策过程的监控，包括对政策实施的开始到结束全过程的监控。

第二，对政策产出和效果的监控，包括行为监控、审计监控、统计监控、比较监控。

第三，对政策调整的监控，包括问题的重新界定、目标的重新确定和方案的重新拟订。

6. 及时反馈

信息资源建设政策的执行过程非常复杂，涉及方方面面，如果想要对信息资源建设政策的实施进行有效的监控，就必须有反馈这一重要环节。通过反馈环节可以及时发现问题，并尽快修改及调整政策，从而保证信息资源建设政策的顺利实施。

第四章　智慧图书馆信息资源建设的方法

第一节　图书馆信息资源的采集

一、信息资源采集的原则

信息资源采集是指根据信息用户的需求，寻找、选择相关信息并加以聚合和集中的过程。不同的用户对信息需求是有差别的，这样在信息资源采集时也会有很多不同之处。尽管如此，在信息资源采集过程中，还是需要遵守以下共同原则。

（一）目的性原则

目的性原则又可以认为是“针对性”原则。信息数据庞大，内容繁杂，但用户的需求又是一定的，因此要求信息资源采集必须具有明确的目的性。在信息资源采集过程中，针对信息服务机构本身的特征、服务对象及信息资源采集的范围，有目的、有重点、有选择地组织利用价值大、适合主要用户群的信息，有计划、有步骤地采集信息，做到有的放矢，以最小的代价最大限度地满足用户信息需求。

（二）主动性原则

信息的时效性特点决定了要采集到能够及时反映事物的最新状态的信息，就要求信息资源采集人员在充分了解用户的实际信息需求的基础上，熟悉信息资源采集渠道和途径，利用先进的信息资源采集技术和方法，建立系统完善的信息资源采集网络，依据不同的对象和条件，针对需要，积极主动地发现和获取最新信息。

（三）连续性原则

从信息资源采集的初始阶段开始，就需要不断补充新的信息，这种补充不仅要采集过去的信息，还要采集现在的信息，并尽可能采集反映未来趋势的信息，保持信息资源的连贯性。同时，信息资源尤其是网络信息资源更新快、时效性强，决定了在信息的传递、增值过程中，可能呈现新的态势，这就需要不断剔除旧的或老化的信息，甚至重新采集。因此，可以说，信息资源采集是一个连续性的工作。

（四）经济性原则

信息资源采集是一项耗费人力、物力和财力的工作，为了提供信息资源采集的效率，必然要注意经济性原则，同样的信息，如果有多种不同的载体形式，就应该注意优先选择较经济的载体。在实施经济性原则时，有以下两个问题要特别注意：

第一，避免信息资源的交叉重复采集，尤其是考虑到大量电子信息资源内容相同，只是载体、形式的差异情况，必须选择合适的信息源和信息资源采集方法与技术。

第二，充分考虑信息服务机构的实际经济水平，量力而行，避免盲目采集造成资源与资金的浪费。在谋求信息真实性的基础上，处理好社会效益与经济效益、整体效益与局部效益的关系。

（五）计划性原则

信息采集时，既要满足当前需要，也要照顾好未来的发展；既要广辟信息来源，也要做到持之以恒。要根据信息采集机构的任务、经费的情况制订比较周密、详细的采集计划和规章制度，详细列明有关信息采集的目的、范围、方式，以及人员配置、时间限定、经费数额和来源等情况。

（六）科学性原则

在信息采集过程中，需要经常采用科学方法研究信息资源的分布规律，选择和确定信息密度大、信息含量多的信息源。例如，图书馆在学术网站选择上，就可以利用布拉德福等文献计量学方法，确定一定数量的有学术价值的网站作为信息源，来进行信息资源采集工作。

（七）可靠性原则

可靠性原则是指信息资源采集人员进行信息资源采集时，要根据用户的需求，以采集真实、可靠的信息为准则。信息资源采集必须坚持调查研究，通过比较、鉴别，采集真实、可靠、准确的信息，在这个过程中，不能将个别当作普通，将局部视为全局，要实事求是，善于去粗取精、去伪存真、由表及里、深入细致地了解各种信息资源的信息含量、实用价值，以及可靠程度。

（八）系统性原则

系统性是指时间上的连续性和空间上的广泛性，应尽可能全面地采集符合本单位所需要的信息，注意重点需求信息的连续性和完整性。用户需求的系统性决定了信息资源采集的系统性。信息资源使用对象是由不同年龄结构、文化结构、知识结构组成的用户群系统，他们对资源的需求和使用，在类别和类型上、在时间和水平上、在范围和深度上，都有一定的专指性和系统性。要满足各种用户的系统需求，就要求在信息资源采集过程中多方位、全面采集信息并始终保持各类信息的合理比例，做好总体规划。

二、信息资源采集的方法

信息资源采集方法是指根据信息采集计划，广泛开辟信息来源，及时将信息采集到手的基本方法。信息采集方法有很多，通常可以按以下标准来进一步细分。

（一）按信息载体形式划分

按信息载体形式，可将其进一步细分为：

第一，文件研究法。文件研究法是指从各种文件中寻找所需信息资源的方法。

第二，报刊摘录法。报刊摘录法是指通过对报刊进行摘录来获取所需信息资源的方法。

第三，广播收听法。广播收听法是指通过收听广播来获得所需信息资源的方法。

第四，电视收看法。电视收看法是指通过收看电视来获取所需信息资源的方法。

第五，电信接收法。电信接收法是指通过电话和电报来获取所需信息资源的方法。

第六，电脑展示法。电脑展示法是指通过电脑来获取所需信息资源的方法。

第七，直接交谈法。直接交谈法是指通过两个或者两个以上人员的面对面交谈来获取所需信息资源的方法。

第八，信件询问法。信件询问法是指通过信件来获取所需信息资源的方法。

（二）按信息采集方式划分

按信息采集方式可将其进一步细分为：

第一，定向采集法。在采集计划范围内，对某一学科、某一国别、某一特定信息尽可能全面、系统地进行采集的方法称为定向采集法。

第二，定题采集法。根据用户指定的范围或需求有针对性地采集信息的方法就是定题采集法。这种方法能使用户及时掌握有关信息，针对性强，但较为被动，而且由于题目具体，涉及面既深又专，难度较大，因此一般应用于科研活动中。

第三，现场采集法。参加展览会、展销会、订货会、科技成果展示会、交易会、现场会、参观访问等，都会接触到一些实际的东西，而且往往有详细的介绍或资料，这是采集信息的好方法。

第四，社交采集法。社交采集的形式多种多样，如参加各种会议、旅游、舞会、聚会、走亲访友、娱乐、网络交流等。通过社交活动获取的信息一般都是最新的，是其他途径得不到的。

第五，间谍采集法。间谍采集法是指利用间谍窃取所需信息资源的方法。目前，该方法广泛用于采集政治、经济、军事等方面的信息资源。

第六，主动采集法。主动采集法是指针对特定需求或是根据采集人员的预测，事先发挥主观能动性，赶在用户提出要求之前即着手采集工作。

第七，定点采集法。定点采集法是指聘请专门的信息采集人员定点采集相关信息资源。此法具有节省费用、采集全面等优点。

第八，委托采集法。由于时间、精力有限，或是不熟悉信息源，可以委托某一信息机构或信息人员进行采集，并且根据采集的质量来支付一定费用。这种方法花费较多。

第九，跟踪采集法。跟踪采集法是指根据需要对有关信息资源（某一课题、某一产品或某一机构的有关信息）在一段时间内进行动态监视和跟踪，及时采集出现的一切新情况、新信息。用这种方法采集的信息连续且及时，有利于掌握事件发生及发展的过程，及时了解关心的问题。这对于深入研究跟踪对象很有用处。

第十，积累采集法。平时读书看报时，应随时做卡片、剪报、藏书等信息积累，这些零星的片段信息，时间长了就会成为系统的信息财富。

（三）按信息采集的渠道划分

按信息采集的渠道可将其进一步细分为以下两种采集方法：

第一，单向采集法。单向采集法是指对特定用户需求，只通过一条渠道来采集相关信息资源，这种采集方法的针对性强。

第二，多向采集法。多向采集法是指对特殊用户的特殊要求，进行多渠道地采集相关新消息资源。这种采集方法的成功率极高，但是容易相互重复。

三、信息资源采集的程序

图书馆信息资源采集包括需求分析、信息源的评价与选择、信息资源采集策略确定、采集活动实施、采集效果评价和解释五个基本程序。

（一）需求分析

信息需求是信息资源采集的动力，在信息资源采集中，明确信息需求就是要清楚目标用户为了何种目的，需要什么样的信息，表现在以下五个方面。

第一，目标用户的确定。不同用户，不同目标，采集内容存在一定的差别，在进行采集活动之前必须明确目标用户及他们使用信息的目的。

第二，确定采集信息的内容。了解采集目标和需求后，还应该进一步明确采集信息的内容。这是通过与信息资源采集目标和需求具有一定相关性的信息的特征来确定。

第三，确定采集的范围。这里的采集范围包括采集信息的时间范围和采集信息的空间范围两方面。其中，时间范围体现了信息的时效性，指信息发生的时间与信息资源采集目标和需求所要求时间的相关性，它决定了所需采集信息的时间跨度。空间范围体现了信息的空间分布特性，指信息发生的地点与信息资源采集目标和需求所要求的空间上的相关性，它决定了所需采集的信息的空间范围。

第四，确定采集量。采集工作的人力、时间和费用等都是由采集的信息数量决定的，因此在这个阶段需要有明确的信息资源采集数量。

第五，其他因素。除了上述因素外，在需求分析阶段需要根据需要确定其他一些因素，如信息环境、信息的可获取性、信息表达的易理解性等。

（二）信息源的评价与选择

信息源指的是获取信息的来源，不同的划分标准就有不同种类的信息源。例如，图书信息源、期刊信息源、特种文献信息源和非文献信息源等是根据出版形式进行划分的；印刷型信息源、缩微型信息源、机读型信息源和视听信息源等是按照载体形式进行划分的；一次信息源、二次信息源、三次信息源是根据信息源的加工级次与加工方法进行划分的；正式信息源与非正式信息源是根据信息源的组织形式进行划分的，内部信息源和外部信息源是根据信息源的范围进行划分的；公开信息源和秘密信息源是根据信息源的保密性进行划分的。此外，还有其他一些划分标准，如根据信息源的形态、用途、信息源与时间的关系等。

为了有效地选择和利用信息源，就必须实现对各种信息源的性能、质量进行评价。信息源评价的标准主要从信息源本身所能提供的信息价值和信息收集的角度两方面进行。具体有以下八个指标。

第一，信息量。信息量包含两方面的内容：一是信息源所含的信息量，如信息源容量大小、信息记录的条数等；二是相对其他信息源，该信息源提供的对用户有用信息的量。

第二，可靠性。信息源可靠性标准是评价信息源的首要标准。可靠性不仅要考察信息源本身，而且还要考察所提供的信息内容，判断指标主要有信息源的公开性和合法性、信息源及其信息内容责任者的权威性、信息源的关联性（被推荐、被引用等）、信息内容的真实可靠性和信息内容是否能真实有效传递等。

第三，新颖性。信息源的新颖性是指信息源中是否包含新观点、新理论、新技术、新假设、新设计和新工艺等新的内容。此外，信息源是否能经常更新也是保证其新颖性的主要措施。没有更新的信息源，在一定时期后，对用户来说会失去其新颖性。

第四，及时性。信息必须在尽可能短的时间内被发布报道和传递，即通过从信息的产生、传播到信息被接收的时差来衡量信息是否及时。

第五，系统性。系统性是指信息源中收集的信息是否系统完整，是否连续出版，能否通过信息的累积反映一定时期内事物的变化。

第六，全面性。全面性指信息源所含信息的广度和深度，包括信息源所收录信息的主题范围是否集中在更宽的领域，是否包括相关的主题，是否包括多语种、多版本信息，以及加工程度等。

第七，易获取性。易获取性指信息源中提供的信息是否能够被用户获取，以何种方式和途径获取，有无技术要求，提供信息是否有阅读设备要求，是否有获取权限要求，以及能否稳定获取等。

第八，经济性。经济性主要指从信息源中发现信息、提取信息，直至传递和使用过程中的经济耗费。衡量信息的经济性主要是以其最低消耗，最小损失，最快地获取信息，以及获得的信息是否符合用户需求，即查准率、查全率、用户满意度指标来反映。

（三）信息资源采集策略的确定

不同的信息资源采集需求和信息源需要采用不同的信息资源采集策略。具体而言就是确定信息资源采集途径、信息资源采集的方法和信息资源采集的技术，并制订采集计划。根据信息资源采集者与信息源的相互关系，可以将信息资源采集途径分为直接和间接途径。其中，直接采集是指采集者对信息源中信息的直接获取；间接采集是指借用采集工具，对信息的间接获取，如搜索引擎技术的使用。

制订信息资源采集计划，主要包括信息资源采集人员分工、采集费用、考核条例、时间安排、采集工具的选择、采集方式、采集频率等。信息资源采集计划要留有余地，保持灵活性，以便进行信息资源采集策略的调整，适应不断变化的采集结果，提高采集效率。

（四）信息资源采集的实施

信息资源采集计划制订后，就要围绕该计划，在一定的范围内，按照既定的内容，采用科学的方法，广泛地搜集信息。当采集过程中遇到事先没预计到的新情况和新问题，要分析原因，追踪搜集过程，及时调整计划，以便获得新的、有价值的信息。

（五）信息资源采集效果评价与解释

完成信息资源采集实施后，还要对采集到的信息集合进行及时评价与解释。若用户对信息资源采集效果评价不满意，则依据相关反馈意见进行调整。调整力度可能触及信息资源采集过程的各个环节。

四、信息资源采集的技术

信息资源采集技术是指从一定的信息源中检索出含有所需信息的内容，供人们利用。它可以是人工采集，也可以通过联机方式形成自动化数据采集系统。

（一）信息获取技术

信息不仅仅是单纯的数值、文字、符号、声音、图形和图像等，还各种形式的信息媒体。这里根据媒体种类，分别从文本生成、图形图像、动画和视频、音频角度进行说明。

1. 文本生成

文本是最简单的数据类型，由于它要求的存储空间相对其他元素来说最少，因而成为人和计算机交互作用的主要形式之一。

文本信息输入到计算机一般有人工输入和自动输入两种方法。自动输入时主要采用光学字符识别技术，即采用光电转换装置将汉字或字符转换成电信号，并送入计算机，利用计算机自动辨认和阅读。

2. 图形图像

图形也称矢量图，如直线、曲线、圆或曲面等几何图形。图形文件保存的不是像素的“值”，而是一组描述点、线、面等几何图形的大小、形状、位置、级数及其他属性的指令集合。图形文件的常用格式有PIF、SLD、DRW等。

图像是人对视觉感知的物质再现，可以由光学设备获取，也可以人为创作。图像可以记录、保存在纸质媒介、胶片等对光信号敏感的介质上。目前，比较流行的图像格式包括光栅图像格式BMP、GIF、JPEG和PNG等，以及矢量图像格式WMF和SVG等。

多媒体计算机通过彩色扫描仪能够把各种印刷图像及彩色照片数字化后送到计算机存储器中。

3. 动画和视频

动画指由许多帧静止的画面，以一定的速度（如每秒16张）连续播放时，使肉眼因视觉残像产生错觉，而形成画面活动的作品。

视频泛指将一系列的静态影像以电信号方式加以捕捉、记录、处理、存储、传送和重现的各种技术。数字视频的获取需要三个部分的配合：首先，提供模拟视频输出的设备；然后，对模拟视频信号进行采集、量化和编码的设备，这一般都由视频采集卡来完成；最后，由多媒体计算机接收和记录编码后的数字视频数据。

4. 音频

音频实际上是连续信号，用计算机处理这些信号时，必须对连续信号采样并量化。

语音识别技术是让机器通过识别和理解过程，把语音信号转变为相应的文本或命令的技术。一个完整的语音识别系统可大致分为如下三个部分：

第一，语音特征提取。语音特征提取的目的是从语音波形中提取出随时间变化的语音特征序列。

第二，声学模型与模式匹配（识别算法）。声学模型通常将获取的语音特征通过学习算法产生。在识别时将输入的语音特征与声学模型（模式）进行匹配和比较，得到最佳的识别结果。

第三，语言模型与语言处理。语言模型包括由识别语音命令构成的语法网络或由统计方法构成的语言模型，语言处理可以进行语法、语义分析。

（二）文本挖掘技术

随着Internet的发展，可获取的大部分信息都是以文本形式存储的，要想从中找到合适的信息，就涉及了文本挖掘技术。

文本挖掘技术是数据挖掘领域的一个分支，它涵盖了文本分析、模式识别、统计学、数据可视化、数据库技术、机器学习、自然语言处理和人工智能等多领域技术。由于文档本身是半结构化或非结构化的，无确定形式并且缺乏机器可理解的语义。因此，数据挖掘的对象以数据库中的结构化数据为主，并利用关系表等存储结构来发现知识。

1. 确定文本数据源

确定文本挖掘的目标、应用范围及领域背景知识等相关数据。

2. 对搜集到的文本数据源进行预处理

从确定的文本集中，选取待处理和分析的文本，利用分同技术、文本结构分析技术等抽取出代表文本特征的元数据，如文本的名称、日期、大小、类型、作者、机构、标题和内容等，并存放在文本特征库中。

3. 选择适当的挖掘分析算法

常用的文本挖掘分析技术有文本结构分析、文本摘要、文本分类、文本聚类、文本关联分析、分布分析和趋势预测几种。文本结构分析主要是用于建立文本的逻辑结构；文本摘要是抽取出文本的关键信息，对文本进行概括和综合；文本分类是将要分类文本的特征项与已有类别的文本特征项进行比较，使其能映射到一个具体类别中；文本聚类是根据文本集合中特征项的相似度分成若干类，并将相似度大的文本尽可能归为一类；文本关联分析是指从文本集合中找出不同特征项之间的关系；分布分析和趋势预测是指通过对文本数据源的分析得到特定数据在某个历史时刻的情况或将来的取值趋势。

4. 将结果以可视化技术提交给用户

利用已经定义好的评估指标对获取的知识或模式进行评估，然后根据需要返回前面的步骤进行优化，直到满足要求为止。

（三）自动分类技术

自动分类技术的研究始于20世纪50年代末，IBM公司的H. R. Lupin在这一领域进行了开创性的研究。20世纪80年代中期开始，中国的一些大学、图书馆和文献工作单位也开展了档案、文献、图书的辅助或自动分类研究，并陆续研制出一批计算机辅助分类系统和自动分类系统，这些系统主要集中在中文处理领域。

自动分类是通过抽取信息的内容特征进行统计分析，判别出能代表其信息内容的语言，然后与分类体系的语言类集进行相似性分析，确定其属于哪一个种类或几个类，并赋予一定的知识分类标识的过程。

自动分类按实现途径可以分为自动聚类和自动归类两种方法。

1. 自动聚类

自动聚类是指利用计算机系统从待分类对象中提取特征，再对这些提取出来的全部特征进行比较，根据一定的规则将具有相同或相近特征的对象定义为一类。

2. 自动归类

自动归类是指利用计算机系统从待分类对象中提取特征，通过与事先定义好的各种类别具有的共同特征进行分析比较，再将分类对象划归为特征最接近的一类并赋予相应的分类标识。

（四）自动文摘技术

自动文摘也称自动摘要，指的是利用计算机自动地从原始文献中提取文摘。

自动文摘按内容压缩程度，可以分为报道性、指示性、报道指示性、评论性和组合式五种。报道性文摘适用于那些描述实验性研究的报告和单主题的文献，能够提供原始文献中的重要信息，包括研究方法、使用设备、论据、数值数据和结论等；指示性文摘也称描述性文摘，由于所含信息量较少，因此一般不提供具体内容；报道指示性文摘又称混合性文摘，兼具报道和指示功能，其将原始文献中价值高的作为报道性文摘，将其他的作为指示性文摘；评论性文摘也称评论，其价值往往依赖于文摘员的专业水平；组合式文摘是文摘员写出一组文摘，二次服务机构可以根据需要选取。按面向用户需求的不同，可将文摘分为一般性文摘和偏重文摘。一般性文摘是指对所有用户都提供一般性的摘要；偏重文摘也称为用户聚焦文摘、主题聚焦文摘或查询聚焦文摘，可以依据特定用户的需求（如询问用户感兴趣的主题）有重点地产生专属摘要。按文摘处理的对象集合个数，可以将文摘分为单文档文摘和多文档文摘。单文档文摘处理的对象是单篇文摘。多文档文摘处理的文本对象是由多篇文档组成的文档集。按文摘处理对象的载体，可将文摘分为文本自动文摘和多媒体自动文摘。除了以上分类标准外，还可以按文摘处理语言的数量分为单语言和多语言类型；按文摘长度是否可调节分为用户可调文摘长度和固定文摘长度类型等。

按照生成文摘的句子来源，自动文摘可以分成两类，一类是完全使用原义中的句子来生成文摘，另一类是可以自动生成句子来表达文档的内容。按具体技术可以有以四种常用方法。

1. 基于统计方法

基于统计方法也称为基于抽取的方法或自动摘录，它只是利用了文档的外部特征，如词频、词（或者句子）在文档中的位置，是否有线索词（短语、字串、字串链）及其统计数量等来进行文摘的生成，并不对文档内容做深层次理解。

基于统计方法实现容易、速度快、摘要长度可调节，但以句子（或段落）为基本抽取单元的抽取方法没有考虑句子间的关系，致使生成的文档不连贯，甚至前后矛盾，可读性差。

2. 基于理解的方法

基于理解的方法运用自然语言处理机制，分析过程中的常识、领域知识和领域本体等，对句子和篇章结构进行分析和理解，进而生成文摘。具体的实施步骤如下：

第一，语法分析。借助词典中的语言学知识对原文中的句子进行语法分析，获得语法结构树。

第二，语义分析。运用知识库中的语义知识将语法的结构描述转换成以逻辑和意义为基础的语义来表示。

第三，语用分析和信息提取。根据知识库中预先存放的领域知识在文中进行推理，并将提取出来的关键内容存入一张信息表。

第四，文本生成。将信息表中的内容转换为一段完整连贯的文字输出。

基于理解的方法产生的摘要质量较好，具有简洁精练、全面准确、可读性强等优点。但是，由于受到知识不足的限制，其文摘技术只能适用于某个狭窄的领域，如用于处理有关地震情况的新闻等。

3. 基于信息抽取的自动文摘

基于信息抽取的自动文摘也称为模板填写式自动文摘。这种文摘的产生先要对文本进行主题识别，再选择已编好的该领域的文摘框架，对文中有用的片段进行有限深度的分析，提取相关短语或句子填充文摘框架，再利用文摘模板将文摘框架中的内容转换为文摘输出。

4. 基于结构的自动文摘

基于结构的自动文摘将文本信息视为句子的关联网络，选择与很多句子都有联系的中心句被确认为文摘句。由于语言学对于篇章结构的研究还不够深入，可用的形式规则很少，这使得基于结构的自动文摘到目前为止还没有一套成熟的方法，不同学者用来识别篇章结构的手段也有很大差别。

第二节 图书馆信息资源的配置

一、信息资源配置的特点及意义

信息资源配置是根据人们的信息需求对当前的信息资源分布和分配预期进行调整的过程。信息资源配置主要是对信息资源中的能动部分即信息、人及信息设备和设施进行合理分配与布局，达到信息为人所高度共享，并产生政治、经济或其他效益的目的，促使信息价值最大化，使用户的信息保障率较高，以最大限度地为人类谋福利。

（一）信息资源配置的特点

信息资源配置的特征主要体现在以下六个方面。

1. 层次性

信息资源配置的层次性是由信息资源本身的层次性和用户需求的层次性决定的。信息资源本身的层次性包括内容目的层次性和载体目的层次性两个方面。内容目的层次性是指信息资源开发的程度有深有浅，可以是一次信息，也可以是二次信息，也可以是二次信息；载体目的层次性是指信息资源具有不同性质的载体形式。用户需求的层次性是指用户的文化结构、年龄结构、知识结构等不同，对信息资源需求的不同，也就形成了不同层次的需求系统。

2. 动态性

尽管信息资源的配置有其相对的稳定性，但总的趋势是不断发生变化的。信息资源的动态性随着信息资源共享环境、条件和要求的变化而不断发生变化，信息资源配置结构和模式需要重新改变，否则就不能实现配置过程和配置结果的有效率。

3. 渐进性

在信息资源系统中，信息资源不论是通过政府配置，还是通过市场配置或者产权配置，其基本的配置过程本质上都是一个从不合理逐步趋向合理、从无效率或低效率逐步趋向有效率的过程。这里的“合理”或“有效率”指的是经济上的合理或有效率，即用一定的配置成本取得尽可能大的配置效益，或用最小的配置成本取得一定的配置效益。合理或有效配置是信息资源配置过程中矢志不渝的追求目标。

4. 连环性

信息资源的配置过程并不是孤立存在的，它往往与发生于其前后的配置过程存在逻辑目的关联性。就图书馆而言，图书馆通过书的征订、现场采购、邮购、复制等购入方式和交换、赠送等非购入方式进行资源配置的过程就是一个收敛配置的过程。接下来，图书馆需要对保管的文献资源在加工、整序的基础上进行排列、布局和组织，这是一个重组性配置过程。最后，图书馆要通过多样化的服务方式沟通信息资源和各类用户的联系，使信息资源能够充分地被用户消化和吸收，这是一个发散性配置过程。上述三个过程紧紧衔接，缺一不可。

5. 时效性

信息资源所具备的时效性决定了在信息资源配置过程中，要善于把握时机，只有时机适宜，才能最大化信息资源配置的效益。当然，这里所谓的把握时机，并不是指越早投入，开发利用越好，而是要根据信息资源的特点和其投入利用带来的使用价值综合考虑，在合适的时间进行配置。

6. 人工性

信息资源配置是一种人类活动，它的整个生命周期都离不开人的参与，可以说，信息资源配置人工性的特点是信息资源配置的前提和理论依据。

（二）信息资源配置的意义

信息资源是信息化社会的重要基础。随着信息技术的广泛应用，国民经济和社会信息化进程的不断加快，信息资源的作用日益显著，已经成为现代社会生产力的基本要素和重要的战略资源，与物质资源、能量资源一起构成现代社会发展的三大支柱。信息作为社会资源的流动和重新配置，必然会引起社会各要素之间的互动作用，激励相应的社会行为反应，引起物流运动和人的思维活动，从而创造出新的物质和智力财富。

1. 提高社会效应，需要信息资源配置

信息资源的重新配置必然会引起相应的社会知识资源的改造和更新。由于信息的传播是不断转移新知识的传递过程，信息的流动会向缺乏这种资源的地区、社会或个人移动。这会使获得新信息的社会重新审视知识储藏，增加知识库存并推动知识向社会个体转移。尤其随着经济信息资源的加速分配，对社会生产活动也将会产生决定性的影响。

2. 缩小国与国之间的数字鸿沟，需要信息资源配置

“数字鸿沟”是由对现代信息技术和信息资源掌握的多寡而造成的信息富有者和信息贫困者之间的鸿沟，是一种在信息技术普及的过程中呈现出的极不平衡的扩张状态，发展中国家与发达国家的差距很大。

目前，“数字鸿沟”正日益成为信息时代全球性的问题。中国也面临着很大的数字鸿沟。在社会信息化方面，中国同先进国家的差距是相当大的，还是一个数字化很低的国家，因此，我们有必要加大投入，进行信息资源的优化配置，缩小同先进国家的差距。

3. 缩小中国区域间的数字鸿沟，需要信息资源配置

新中国成立以来，我国一直存在很大的城乡收入差距问题，互联网时代的城乡数字鸿沟问题是城乡经济贫富差距的延伸和反映。发展不平衡成为摆在我们面前的严峻问题。“公平的信息社会”是“和谐社会”的重要内容和有力保障。在经济全球化和社会信息化的今天，信息就是机遇和财富，没有信息的公平，就不会有发展的公平，更不会有社会的和谐。因此，进行信息资源的配置，优化信息资源配置就显得尤为重要。

4. 提高用户的需求，需要信息资源配置

通信技术和计算机技术迅速发展的同时，也为图书馆界创造了一个全新的信息环境网络环境。网络环境给图书馆带来的影响是广泛而深刻的，使图书馆的资源基础突破了传统的“馆藏”局限而扩展到整个世界，从而极大地丰富了可提供服务的信息

资源。

但是，由于网络信息增长迅速，没有统一的标准和规范，使得当前信息价值良莠不齐，存在状态多为无序性和不稳定性。这种变化无常、不稳定的网络信息给用户带来了诸多不便。因此，必须配置网络信息资源、调整网络、信息资源的分布和流向，以尽可能小的配置成本取得尽可能大的配置效益，即在网络建设的基础上，进一步规划不同“节点”和信息资源的重点、范围、类型、时间和数量分布，保证网络信息资源的全面性、针对性和及时性，最大限度地满足用户的需求，便于用户使用信息。

二、信息资源配置的原则

信息资源配置的根本目的是使全社会信息资源在公平的条件下得以充分地利用。可以说，信息资源配置对有效、合理、科学地利用信息资源，促使信息资源效用最大化，以及信息产业的可持续发展具有非常重要的意义。通常，在进行信息资源配置时需要遵循以下原则。

（一）效用性

资源效应最大化是整个信息资源配置过程中应该遵循的一个基本原则，尤其是在网络传输时代，要求信息与信息产品生产者，不断提高自身的水平，使其所生产的信息和信息产品在获利能力一定的前提下，降低成本。由于只有从信息生产者、信息传播者和信息利用者多方面考虑，才能真正体现效用最大化原则。因此，在强调“社会经济福利最大化”的同时，我们还应该强调信息资源的整体效应最大化。

（二）系统性

系统性主要是从用户研究需要的角度出发来考虑的，只有从时间、空间、数量各方面尽可能保持整个网络中信息资源的全面性、完整性，才能满足用户多方面的信息需求。目前，这一点主要是通过共享网络资源来实现的。信息资源共享实质上就是信息资源配置问题，要调整文献资源在时间、空间、用途、分类和数量上的分布关系，使其成为网络资源，才能满足更多的用户需求，取得最优的社会、经济效益。

（三）公平性

公平性主要是指在信息资源配置的过程中，要充分考虑全社会的信息资源利用者的权益。无论是何种类型、地位、层次等方面的用户，只有在公平的前提下才能有效地实现信息资源的获取与共享。

（四）快捷性

快捷性是指对信息资源进行配置时，不仅要考虑信息资源中的本体资源建设的系统性和科学性，同时还需要对信息传播所需要的基础设施等进行考虑。

（五）一致性

要使信息资源共享得以顺利进行，信息资源的开发、加工、标引的统一化、标准化是非常重要的。在制定标准时，只有与国际接轨才不至于影响全球范围内网络信息资源的交流和使用，当然这也是信息资源最终得以共享的根本保证。

（六）易操作性

由于无论采用何种标准与规范，对信息资源进行配置，都是要以提供利用为根本目的的。因此，在信息资源配置中首先要实现的一个很重要的问题就是信息搜集、信息资源组织、聚类、检索等标准规范的易操作性。

（七）发展性

网络信息资源有效配置是一项复杂持久的工作，是一个动态的、渐进的过程，社会发展、科技进步乃至信息网络空间的生成也是渐进的过程。只有将其与现代技术相结合，建立稳定的专业队伍，并有专门的资金支持，才能实施社会信息化、网络化进程，更新发展。

（八）增值性

增值性是信息资源的一个基本特征，在信息资源配置过程中，这种增值性应该体现在信息的多元利用方面，增加信息的整体价值。同时，这里还需要强调增值性，即在资源配置的过程中如何运用现有的信息资源，使其重新产生新的信息与信息产品，并成为信息资源的扩充。

三、信息资源配置的内容与模式

（一）信息资源配置的内容

信息资源在时间、空间矢量上品种类型、数量等方面的配置状况、特征和要求构成了信息资源配置的内容。

1. 时间上的配置

时间是事物运动、变化的持续性的表现，时间具有一维性即不可逆性的特点。信息资源的时间矢量配置是指信息资源在时间坐标轴上的配置。信息资源在时间上配置的经济意义是由信息资源内容本身的时效性决定的。例如，一条及时的信息可能价值连城，使沉睡良久或濒临倒闭的经济部门复苏，而一条过时或过早的信息则可能一文不值，甚至在使用后产生极其严重的恶果。虽然信息效用的实现程度与时间起始点和时间段大小的选择密切相关，但不同的网络信息资源，其时效性大小和变化情况是不同的。

此外，还有些信息（如某些商务信息）资源强烈地受制于各种不定型因子的干扰和影响，表现出波动性和无规律性。有的信息表现为逐渐过时规律，有的信息表现为快速过时规律，还有些信息强烈地受制于各种不定型因子的干扰和影响，表现出波动性和无规律性。对于过时规律明显的信息而言，其在时间矢量上的有效配置目标的实现较为容易；信息资源有效配置的难点在于控制和协调无过时规律的信息在时间矢量上的配置，因为这不仅仅需要理论上的知识做基础，更需要有丰富的实际配置经验，是配置者多方面、高素质的完美结合。

2. 空间上的配置

信息资源的空间矢量配置是指信息资源在不同的地区、不同的行业部门之间的分布，即在不同使用方向上的分配。由于信息资源存在着严重的不均衡性，其在行业、地理区域的信息量分布和网络技术水平上也存在着很大的差距，因此，要保证信息资源在空间上的合理配置就必须充分认识到国家经济发展在不同区域、不同行业的不平衡因素，有重点地配置信息资源。

按空间矢量配置信息资源就是要运用一切市场的、非市场的手段调节和控制信息资源在不同国家之间，以及同一国家内不同地区或行业部门之间的分配关系，目的是追求信息资源在按空间矢量配置后能产生最大化的社会福利。信息资源按空间矢量配置后所产生的社会福利的大小取决于多种因素。

3. 品种类型的配置

信息资源在时间和空间矢量上的配置必然要涉及信息资源的品种类型。对于既定的信息资源系统，其规模的大小和服务能力的强弱应当综合性地以信息资源品种类型的多寡及其对用户信息需求的满足程度作为主要评判依据。

互联网是信息资源存在的主要形式，它所具备的开放特性使得任何入网者都可以在网上自由存放信息，并方便地获取网上信息。随着互联网上信息提供者和使用者的不断增多，必然会刺激大量冗余信息在无“主管”的网络上迅速地膨胀，而迅速膨胀的信息冗余又在网上形成了新的、巨大的信息干扰，它们或被重复配置，造成信息资源品种类型十分丰富的假象，或在真正的有共享价值的信息资源表面形成一层面纱，使人们难识其庐山真面目。由此可见，尽管当前信息资源品种类型很丰富，但其配置仍有相当大的难度。信息资源有效配置的目标仍然需要借助一定的市场或非市场手段经过艰苦的努力才能最终实现。

4. 数量上的配置

信息资源的数量配置包括信息的存量配置和增量配置，总量配置和个量配置。

信息资源的存量配置是指按一定的原则和模式，通过不同的方法和手段，将业已产生的各种信息资源合理分布和存储在不同信息机构。存量配置主要表现为载体形式的信息资源的再配置，侧重于解决当前不合理的信息资源分布状况的调整问题，不考虑总体容量的增减，仅就现有信息资源在不同地区、行业和组织间进行流动和调剂。

信息资源的增量配置是指新增信息资源的配置问题，主要表现为配置经费的切分和调整，它意味着信息资源的总体容量有所增加，核心在于如何在不同地区、行业和组织间实现均衡配置。信息资源增量配置的经济意义在于它在应对千变万化的用户信息需要方面发挥了重要的作用。

在信息资源的数量配置中，解决存量配置的关键就是制定有关信息资源的政策法规，提倡信息资源共享观念、建立信息资源的定期申报和评审制度、确立信息资源的有偿调剂准则、建立网络信息资源存量配置信息系统等。解决增量配置的关键就是全面分析信息资源在不同地区、行业或组织的实际状况，预测信息需求的变化倾向及其在不同地区、行业或组织的差异，深刻理解和领会国家信息化的战略方针和重点，合理配置信息活动经费，加强信息资源的宏观调控等。

（二）信息资源配置的模式

信息资源分布的广泛性，致使信息资源配置工作也具有多样性，这就要求在对各时期、各地区、各行业组织配置过程中，为了达到最大配置效益，必须采用标准统

一、互联互通、相互协调等资源配置模式，使信息资源能够顺畅地在不同领域间流动和交互，参与配置的主体应相互协作，形成一个有机结合的整体，即信息资源配置体系。

1. 信息资源配置的目标模式

信息资源配置的目标模式包括观念思维全新化、组织专业集团化、配置手段多元化、运行机制灵活化、运作目标高效化等。

第一，观念思维全新化。对信息资源配置进行配置，需要按照市场经济的基本要求，从感性思维逐步过渡到理性思维，同时还需要逐步强化细腻资源配置的竞争观念、开放观念、可持续发展观念、科学决策观念和效益最大化观念。

第二，组织专业集团化。在信息资源配置中，要求配置主体以专业集团化的规模优势形成竞争实力和优势，从而扩大市场占有率，实现优势信息资源的优势配置。

第三，配置手段多元化。配置手段多元化要求根据市场情况和国家有关产业政策，既吸收市场机制配置手段的自动性，同时又借鉴政府计划配置手段的自觉性，并将二者有机结合起来。

第四，运行机制灵活化。进行信息资源配置时，需要依据市场机制的特点和规律，改革传统的供求机制、分配机制和奖惩机制，建立灵活高效的商业化运作机制。

第五，运作目标高效化。要达到信息资源运作目标的高效化，就需要按照专业化、集团化重组资源，并依据相应的手段来自动和自觉配置资源，实行灵活高效的运作机制。

2. 信息资源配置的内容模式

信息资源配置的目的使信息资源为全社会所享用，从而获得最大的经济效益。

第一，信息主体资源。信息主体是信息化测度体系中一个很重要的指标体系。这里就以主体的概念来阐述信息主体资源，包括信息资源中的元资源（信息与信息产品生产者）、信息与信息产品中介者、信息与信息产品的主要利用者。

由于很大部分用户仍然是信息与信产品的生产者，因此，在资源配置过程中，可以仅局限于元资源，而不用完全考虑信息资源中的人力资源。

第二，信息本体资源。信息本体资源也就是传统意义上的信息资源，主要是资源库中具体存在的，当然也可以是传输的信息与信息产品。若将信息资源的本体资源以载体和传播途径划分，则可将其分为实体信息资源和虚体信息资源。

实体信息资源主要是指以纸介质、磁介质为载体，保存在一定物理空间中，供用户使用的信息资源；而虚体信息资源则是以磁介质等为载体，保存在不同物理空间中，通过计算机网络传播，以供利用的信息资源。

第三，信息表体资源。表体是与信息本体，信息主体相对而言的。信息表体资源主要是指信息与信息产品传输的资源。在网络环境下，研究信息资源的配置，必然会涉及信息、信息产品，以及资源流动的问题。因此，如何增加信息与信息产品的流量和提高流速，并能较好地控制信息流，就是研究信息的表体资源主要目的。

在信息资源配置过程中，除要考虑信息元资源、本资源和表资源的一般意义外，还需要研究元资源本资源和表资源中具体包含的内容，尤其是需要研究这些内容之间的内在逻辑关系。也就是说，既然信息资源包括元资源、本资源和表资源，那么就需要对这三种不同类型资源中的人力资源进行统一讨论。

3. 信息资源配置的具体模式

目前，对信息资源配置的具体模式主要有集中型、分散型、多元型三种：

第一，集中模式。集中模式是一种行政管理式的职能型组织结构，倾向于高度集中的中央集权化管理，其体系内各信息资源开发服务机构相互依存，且在业务上相互补充。

由集中模式组成的体系对信息资源配置规划、计划、机构设置、人员与经费、业务范围等实施的是单一化的管理。其信息资源配置的各部门之间层次分明、相互协调，各自接受上级机构下达的任务，从而构成了有序的信息资源配置网络。

第二，分散模式。分散模式是一种以市场经济为依据的市场调节型组织结构。该资源配置体系内各单位之间是相互独立的经济实体。

分散模式体系使信息部门与信息用户之间的供求关系完全由信息市场的价值规律自行调节，形成竞争机制。由于国家对网络信息资源部门控制手段是通过政策、法规，以及必要的投资。因此，采用这种模式可充分发挥市场机制的调节作用，使信息市场充满竞争和活力。但是这种模式缺乏统一管理，容易导致重复建设和资源的浪费。

第三，多元模式。多元模式介于集中型和分散型之间，是一种具有双重效能的信息资源配置组织模式。其体系内各部门之间是相对独立的，但这些相互独立的部门之间又保持着协调发展，即各部门之间既有分工合作，又有平等的竞争。

多元模式既受国家统一指导、调控，同时在规划活动上又可以独立自主地开展工作。因此，在经费来源渠道上，既可以通过国家投资获得，又可以通过市场的多渠道获得，并且还可以通过市场调节，调整信息资源结构。由于多元模式的整个体系是由国家集中进行宏观管理的，在运作上受市场的分散控制，因此，整个信息资源配置活动可以持续、稳定、协调地发展，从而可以充分发挥整体效益。

四、信息资源配置的策略

（一）宏观调控，统筹规划

我国地区文献信息资源分布严重失衡，集中与分散的矛盾非常突出，例如，北京地区集中了我国科技文献的70%以上，而其余部分则主要分布在沿海地区大城市和省会所在地，内地的文献存储量很少。另外，各地区外文原版期刊的分布差别也很大，北京、上海、四川、陕西、天津、广东、辽宁、湖北和江苏9个省市，占全国外文原版科技期刊总量的92.4%，其他20个地区仅占其总量的7.6%。除此之外，各馆之间缺乏协调合作，存在严重的浪费现象。

针对上述情况，国家运用宏观调控手段制定目标与规划，各级政府的信息管理部门也应积极采取各种法律的、经济的、行政的手段加以实施，协调信息资源的配置方向和配置方式，保证重点和避免重复浪费，形成我国信息资源独有的特色，提高信息资源的总体效应和共享水平。

（二）加强科学管理资源，提高信息资源的利用率

科学管理是信息资源利用与配置的基本保障。一般而言，需要从宏观和微观两个层次对信息资源进行科学管理。宏观就是从大方向着手，解决存在的普遍问题；微观则是各图书馆情报部门研究、掌握各自部门内部各层次用户对信息资源的真正需求，合理引导各部门内部信息资源的流向，对实体资源和虚拟资源进行合理配置，科学管理。

网络信息资源作为当前信息资源的主要形式，其种类繁多，信息海量，结构复杂、良莠不齐，为用户的使用带来了诸多不便，因此，科学管理信息资源显得尤为突出。为了更好地利用网络信息资源，人们开发了搜索引擎。用户输入自己的检索式，搜索引擎自动将其存储在网上的一次信息特征进行匹配，将符合用户要求的信息记录以超文本的方式显示出来，供用户浏览。可以说，搜索引擎实现了对网上信息的控制，在逻辑上序化和优化了网络信息资源，为利用网上资源提供了便利。

但是，搜索引擎的针对性不强，面向大众的资源覆盖面广，而面向科学技术的则相对较少，同时其检索结果中包含大量相关性很小的内容，用户必须花大量的时间进行剔除，检准率很低，且它们对资源不具有选择和价值判断的能力。为了满足用户专业性较强的深度的信息需求，图书馆、情报机构一直在寻求更高级的信息资源的组织形式。

第一，采用都柏林核心集元数据网上资源编目的方法，逐渐实现有用的所有载体文献信息有序化控制。目前，这一方法还有待进一步完善。

第二，建立学科资源库。图书馆可以组织专业馆员通过对网上信息的浏览，重点收集参考价值较高的信息进行加工、组织、分类标引，分门别类向用户提供如学术动态、科研成果、会议信息、电子论坛、科研论文等信息资源。

第三，组织专题资源库。首先，根据用户需求有针对性地做好选题工作，其次，确定某一专题信息的收藏范围和标准，最后，对收集到的信息进行去粗取精、去伪存真的查重、过滤和整序，并发布在网页上。

第四，建立重点学科导航数据库。重点学科导航库是以学科为单元对网络上的相关学术资源进行搜集、评价、分类、组织和序化整理，并对其进行简要的内容解示，动态链接学科资源数据库和检索平台，发布于网上。

总之，图书馆、情报部门要对本部门的信息资源进行科学组织管理，提供针对性强的、适时对路的信息，以供用户使用，提高服务水平，提高用户的满意率。

（三）加强信息技术的发展和应用

信息技术是现代化图书馆信息服务发展的技术基础，也是信息资源的有机组成部分。信息技术的基本功能包括信息的获取技术、信息的传递和存储技术、信息的分析处理技术，以及信息的标准化技术四个方面。信息技术的发展和广泛应用减少了人类的手工劳动，从根本上增强了人类的信息能力，提高了人类有效配置信息资源的水平，是信息资源有效配置最有力的支撑手段。

尽管目前我国的信息技术已经取得了很大的发展，但相比于发达国家还是比较落后，信息设备特别是计算机，远程通信设备等核心设备的社会普及程度低，大部分图书馆的现代化设备还比较落后，这些成了制约我国现阶段有效配置信息资源、加速发展信息化程度瓶颈。当前，我国应积极借鉴国外先进经验，加强信息技术的发展和应用，加大对图书情报信息服务机构的投入力度。

第三节　图书馆信息资源的整体布局

一、信息资源整体布局的基本原则

同其他资源一样，图书馆信息资源也有一个合理配置、合理布局的问题。信息资源的布局是指在实践、空间和数量三个方面的有效配置。时间上的配置是指信息资源在过去、现在和将来三种时态上的配置。信息资源的价值对实践具有很高的灵活性，即实效性强。信息资源的空间配置是指其在不同部门和不同地区之间的分布，即在不同使用方向上的分配。信息资源数量上的配置包括存量配置和增量配置，即对已有信息资源的配置和不断产生的信息资源的分布。

（一）适应国情原则

信息资源整体布局必须与我国的国情相适应，这是一条最基本的原则。只有立足于国情，信息资源整体布局才有坚实可靠的基础，才具有科学性和可行性。

第一，作为一个发展中国家。我国信息资源整体布局要紧密与科学、教育、文化事业及国民经济发展水平保持同步发展，并且要有一定的超前性，即必须走在教育、科学、文化事业的前面，当然也不能过于超越经济发展所允许的速度和规模，盲目追求高速度、大规模。

第二，长期以来，我国信息基础设施处于一个比较落后的状态，并且还将在相当长的时期内成为制约信息资源整体布局的因素之一。从这一国情出发，我们应该强调以区域发展为核心，建立地区性的信息资源保障体系。各个专业与系统的信息资源布局应融于全国或地区的信息资源布局之中，强化地区的信息资源合作。

第三，我国各个地区间的经济、科学、教育、文化发展不平衡，这种不平衡分布状况呈现出强烈的梯度差。因此，我们不能忽视原有的基础。应该在进行信息资源整体布局时，根据地区差异，按照地区文献需求梯度理论，让一些先进的、信息吸收能力强的地区和部门首先较多地获得国外最新的信息资料，通过他们的吸收和转化，逐步将先进的科学技术向比较落后的地区转移。要从实际需要出发，才能促进整体信息资源建设的发展。

（二）协调共享原则

信息资源保障体系是一个相互联系的整体，具有一定的层次性。由于组成这个体系的信息资源保障体系的各图书馆的类型、性质和任务不同，其信息资源的收集水平与服务内容则有所不同，任何一个图书馆、信息机构的信息资源都是有限的，不可能满足社会所有的信息需求，因此必须加强联合，协调发展。

我国在信息资源整体布局中采取了地区协调和系统协调的方式。地区协调，是指在一定区域范围内，由各系统、各类型图书馆和信息机构参加的横向协调活动。一般由地区综合性协调组织领导，根据本地区发展的实际需要进行统筹规划和合理布局，建立区域信息资源保障体系。系统协调，是指在同一系统内进行图书馆和信息机构之间的信息资源协调建设。它在系统内部建立起自上而下的组织协调与业务协调关系，统一部署，统一布局，根据学科和专业发展的实际需要，构建协调补充、互为利用的信息资源保障体系。

（三）需求导向性原则

信息资源整体布局的最终目标是要达到资源的共享，最大限度地满足任何社会成员对信息资源的需求。因此，以需求为导向是信息资源整体布局所要遵循的重要原则。

信息资源的整体布局必须抓住当前最为迫切、最有实效的领域，一切以需求为导向，有条不紊地进行。就我国当前形势而言，仍然存在一定的地区差异，地区发展不平衡，但我们不能盲目地以信息资源数量的平衡来衡量地区发展的水平。而要根据不同地区、不同系统、不同层次的发展需求，从最迫切的信息需求和最有可能取得实际效果信息服务内容入手，统一规划，协调发展，并充分运用新技术的发展培育新的需求。此外，信息资源整体布局还要与社会的信息需求规律相符合，针对信息需求的规律，用不同的文献保障层次来满足不同的信息需求。

（四）效益原则

效益原则要求在进行信息资源整体布局时，充分考虑到经济效益和社会效益。经济效益主要体现在文献资源收藏的完备性、信息资源的利用率，以及单元信息利用的消耗上等方面。在投入相对稳定的条件下，能尽可能地提高文献资源收藏的完备程度，并最大限度地利用这些资源，最大限度地满足用户的信息需求。通过合理的规划与协调，减少重复建设，满足地理分布的合理性，方便对文献的利用。社会效益是指建立了优化的信息资源整体布局，实现信息资源的共享，并充分利用信息资源对社会的发展和进步产生的影响。社会效益难以用具体的准确的数据来衡量，但它的影响却不容忽视。

总之，经济效益和社会效益并重，是建立优化的信息资源整体布局的一个重要原则。

二、信息资源整体布局的作用

信息资源整体布局是信息资源共享的重要前提，也是提高信息资源保障能力的有效措施。自20世纪90年代以来，我国国家信息化建设进入快车道，金桥、金关、金卡等一系列重大信息工程取得巨大进展的前提下。信息资源作为社会资源体系的重要组成部分，其建设与分布状况直接关系到国家信息化发展的程度，此时实施信息资源整体布局是非常必要的。

信息资源整体布局的作用主要体现在以下几个方面：

第一，充分有效地利用与协调各地区的信息资源，更好地为我国现代化信息建设服务。

第二，促进信息资源的共建与共享。

第三，加强各个信息机构、图书情报系统之间的联系与合作，形成多层次、多功能的信息资源体系。

第四，减少重复建设，提高信息资源建设的经济效益。

第五，缩小地区信息贫富差距，促进边远地区、落后地区的发展。

总而言之，信息资源整体布局的理论研究与实践，对我国的信息化建设具有深远的战略意义和现实意义。

三、我国信息资源整体布局的模式

经过许多学者的探讨，人们将信息资源整体布局的模式总结为集中控制型、分散控制型和等级结构控制型三种理论模式。

1. 集中控制型模式

集中控制型模式是建立一个具有绝对权威的信息资源管理与控制机构，对各类型图书馆和信息机构进行统一指挥，集中调度。这种模式的关键在于建立集中决策机制，充分发挥整体的系统功能。

2. 分散控制型模式

分散控制型模式由若干分散的图书馆和信息服务机构共同承担信息资源建设的任务。这种模式的核心是充分调动各图书馆和信息机构的积极性，从整体的利益出发，正确处理局部利益与整体利益的关系。

3. 等级控制型模式

等级控制型模式是逐级建立信息资源保障系统，并通过系统间的协调与合作，优化信息资源结构，形成相互依存、共同发展的共享体系。这种模式的重点是建立系统间的互动与联动机制，注重图书馆和信息机构之间分工与协调，以保障信息资源的整体功能得到最充分的发挥。

等级控制模式能够建立系统间的隶属关系，既便于信息资源建设的协调和控制，又拓展了信息资源利用的范围，是我国信息资源整体布局的最佳选择。目前，我国在等级控制模式理论的基础上，又提出了信息资源整体布局的三级保障体制，即第一级是建立国家信息资源保障体系，包括全国信息资源的协调与控制，制定国家信息资源发展政策和规划等任务；第二级是建立地区信息资源保障体系，承担区域的信息资源协调与合作任务，积极调动本地区图书馆和信息机构的信息资源，满足大部分本地用户的信息需求；第三级是建立省（市）、自治区各种类型图书馆与信息机构的信息资源保障体系，通过信息资源的组织与布局，最大限度地满足用户的信息需求。

我国信息资源整体格局已经初步形成，具体的实施内容如下：

中国高等教育文献保障系统：“211工程”中两个公共服务体系之一，建设了文理、工程、农学、医学四个全国文献信息中心，华东、华中、华南等七个地区中心和一个东北地区国防信息中心，并开展了多种服务。目前，CALIS各成员馆建设了一批特色数据库，联合购买了一些国外著名的数据库，并提供给成员馆联机使用。

国家科技图书文献中心：由中科院文献情报中心联合中国科技信息研究所等八个科技信息机构共同组建。同时，还建立了国家科学数字图书馆，在其数字信息服务的平台上，我们看到联合服务系统（包括联合编制系统、馆际互借系统、读者网上服务系统和联合采购系统）和海外图书采购系统等几个模块，构筑并支撑科学研究和国家创新体系建设的开放、联合的信息服务体系，提供一站式检索、网上借阅、网络参考咨询、信息推送服务、网络定题服务等。

与此同时，地区内跨系统的信息资源协作网也开始投入建设，如上海市文献信息资源共建共享协作网成功地实现了区域文献信息资源的采购协调、联机联合编制、计算机网络和数据库建设、馆际文献的互阅与互借、网上信息资源共享等方面的共建共享。广东珠江三角洲地区建立了珠江三角洲公共图书馆网络，实现集中编制和联机检索，提供远程服务。同时，广东地区高校系统也建立了广东高校图书馆文献信息网络系统（NULG），并与CERNET和互联网相连，在全省高校范围内实现信息资源的整体化建设。

第四节　图书馆信息资源的整合

一、信息资源整合概述

信息资源整合属于宏观意义上的信息组织。“整合”作为术语最先在数学和物理学中，表达部分与整体的关系。20世纪80年代后，在文学、社会学、心理学、生物学、哲学等学科中也出现了“整合”。在不同的学科中，“整合”的含义是不同的。在“信息资源整合”中的“整合”包括了综合、融合、集成、整体化、一体化等。信息资源整合是由于社会步入信息化、网络化数字化时代，数字信息资源大量出现，各种数据库大量产生，各种类型的网络资源检索工具层出不穷，数字图书馆日益增多的缘故。

（一）信息资源整合的含义

信息资源整合是信息资源优化组合的一种存在状态，它是在符合一定条件的前提下，根据一定的需要，对各个相对独立的已经实现了一定程度有序化的信息系统进行融合、类聚、重组，重新构成一个新的效能更好、效率更高的信息资源体系的发展过程和结果。

经过信息资源整合后而形成的信息资源体系，既可以是逻辑的，也可以是物理的。物理的信息资源体系是指除各成员信息系统拥有自己的数据库系统以外，整个信息资源体系还拥有一个中央数据库，为各个信息系统所共享；逻辑的信息资源体系中不存中央数据库，它只是各个信息系统整合以后的逻辑意义上的统一表达。

信息资源整合活动一般是在信息资源组织发展到一定程度后才能够进行的。信息资源整合是宏观意义上的、横向的信息资源组织，它所强调的是单个信息系统之间的横向联系，信息资源之间的融合重组，以及整体之间的资源共享。

（二）信息资源整合的必要性

由于对于信息资源的开发和利用长期以来往往都有独立的信息资源组织方法、检索系统和发布系统。它们彼此独立，各自为政，缺乏交流，造成信息资源环境整体分散无序的状态，但用户的信息需求又呈现多样性、复杂性的特点，这就给用户检索和利用信息资源带来不便，具体表现在：

第一，缺乏交流，各信息系统收录的信息系统资源存在交叉重复，影响用户对信息资源的选择与获取。

第二，标准不同，导致了检索途径和方法的差异，再加上不同的检索软件，风格迥异的检索界面，用户面临不轻的学习负担，造成精力与时间的浪费。

上述两方面表明，如果不对信息资源进行合理有效的整合，必然使用户陷入不得门径而入的困惑境地，这与以用户为中心的信息服务原则背道而驰，也严重影响了信息资源的有效利用。因此，深入研究与解决信息资源整合问题是十分必要的。

此外，我们还可以从信息资源整合带来的作用进一步说明信息资源整合的必要性，信息资源整合实现了不同信息系统之间的沟通，揭示了相关信息资源之间的关联，为用户获得高质量的信息资源提供方便；整合后的信息资源体系囊括了各个独立信息系统的信息资源，并且拥有风格一致的用户检索界面，用户无须在不同的信息系统之间来回切换，节约了时间，减轻了学习负担，也一定程度上提高了信息资源的利用率和检索效率；信息资源整合促进了信息资源组织过程中整合意识的形成，推动信息资源组织标准化的进程。

（三）信息资源整合的目的

对于信息资源组织的目的，我们可以总结为：为了实现信息环境自局部有序化到整体有序化转换。具体包括以下内容：

第一，减少信息资源的混乱程度。各个独立的信息系统之间存在着内容交叉重复，或拖沓冗长，关联程度低等问题，这就在某种程度上造成了信息资源的混乱。通过信息资源整合，就可以在原有的各个信息系统的基础上进行信息资源的融合、重组，形成一个新的、有序化的信息资源体系，减少了信息资源的混乱程度。

第二，加强信息系统与用户的联系，提高信息资源利用率。原有的各个独立的信息系统之间所存在的差异造成了用户信息检索的不便，使用户面临沉重的学习负担和时间浪费，因此，要求在原有信息组织的基础上，根据用户的需要，以及信息系统之间的差异，疏通信息渠道，提高各个独立信息系统与用户的接触率，进而提高信息资源的利用率。

第三，节约社会信息活动的总成本。信息资源整合节省了广大用户穿梭于不同的信息系统之间所造成的时间和精力耗费，从而提高整个社会信息活动的效率。

当然，信息资源整合后，可能会限制各个独立信息系统强大的个性化检索功能的发挥。但这绝对不是信息资源整合的目的，随着信息资源整合理论与实践的不断深入发展，这些局限性会逐渐被克服。

（四）图书馆信息资源整合的背景

随着数字图书馆的出现，人们猜测未来的图书馆发展方向将是复合图书馆，即“实物馆藏+虚拟馆藏”形式，且两者构成相互联系的有机整体，不能割裂开来。

实物馆藏是长期以来图书馆的主要形式，其组织、技术与方法都趋于成熟。在计算机技术与自动化技术的促进下，图书馆对信息资源的组织由手工阶段向自动化、现代化阶段转变。但是，由于受到图书馆性质、任务和经费等条件的限制，馆藏信息资源还需要以馆际合作、资源共享的模式来扩大信息资源的来源，以更好地满足用户的信息需求。而实际上各个图书馆在信息资源的组织过程中，各自为政，彼此之间的编目条例、著录格式存在一定的差异，产生的书目数据只能局限在本系统使用。在这种情况下，对不同图书馆之间的书目信息资源进行整合就提上了日程。

除了实物馆藏外，虚拟馆藏也是图书馆资源的重要组成部分，这些虚拟资源数量大且相当丰富。它们以数字化的形式记录，存贮在网络，计算机，磁、光介质以及各类通信介质上，用户必须通过计算机网络通信方式进行访问。目前，图书馆的这类数字资源主要包括数据库、电子期刊、电子图书三种。其中，数据库是图书馆数字资源的主体部分，既有联机数据库，也有网络数据库，从数据库的内容来看，全文数据库是数据库发展的方向，目前这类数据库已逐步在概念上脱离源数据库，日益成为一种独立的电子资源类型。电子期刊有两种类型：一种是印刷型期刊的电子版，以印刷型期刊为底版，内容大致相同；另一种是严格意义上的电子期刊，即期刊从投稿、编辑、出版发行到订购、阅览都是通过网络实现的。在图书馆的书目数据库中，每种印刷型期刊的书目信息构成一条记录，只能实现到刊名信息的检索；而在电子期刊中，每篇期刊论文就是一条记录，可以实现到篇名信息的检索。电子图书大多都是对已出版图书进行电子化，电子图书没有统一的格式，阅览不同格式的电子图书，需要下载安装相应的专门阅读浏览器，且这些电子图书馆的阅读浏览器是互相不兼容的。关于电子图书的检索，目前市场上普遍实现的是到书名的查询。同电子期刊一样，图书馆对电子图书的收藏也主要是通过购买一定期限的使用权实现的。

二、信息资源整合的基本原则

信息资源整合的原则应是对全局和整个整合过程都起指导作用的准则。信息资源整合应遵循的原则主要有五个方面。

（一）前瞻性原则

信息资源整合的前瞻性原则就是要求立足现在，放眼未来，即在进行信息资源整合的过程中，不仅要从信息资源机构未来的发展需要出发，用前瞻性的眼光，采取各种方式方法调整现有的信息资源结构，使其更加科学合理，同时还需要最大限度地开发现有的信息资源，使其得到充分的利用。

需要注意的是，坚持前瞻性原则也需要根据国家、地区、系统，以及本单位信息资源的实际情况，对信息资源整合重组，以达到提高信息资源的利用率，促进信息资源的开发，满足社会复杂的多样化需求。

（二）特色化原则

受到地缘、业缘等关系的影响，信息资源机构所收集到的信息资源大都是经过长期积累，并具有其特色的资源。因此，在进行信息资源整合过程中，一定要注意优先开发本单位有特色的信息资源，如地方特色、专业特色、类型特色、文种特色等，充分重视这些资源优势和特色；在信息资源整合项目的选择上要分清主次，突出自己的重点和特色，在信息资源整合的方式、方法、技术手段上要鼓励创新，形成自己独特的方法、技术。

（三）效益性原则

信息资源整合必须讲求经济效益和社会效益，要求对信息资源整合追求以最少的投入得到最多的产出。信息资源的整合过程，也是信息资源的再次增值过程，因此能带来一定的经济效益。此外，信息资源整合还需要创造良好的社会效益，促进整合意识的形成，提高人们的信息意识和信息素养。

（四）需求导向原则

信息资源整合并不是盲目的，而是有针对性、有目的的，它从用户对信息资源需求的角度出发，以适应新形势对信息资源机构的新要求。信息资源整合应该遵循用户导向和需求导向原则，开展用户信息需求调查和分析，并把它作为开展一切工作的出发点。如果整合后的信息资源体系给用户有效利用信息资源带来障碍，那么信息资源整合就失去了意义。当然，需求导向并不意味着被动迎合用户的需求，还应积极主动地去培育用户的新需求，使信息资源得到更充分的利用。

（五）安全性原则

信息资源机构在进行信息资源整合过程中，所需要遵循的安全性原则如下：

第一，注意对信息资源载体的保护。

第二，树立产权意识，在开发信息资源时不损害所有者的知识产权。

第三，有保密意识，在信息资源整合中不泄露国家或单位的有关机密。

第四，要注意对用户乃至公众精神的保护，开发健康、有益的信息产品与信息服务，避免给用户和公众带来信息污染和消极影响。

三、信息资源整合的层次与方式

在具体的信息资源整合实践中，并非所有的信息资源整合都在同一水平上进行，而是呈现多层次性。根据不同的划分标准，信息资源整合具有不同的层次结构。这里所涉及的信息资源整合层次划分标准是按照信息资源整合对象的加工深度进行的，并且采纳龚亦农先生用于三个层次的称谓。

（一）表现层的信息资源整合

信息资源在表现层的整合主要是针对信息源进行的。它在一定标准的前提下，为分布式存在的信息系统的信息源提供了逻辑组织和导引。由于信息源即信息的来源通常是以链接的形式表现的，因此表现层的信息资源整合就表现为按照一定的逻辑主线，对各种不同的信息系统的链接进行排列组合，从而构成“信息地图”。这里的逻辑主线也就是信息系统地址排列组合的标准，可采用的逻辑导引的标准有资源类型、学科主题、字母顺序等。用户在一定的标准指引下，能够方便地从汇聚了多样化的信息资源体系中快速定位到目标信息系统，从而发挥信息资源体系的指南或导航作用。

这种整合方式多用在具有指南或导航性质的网站或网页中，其类型比较丰富，有综合性质的信息系统指南或导航，也有专业性质的、地区性质的。实现信息资源表现层的整合，其技术和方法相对比较简单，只要在同一个网站或网页中创建所有信息系统的地址链接，并根据一定的标准将这些链接进行有序化排列，便可勾勒出一幅信息资源地图来。当然，为了方便用户的使用，创建人性化的用户界面、加入信息系统的内容介绍和引导用户的详细说明也是非常必要的。为了确保信息资源的时效性，链接地址还需要及时更新和维护。

元搜索引擎被称为搜索引擎之上的搜索引擎，其所采用的也是信息资源表现层的整合方式，它将多个搜索引擎集成在一起，提供统一的检索界面。此外，指引数据库也属于信息资源在表现层的整合，它首先对数据库等信息系统进行集中、分类、整理，然后再以主题树的形式指引用户利用。

从上面几种信息资源表现层的整合方式来看，信息资源表现层的整合还只是信息资源整合的初级形态，它整合的对象还只是停留在信息源的层面，确切地说是各独立的信息系统的地址等信息，而没有触及信息系统的内容和检索层面。然而，存在即为合理，表现层的信息资源整合之所以深受特定用户群的欢迎，与它汇聚了经过人工选择的多种信息系统，不仅数量齐全，而且形成逻辑体系，起到良好的导引作用，极大地方便了用户在大量相关的信息系统中发现和选择符合自己信息需求的目标信息系统是分不开的。当然，这种表现层的信息资源整合对信息资源的加工深度是有限的，因而提供给用户的导引作用也是有限的。

（二）应用层的信息资源整合

信息资源在应用层的整合主要是针对信息系统的内容及其易用性进行的。为了从互异的各个信息系统中获取满足用户需求的信息资源的元数据和数字对象本身，首先需要构建中间访问层。应用需求不同，中间访问层的构建方式也存在差异，但其大体上的构建原理却是大同小异的。

1.Agent机制

Agent是一种具有局部决策能力的技术，可以实现与终端用户、资源以及其他Agent的交互。基于Agent的方法通常使用三种类型的Agent，即用户Agent、中介Agent和资源Agent。其中，用户Agent向用户提供一致的接口，接受用户输入的检索请求并转换成内部所使用的语言，交给合适的中介Agent；中介Agent负责与用户Agent、信息Agent以及其他Agent的交互，根据用户提交请求的形式和内容，选择合适的资源Agent，并将请求发给资源Agent；资源Agent负责实现对异构的信息系统的检索，并对检索结果的数据进行包装，以隐藏各个信息系统之间的异构性。

2.中介方法

中介方法是指利用一个称为中介层的构件为各个信息系统提供一种通用的数据模

型和检索界面，并使用包装层隐藏各个信息系统之间的异构性。

元搜索引擎作为一种应用层的信息资源整合方式，也是通过中间访问层来实现对各个成员搜索引擎的调用。其基本的实现原理是：当一个检索请求到来时，元搜索引擎按照各个成员搜索引擎的检索格式做相应的转换之后，再分发给各个成员搜索引擎，各个成员搜索引擎返回结果后，元搜索引擎对检索结果进行归并、选择、排序等处理，最终通过统一界面输出给用户。一个真正的元搜索引擎是由检索请求提交机制、检索接口代理机制和检索结果显示机制三个部分组成。其中，检索接口代理机制是实现对成员搜索引擎调用的关键，作为一种代理机制，它必须具有较强的字符和转换功能，使用户的检索请求为具有不同语法特点的成员搜索引擎所认知和接受。

通过应用层的信息资源整合，用户可以实现在统一化的界面中，对各个异构的信息系统的内容进行“一站式”的检索与利用，提高了对信息资源的利用率。但是，需要注意的是，在新的信息资源体系中，各个信息系统之间只是一种松散的整合关系。同时，整合后形成的这个信息资源体系并不拥有各个信息系统，而只是“调用”各个信息系统的内部资源，各个信息系统在某种程度上制约着整个信息资源体系。

（三）元数据层的信息资源整合

元数据层的信息资源整合是从信息资源组织的源头对信息资源进行比较彻底的整合，是整合程度最高的一种整合方式。其基本的整合过程，就是使各个信息系统采用的元数据格式在事实上趋于一致或者相互之间通过元数据互操作能够相互转换，进而实现各个信息系统之间事实上趋于一致。这样，再将它们整合到同一个信息资源体系中就变得相对容易了。

这里，各个信息系统之间事实上的同构指的是整个信息资源体系采用统一的元数据格式。一般是事先基于共同遵循的标准，构建各个信息系统及其内部资源，并采用统一的元数据格式描述信息资源。而各个信息系统之间形式上的同构则主要指各个信息系统之间能够实现互操作，并允许存在异构性的各个信息系统之间能够通过某种转换机制取得形式上的一致性。

实现各个信息系统之间事实上或者形式上的同构是目前元数据层的信息资源整合的两种表现方式。这种方式大大减小了各个信息系统间异构性所带来的负面影响，基本实现了统一化、无缝化的高度整合。然而，就目前而言，元数据层的信息资源整合也存在一定的问题。第一种整合方式在为各个成员提供全面的互操作性时，要求每个成员也必须为此付出代价，而且由于成员之间趋同程度较高，也就相应地减弱它们的个性化发挥余地。因此，其对商业化经营运作吸引力不大。第二种整合方式，进行无数据互操作实现不同元数据格式之间的相互转换的过程中，也会对整个信息资源体系的数据存储造成一定的压力，同时大大增加了其维护的成本。

第五节 中文图书与期刊的信息资源建设

一、中文图书信息资源建设

（一）我国中大纸质图书出版业的变化与发展

1. 出版业的发展与动态

总体而言，我国中文纸质图书出版机构数量倍增。1978年，我国出版社（不含港澳台）只有105家，到2011年，全国共有出版社（不含港澳台）580家（包括副牌社33家）；其中，中央级出版社220家，地方出版社360家，出版社的数量增长了5倍多。为适应社会主义市场经济的需要，我国许多出版社的出版以一个或几个专业的图书为主，同时兼有其他学科、专业的图书，如地震出版社除有关地震方面的图书外还出版如股票、期货、营销等方面的经济类图书，以及励志、休闲、生活类的图书。而大型专业出版社更是全面发展，逐渐形成各类图书均有出版的态势。如电子工业出版社原是以出版电子学、电信技术、电工技术、自动化技术、计算机技术等工业技术类图书为主的出版社，现今已发展成为出版几乎各类图书，除电子、电工、计算机等工业技术类图书出版较多外，社科类图书出版面也较广，如心理学、伦理学、统计学、管理学、营销学、会计学、物流学、平面设计、摄影等艺术类图书以及语言、文学等类目图书。再如科学出版社，该社原是我国最大的科技类图书出版综合性出版社，现今已发展成人文、社科、自然科学均有出版的综合性出版社，但科技类图书还是占多数，约占年出版总数的77%，而人文、社科类占23%。有的大塑科技类出版社科类图书较多，如人民邮电出版社2011年出版的社科类图书所占的份额为38%，其出版围书数量较大的类别依次为计算机类、经济类、电子学、电信技术和艺术类。其余各类均有涉及，同时各类图书无论是社科类还是自然科学类的出版较为均衡。化学工业出版社原是一家以出版化学化工类图书为主的中央级出版社，现今发展成社科、自然科学各学科门类均有出版的综合性出版社，其社科类图书出版所占的份额稍小些，约为17%，而在科技类图书出版面拓展得很宽。例如，农业类图书原先主要由农业类出版社出版，现今化学化工出版社年出版农业类图书数量仅次于中国农业出版社，已位居全国第二。总之，在市场经济体制下，尤其是出版社改制后，出版社的创造力被大大激活，图书出版面也大大拓宽。除上述提到的出版社外，机械工业出版社、中国建筑工业出版社、国防工业出版社、石油工业出版社等出版社也全方位拓展业务，出版了大量各类优质图书。

2. 各类型出版机构图书出版动态

（1）少部分专业出版社坚持出版本专业图书

少部分专业出版社恪守出版社的出版原则，坚守自己的出版阵地，始终如一地出版本专业图书，其出版的图书专业性强、学术价值高。如地质出版社2011年出版许多有关全国重大地质灾害、国土资源形势分析、城市环境地质调查、地震波理论、地下水动力学、构造地质学、环境与工程地球地理、矿产勘查学、裂谷盆地火山活动与油气聚集、沙漠风积砂岩土力学特性、三维地质建模方法及程序实现、岩石矿物分析、中国生态环境问题等诸多学术性强、品质高的专业图书。又如法律专业，有法律出版社、中国法制出版社、知识产权出版社等，其出版了大量有关中华人民共和国合同法、婚姻法、金融法、劳动合同法、民事法、能源环境法、商务法、食品药品法、卫生法、刑法、刑事法、行政法、行政强制法、证券期货法，以及旅游法学、公益法学、律师艺术学、律师法学等方面的法律图书，还出版了大量国外法律研究方面的图书，内容涉及法国民法外观理论研究、德国联邦最高法院商事判例译评、法学前沿问题，外层空间法前沿问题研究、司法的创新与发展、审判前沿、城市与社会管理立法、金融法治前沿等方面。再如测绘专业有测绘出版社，专门出版有关测量学、城市地形图的持续更新方法、大地测量学、地图设计与编绘、地图制图学与地理信息工程学、空间大地测量学中大气折射理论等十分专业的图书。气象专业有气象出版社，专门出版诸如大气科学、大气涡旋动力学、地面气象观测、恶劣空间天气事件、荒漠生态气候与环境、黄河环境与水患、气候变化与中国极端气候事件图集、气象信息系统、气象哲学、强对流天气分析和预报、天气预报技术与方法、突发气象灾害应急管理研究与实践等气象专业或跟与该专业密切相关的图书。医学专业的出版社有人民卫生出版社、人民军医出版社、中国中医药出版社、中国医药科技出版社等，都是专门出版医学方面的图书，只不过出版的方向、范围有所差别而已——人民卫生出版社、人民军医出版社出版的出版物较为全面，而中国中医药出版社、中国医药科技出版社的出版面则较窄。人民卫生出版社出版有组织胚胎学、主动脉疾病、传染病学、虫类药剂的应用、皮肤病治疗学、情志病学、龋病学、肿瘤血液病理学、中医诊断学、中医养生学、中医外科临床技能、中医内科学、中药炮制学、中华影像医学、中国心律学、中国推拿治疗学、运动损伤的预防、应急护理学、移植学、医院管理学、医学文化学、医学美学、医学沟通学、药物毒理学等方面的图书。人民军医出版社出版有眼科学、药学、超声医学、儿科护理学、儿童药膳、妇产科护理、肝门静脉高压症外科学、肝脏肿瘤外科学、骨关节功能解剖学、骨质疏松症影像学、护理伦理学、护士修养与护理艺术、激光美容外科治疗学、甲状腺病理诊断、颈椎病、老年护理学、中国肛肠病诊疗学、中西医结合眼底病学、中医男科临床治疗学等方面的图书。而中国中医药出版社主要出版有针灸学、中药学、中华眼针、针刀医学临床研究等方面的图书；中国医药科技出版社主要出版有中药鉴定学、中药化学、制药工程、药物分析、药剂学等方面的图书。美术专业有人民美术出版社以及地方美术出版社如广西美术出版社、山东美术出版社等，其中人民美术出版社出版的美术图书类别较为全面，如出版有艺术概论、名家画集、中外美术史、艺术效应与视觉心理、绘画技法、书籍的封面设计、包装设计、广告设计、产品设计图学、风景装饰设计等；而广西美术出版社、山东美术出版社等地方美术出版社图书出版面较窄，包括字体设计原理、漆画作品、图形设计、速写，如苏轼、黄庭坚的行书，王羲之、王献之、颜真卿和柳公权的行草书等。

（2）中央级出版社、大学出版社学术性图书出版较多

中央级出版社出版的图书学术性较强，学术性图书出版数量也大。学术图书是指

反映本学科的最新研究成果及前沿研究状况和发展趋势，对本学科领域具有较大影响或推动作用的学术性著作。依此界定，较之于其他出版社，中央级出版社、大学出版社、专业出版社出版的图书学术性较强。这些出版社出版的图书都是有关学术前沿问题和社会热点问题。如法律出版社出版的《国际商事合同通则法律功能研究》一书，是目前国内外第一本有关该方面的专著。它以《国际商事合同通则》的法律功能为视角，站在大国际私法的立场，剖析了《通则》法律功能的立法实践和司法实践，是法律专业实践性极强的一部不可多得的好书。法律出版社还出版了外层空间法前沿问题研究、审判前沿等图书，这些都是代表法律方面前沿领域的高品质图书。这类高品质的出版社有人民出版社、人民交通出版社、人民军医出版社、人民美术出版社、人民日报出版社、人民体育出版社、人民卫生出版社、人民文学出版社等，这些出版社大多于新中国成立初期成立，具有较深厚的文化积淀，多次被评为优秀出版社。学术水平最高的出版社当属科学出版社，该社出版的无论哪个类别图书的学术性都是最强的，尤其是自然科学方面的图书，其每年出版的科技学术著作占全国同类书的12.5%。此外，科学出版社出版的有关社会科学方面的图书也颇具新意，如《数字政府》，该书运用案例分析、公众与政府官员的问卷调查、电子邮件反应测试、预算数据和加权分析等方法，对电子政府的运作、效果和影响因素进行了迄今为止最为完整的研究，揭示了技术、社会、政治和经济因素对电子政府发展的影响，因此，该书颇具时代感。再如《中国特色管理学》一书，该书是一部探索中国特色管理，试图建立中国特色管理理论体系的著作，因此特色鲜明，具有创新性。目前，我国中央级出版社，是高质量纸质图书的出版源，图书馆中文纸质图书文献信息资源采访必须首先关注这些出版社的出版动态。

除这些中央级出版社外，大学出版社出版的图书学术性也是极强，尤其是国家重点大学出版社。这些出版社年出版图书数量大，学术水平高，如北京大学出版社、清华大学出版社、浙江大学出版社、南京大学出版社、复旦大学出版社、武汉大学出版社、华中科技大学出版社等。虽说它们都是综合性大学，但多数以出版人文、社科类图书为主，如北京大学出版社、浙江大学出版社、南京大学出版社、复旦大学出版社、武汉大学出版社等出版的图书大多为人文、社科类。北京大学出版社出版的人文、社科类图书约占年图书出版总量的84%。而以出版科技类图书为主的大学出版社较少，其中著名的出版社有清华大学出版社、华中科技大学出版社等。清华大学出版社出版的科技类图书占较大比重，约占年出版总数的71%。目前我国大学出版社数量约占出版社总数的17.8%，因此图书馆也要特别关注大学出版社的图书出版动态。

（二）中文图书资源出版特点

1. 我国中文纸质图书资源出版特点

中文纸质图书是图书馆信息资源建设的重要内容之一。数字信息环境下，中文纸质图书出版数量不仅没有减少，反而逐年增加。2006年至2011年中文图书年均增长率为8.96%，其中2011年增幅最大，为12.53%。2011年中文纸质图书出版量高达369523种，除去课本78281种，图片883种，共有图书290359种，其中新版图书19万种左右。图书供应商提供的自编采访书目及新华书目报“三目”征订书目收录了全国众多出版社适合图书馆藏书的采访书目，是图书馆日常采访工作的主要工具，其具有广泛性和可操作性且具有实际意义，从这些书目的统计情况来看，中文纸质图书出版具有如下几大特点：

（1）各类图书出版数量悬殊甚大

从2011年中文纸质图书出版情况看，中文社科类图书出版量较大，约占图书出版总量的59%，自然科学类图书约占出版总量的41%。2011年中文社科类图书数量最大的是经济类图书，占社科类图书年出版总量的22.63%。人文、社科类图书出版数量较多的还有文学类图书，为15.83%，政治、法律类为12.17%，历史、地理类为9.83%，语言类图书为9.26%，哲学类图书为9.12%，余下的3个社科类图书均不足1%。2011年自然科学类图书年出版量最大的是工业技术类图书，其次是医学类图书，其分别占科技类图书年出版总量的58.18%和19.23%，其余各科技类图书大多在6%之下，有的还在1%之下。

（2）多数类目的图书出版出现“长尾现象”

从2009年中文农业类纸质图书的出版情况看，存在着明显的“长尾现象”，而2011年中文农业类纸质图书的出版同样存在“长尾现象”。出版农业类纸质图书有159家，年出版农业类图书2850种，但绝大部分的图书高度地集中在中国农业出版社、化学工业出版社、科学出版社、中国农业科学技术出版社、中国林业出版社、中国农业大学出版社、金盾出版社等出版社，其年出版量占农业类图书出版总数的63.43%，29家出版社年出版图书在10~60种之间，122家的出版社年出版图书在10种之下，其中54家出版社除农业类纸质图书出版出现“长尾现象”外，科技类其他类目图书同样也存在“长尾现象”，如生物科学类图书，2011年共有113家出版社出版生物科学类图书，年出版量1753种，出版量最大的出版社有科学出版社、化学工业出版社、上海科学技术文献出版社、高等教育出版社，其年出版量占生物科学类图书出版总量的55.39%；海洋出版社、人民卫生出版社、中国林业出版社、北京大学出版社、上海科学技术出版社、清华大学出版社、浙江大学出版社、华中师范大学出版社等19家年出版量在10~50种之间；其余89家年出版量在10种之下，其中46家出版社年出版量在3种之下。

此外，社科类图书也出现长尾现象，如法律类图书。2011年有221家出版社出版法律类图书7801种，其中49.15%法律类图书主要集中在法律出版社、中国法制出版社、中国政法大学出版社、北京大学出版社、中国人民大学出版社、知识产权出版社、中国人民公安大学出版社、人民法院出版社、中国检察出版社、人民出版社、清华大学出版社等12家出版社。年出版法律类图书10~100种之间的有66家出版社，另有143家出版社年出版法律类图书在10种之下，其中85家年出版量在1~3种。

从以上2011年农业类、生物科学类及法律类图书出版统计情况看，其共同之处在于“龙头”所占的比重较大，大约占年出版图书总量的50%左右。同时“龙尾”较细长，年出版这三大类图书10种以下的出版社所占的份额分别为76.72%、78.76%、64.71%，由此可见“尾巴”是多么细长。不同之处在于，“龙身”有长短和粗细之别：相比较之下，法律类图书“龙身”较长也较粗，其所占的出版社份额较大，为

29.86%，且“龙身部位”年出版图书量为10~100种；而农业类和生物科学类图书“龙身”都较细短，其所占的出版社份额分别为16.81%、18.23%，且年出版图书量为10~50种，因此显得相对细短。总之，中文图书出版普遍存在着“长尾现象”，即大部分图书出版高度集中在数量极少的大型综合性或多科性出版社，而小部分图书则分散于众多各类型的出版社出版。这种图书出版分布规律十分类似布拉德福的期刊文献集中分散规律。

2. 中文电子图书资源出版特点

中文电子图书于2005年左右开始盛行，主要来源由电子图书集成商提供。其中主要包括超星中文电子图书、书生中文电子图书、中数图中文电子图书以及方正阿帕比（Apabi）的中文电子图书。目前超星数字公司电子图书数量最大，达百万册，涉及各个学科门类。而方正阿帕比中文图书也具有相当规模，共有电子图书近60万册，其中有十余万册的教学参考书，因此，其图书学术性较强，适合广大研究型图书馆，尤其是智慧图书馆收藏。鉴于此，以下就以方正阿帕比中文电子图书为例来探求中文电子图书的特点。

（1）出版年限跨度大。

最早的出版年为1961年，但出版年限早的电子图书数量不大，每年只有几种或十几种；2000年后出版的图书逐年增多，从每年几百种发展到2010年以来年均两万多种的教学参考类电子图书出版。

（2）电子图书特点。

与纸质图书相比较，电子图书有其明显的优势：一是图书出版年跨度大，在利用图书文献信息方面，读者对各学科的利用情况是不同的，对于图书文献半衰期短的学科文献，如计算机类图书，读者总是想利用最新年份的图书文献，而一些半衰期较长的学科，如农业科学等，年份较早的图书文献也经常为读者所用，而这类图书一方面出版较少，另一方面纸质图书容易破损，因此电子图书就显示出其优势；二是中文电子图书与纸质图书形成互补，由于现在绝大多数图书馆中文纸质图书采访主要是依靠中文图书供应商提供采访书目进行采选，有的图书馆中文纸质图书年采购量不大，只跟2~3家书商合作，而书商所提供的书目不可能十分齐全，因此图书馆就难以采购到所需要的图书，而中文电子图书则可以弥补纸质图书收藏的缺漏；三是中文电子图书在价格上也具有相当的优势，如方正阿帕比电子图书每种均价为13.35元人民币；四是电子图书具有多种独特的功能——图片可在动静态中切换，如在动态下可以看到花蕾绽放的整个过程，阅读外文图书时，不会念的单词可经点击发出读音，读者研读时还可在电子图书上做批注等；五是便于携带阅读，现在许多电子图书可下载到手机上，且可以携带较多数量的电子图书，便于用户出差时阅读；六是电子图书资源便于用户利用，用户可以同时穿梭于几种不同的电子图书中对照阅读；七是电子图书便于文献传递，便于远程资源共享。

（三）中文纸质图书出版发行信息

中文图书出版发行信息主要通过书目、书摘与书评等渠道进行传递和报道。我国的书目报道范围广，权威性较高。目前中文新书目主要有四个类型：一是新华书店总店负责编制的新华书目报（《社科新书目》《科技新书目》）；二是各省、市、自治区新华书店编制出版的地方版新书目；三是全国性民营图书馆供应商编制的书目；四是出版社新书目。四大类型的新书目相互搭配，构成了我国中文新书发行目录的完整报道体系。

1. 新书书目

（1）《社科新书目》与《科技新书目》

两种新书目是新华书店总店主办的《新华书目报》的子报，为旬报，通过邮局公开发行。两种书目分别报道中央一级和北京以及全国其他地区出版社将要出版的社科和科技图书以及标准的信息，包括新版和重版图书的信息，介绍将要出版的每种社科图书与科技图书的书名、编著者、出版者、出版时间、开本、定价、内容提要、装帧等主要项目。这两种新书目包含了我国主要的出版社，如：人民出版社、商务印书馆、人民文学出版社、高等教育出版社、科学出版社、清华大学出版社、北京大学出版社、电子工业出版社、机械工业出版社等出版社的出版信息及动态。原先这两种书目收录图书品种较丰富，介绍详细，信息量大，以新书为主，每期预告初、重版图书信息约600种，而现在这两种书目报道量日渐萎缩，每期只有200种左右，但仍是图书馆广泛使用的书目工具。两书目还在书目版面中辟出了文字版面。这些版面以书摘、书评、书荐、专访等生动活泼的形式将更多更好的新书介绍给读者，对原有的征订目录予以新颖别致的补充，使《新华书目报》既有实用性、又有可读性。

（2）地方性书目

地方性书目较出名的有《上海新书目》《全国地方版科技新书目》《天津新书目》《浙江新书目》《重庆新书目》《广东新书目》等二十多种书目，其中《上海新书目》《全国地方版科技新书目》在报道新书目方面都起了重要作用，如《上海新书目》作为一份反映上海地区出版图书信息的地区性征订书目，是图书馆采访人员掌握沪版文献出版动态的重要渠道之一。但随着图书出版业发行的发展，地方性书目大多都归并到《新华书目报》。

（3）图书供应商编制的书目

目前我国图书供应商的新书目主要有人天书店编制的《人天书目报》、湖北三新书业有限公司编制的《湖北三新书目》、百万庄图书大厦有限公司编制的《百万庄书目》等，其社科类书目每期逾1000种，科技类书目每期在500种左右。这些书目在保证常规图书品种和数量的同时，也都在打造自身的特色，如：人天书店书目以综合性见长、百万庄图书大厦有限公司的书目在综合的基础上体现了科技类图书的特点，武汉三新书目着力收集地方版图书的信息等，相比较而言，图书供应商提供的目录最全、报道量最大。

（4）出版社书目

随着图书出版事业的发展，出版社也开始编制自身出版的图书书目，并主动、及时发送给相关的书商、图书馆采访部门，让它们及时了解自己出版的新书以及特色，达到宣传自己图书的目的，如：清华大学出版社、人民邮电出版社、化学化工出版社、机械工业出版社、电子工业出版社等都主动将本社的新书数据以印刷版、电子版、图像版和MARC数据格式等方式发送给书商和高校图书馆采访人员，为这些人员提供他们最新的出版信息。

2. 回溯性书目

《全国新书目》由新闻出版署信息中心主办，《全国新书目》杂志社编辑出版，北京市报刊发行局公开发行的半月刊。该书目创刊于1951年8月，一直是国内唯一公开发行的大型书目信息刊物，重点刊登国家出版物样本库一个中国版本图书馆到馆登记书目、由统一供货商提供的《中国可供书目》和该刊征集的“重点图书”，并配以专题书目及音像制品、电子出版物目录。此外，还有《重点图书》《专家论坛》《书业资讯》《畅销书策划》等栏目。《全国新书目》是报道性书目，图书著录项目包括书名、著者、出版社、出版日期、开本、定价，一些重点书还有内容简介。该书目报道的是已经出版的新书，可以用来补充预订书目的不足，及时发现未订购的图书并加以补充。该书目的累积便可汇编成《全国总书目》。

《全国总书目》由新闻出版署信息中心与中国版本图书馆主办，《全国总书目》编辑部编辑，中华书局出版。《全国总书目》是图书年鉴性质的综合性、系列性图书目录，自新中国成立以来，逐年编纂，已完成1949-2003年各卷次的编纂任务。它主要依据全国各正式出版单位当年出版发行的各类图书，是反映我国图书出版情况的综合性书目，是目前我国收录图书最全的一种图书目录，具有国家总书目的性质。从2001年开始，《全国总书目》为适应网络化时代对信息服务的需求，每年出版一套数据检索光盘，该光盘共收录当年图书书目数据12万余条，光盘界面格式含中图法分类索引和全国各出版社索引，光盘中媒体书目数据包含书名、著者、出版者、出版日期、关键词、主题词、分类号、ISBN，内容提要等内容，提供全方位的组合检索和单项检索。2004年卷还推出了网络版，为图书馆查询、学术研究和出版发行部门的工作提供权威的数据库检索支持。

3. 主要书评、书摘

目前，我国出版的影响比较大的书评、书摘类报刊主要有《读者新书目·购书指南》《读者导报》《中华读书报》《文汇读书周报》《书摘》《博览群书》《中国图书评论》《读书》等。它们各具特色，如《读书》文章的内容一般都是围绕著名学者、作家的作品和著作展开论述的，这就使读者能从中学到许多古今中外的图书知识，开拓了图书馆采访人员视野。此外，《新华书目报》定期出版的各种有针对性的专刊，为图书馆采访人员了解出版动态提供了重要的渠道。

（四）读者对中文图书需求特征

在信息时代，读者对图书信息的需求是多方面的。2011年《文汇读书周报》记者在“世界读书日”到来前夕对复旦大学、西安交通大学、同济大学、华东师范大学、华东理工大学、上海大学、上海师范大学生中进行的读书调查中发现大学生对各类图书都有较大的需求。在“您喜欢读哪种类型的课外书（可多选）”一题中，排名第一的是“实用类”图书，占46.8%；排名第二的是“传记类”图书，占43.3%；排在第三的是“其他类”图书，占37.1%；接下来的依次是“学术类”图书，占28.7%；“言情类”图书，占27.8%；“科幻类”图书，占23.7%；“武侠类”图书，占23.1%；“网络类”图书，占19.3%；“动漫类”图书，占16.1%；“体育类”图书，为10.8%。由此可见，读者的阅读意愿是很强烈的，同时需求也较为全面。另一方面也表现出对“实用类”图书的关注，表现出大学生读者对现实生活的重视。但在大学生对图书信息的实际需求中又表现出与潜在需求的不同。如在“您最近（或正在）看的书的类型”这一选题中，排名第一的是“学术类”占22.4%，以下依次是“其他类”占16.9%，“实用类”占15.2%，“传记类”占12.8%，“言情类”占9.6%，“网络类”占8.7%，“科幻类”占5.0%，“动漫类”占4.4%，“武侠类”占3.8%，“体育类”占1.2%。可见，喜欢看与看什么并不完全相等，当代大学生还是较为理智、成熟的。选择“学术类”排名第一，说明学生认识到在学习期间，认真读一些重要的学术专著将对自己终生有益。总之，读者对中文纸质图书呈现多方面的信息需求态势。

（五）中文图书信息资源保障体系建立

中文图书信息资源是我国读者、用户使用量最大的一种信息资源，同时中文图书资源也是占全球出版量比重最大的信息资源之一。为满足读者、用户对中文图书信息资源的需求，图书馆必须建立起一个相对完备的中文图书信息资源保障体系。在数字信息环境下，电子图书资源越来越多，因而在中文图书信息资源保障体系里，电子图书资源的份额也应越来越大，从而建立起一个数字资源与传统资源相互补充、资源相对丰富的中文图书信息资源保障体系。以充分满足读者、用户最基本的信息需求。

（六）中文图书信息资源建设原则

1. 大陆与台湾图书资源互补的原则

大陆与台湾在经济、文化、科技方面都有相似之处，同时又各具特色，可借鉴之处很多，尤其现在我国大力发展海西经济，更需要有关台湾方面的图书信息。因此，图书馆中文图书配置要坚持大陆与台湾图书资源互补的原则，有重点地收藏本馆重点学科、特色学科需要的台湾图书资源，从而进一步提升馆藏质量。

2. 纸质与电子图书资源协调发展的原则

数字信息环境下，电子图书出版数量越来越多，而且当年版的图书份额也在加大，同时随书光盘数量也在加大。中文电子图书在电子资源里也是利用率最高的资源之一。因此，图书馆中文图书配置要坚持纸质与电子图书资源协调发展的原则，以满足读者、用户各种载体信息的需求。

3. 发展重点与兼顾一般的原则

图书馆信息资源建设强调重点学科和特色学科的资源入藏，但鉴于中文图书数量庞大，同时中文图书较之于外文图书、外文期刊价格相对便宜。因此图书馆在中文图书配置时应坚持发展重点与兼顾一般的原则，尽可能地满足各方面读者的需求。

（七）中文图书信息资源配置策略

1. 根据图书馆实际情况配置

通过对图书的流通情况进行调查发现，各种图书的利用率相差甚多，相当一部分书的流通率很低，这样势必造成财力、物力的浪费，有些图书的利用率则很高，很多读者借阅，因而图书馆须运用“二八规则”的原理，来确定这“20%”的图书主要是哪些学科的、哪些出版社出版的，这样抓住主要矛盾进行处理，就会达到事半功倍的效果；同时，参照布拉德福定律来确定核心出版社，将核心出版社的图书作为重点采访对象，这对于提高图书采准率，提升馆藏水平有很大帮助，同时还能优化购置经费的利用。因此，图书馆要根据本馆的实际情况来配置图书资源，特别是中、小型图书馆经费紧缺，中文图书配置也只能在“精”上下功夫，以提高图书馆利用率。

2. 严格控制图书入藏质量

近年来，每年纸质图书出版数量都有大幅度增长。但图书出版整体水平偏低，主要表现在好作品、高品位的书偏少——由于受经济效益至上的思想支配，出版社“市场意识”浓厚，多卷书、丛书、古典书、重版书充斥市场，动辄就是上下集、大全、全书之类的大作，图书供应商要求图书馆只能整套购买，而不能配置其中的某种图书，这样无形之中图书馆就支付了不该支付的经费。此外，有些出版社热衷于“焦点问题”“热门话题”图书的出版，争先恐后地抢点出版。这类书的品种一下子就出版了不少，造成选题雷同、内容重复现象。而一些使用范围较窄的基础科学、工程技术及理论学术性较强的专业性、学术性图书因无利润而受出版社冷落，造成许多专业图书难以出版或出版很少的后果，不但影响了国家科学研究和教育事业的发展，也影响了图书馆的藏书质量与专业图书信息资源收藏的系统性和完整性。因此，图书馆对于那些“热门图书”应精挑细选，不要认为这些图书一概适合图书馆藏书，从而导致经费大量浪费，却不能给读者带来更多新的信息。而对于专业性、学术性强的图书，则要多关注相关出版社，尤其是中央级出版社和大学出版社的出版动态。

3. 建立读者信息资源决策采购机制

长期以来，图书馆信息资源采访都是依靠图书馆员自身的学科背景对书商提供的目录进行圈选、订购，但是近年来这一传统模式，尤其是在国外，受到了挑战。读者决策采购作为一种新型的信息资源建设模式风靡美国大学图书馆界，并逐渐在西方国家的图书馆界受到推广。读者决策采购也可以称为“需求驱动采购”，是赋予读者决策权的信息资源建设模式，即根据读者的实际信息需求来确定信息资源的配置。这样能有效补充馆藏资源并提高了馆藏资源的利用率，从而保证资金投入的效益。因此，图书馆要建立读者信息资源决策采购机制。实际上，近年来我国读者参与图书馆信息资源采访活动也是常有之事，如邀请学院教师到书市参加图书现采活动，图书馆平时也会定期或不定期给学院的专家提供书目，让其为图书馆圈选图书，或是在图书馆网站上设置读者书刊推荐栏目，让读者在网上向图书馆采访部推荐图书等，读者也可以直接在图书馆集成系统里向图书馆推荐图书。总之，读者参与图书馆信息资源采访是越来越多了，但务必使其落到实处，尤其是学术性图书、电子图书的PDA采购。

4. 广泛地收集图书出版信息

我国出版社改制后，新的运行机制更有利于出版社的发展，学术性图书也会有更多的出版社出版。“长尾理论”的一条重要原则就是应有尽有，长尾就是必须有足够长的“尾巴”，让用户尽可能获得所有需要的资源，而前提则是要有足够供应产品的数量聚合。因此，图书馆要注重新书出版信息的收集，只有尾巴足够长，才能充分利用“长尾”资源。图书馆图书采访工具除了“科技新书目”“社科新书目”外，最主要的还是图书供应商提供的自编采访书目，因此要激励图书供应商为图书馆提供尽可能多的新书出版信息，使其成为信息聚合器，源源不断地向图书馆输送最新书目信息，图书馆就能因此获取更多的“长尾”资源。此外，图书馆还应同出版社建立广泛的联系，通过网络让其不断地为图书馆传输新书出版信息，其提供的书目还应包含有图书的封面、封底、书名页、版权页、目次、前言、后记、索引等信息。因此，图书馆应积极主动地与更多的出版社取得联系，尤其是一些偏远出版社，让其将最新出版信息传送给图书馆。只有在丰富的书目资源基础上才能配置出更为优质的馆藏。

5. 参加全国性图书现采活动

从出版社分布区域来看，存在高度集中和广泛分散的现状：北京和上海两地共聚集了277家出版社，占总数的48.3%，成为全国出版社最集中的地方；占出版社总数51.7%的其他296家出版社则广泛地分散在29个省、自治区和直辖市，承担了约50%的出版任务。另外，占出版社总数约17.8%的大学出版社分布同样较为分散。中标书商提供最多的则是北京和上海两地出版社的采访书目数据，而边远城市出版社的书目则收集得较少，有的书商甚至没有收集，因而图书馆对许多出版社的图书都无法配置。为此，为了建立特色资源和重要资源保障体系，图书馆就必须多参加全国性图书博览会，因为几乎所有的出版社都会参展全国性图书博览会，我国举办的各种书市、书展、图书博览会和图书订货会中，最具代表性的有每年一届的“全国图书交易博览会”（原名：“全国书市”）、“北京图书订货会”、“沪版图书订货会”、“全国大学出版社图书订货会”等。全国图书交易博览会参展的出版物最多，最多的一次各类参展出版物达到三十多万种，北京图书订货会参展的是当年新书，是当年出版情况的“风向标”和“晴雨表”。近些年新书品种多达13万种，品种覆盖人文社科和科技等各个学科领域，全国大学出版社图书品种稳步上升、出书质量好、层次品位高，获奖图书多，特别符合高校教学和科研的实际需要，是智慧图书馆馆藏建设的重点。沪版图书订货多是沪版图书和地方版图书，是图书馆采集地方版图书最好的机会；现已定位为“面向全国”，因而除上海出版社外，还吸引了全国各地的出版单位参加。为此，参加书市购书是补充馆藏的一个绝好机会。图书馆要尽可能补充平时图书预订中不可能订到的图书，从而为图书馆的特色资源和重要资源保障体系添砖加瓦。

6. 严加把关图书供应商提供的书目

20世纪80年代末，我国的出版发行业开始变革，逐渐开始市场化运作。民营书商如雨后春笋遍地丛生，图书发行由新华书店独家发行的局面转变为多渠道发行的市场化运作，图书馆也由跟新华书店单一合作的模式转为与多种图书供应商合作的模式，这一转变一改图书馆图书资源配置总是处于被动的局面，从而图书馆图书资源配置的路子就活了，不得不说出版发行业的变革给图书馆信息资源建设带来了生机。但在与各种图书供应商合作中难免会出现许多新的问题，特别是其提供的图书采访书目数据，存在着如数据不规范、著录不完整等诸多情况。另外，有的供应商提供的书目学科不全面，社科类书目偏多，科技类图书偏少，这便造成图书馆图书信息资源收藏不够系统、不够全面，致使一些学科图书信息资源不足，从而不能满足读者的需求，甚至影响到学校教学、科研工作的开展。为此，图书馆应重视对供应商所提供图书采访书目的质量控制；图书馆在新的图书供应环境下，应牢牢掌握图书采访的主动权，及时与图书供应商沟通，使其提供的采访书目完全符合图书馆的需求。

二、中文期刊信息资源建设

中文期刊应是大多数图书馆中利用率最高的文献信息资源之一，尤其是中文学术性电子期刊，其利用率更是位居榜首，因而在图书馆馆藏文献中的作用也更为明显。

（一）中文期刊出版业的变化与发展

1. 我国出版业的发展与动态

数字信息环境下，我国中文电子期刊发展迅猛，但纸质期刊也在不断发展。以我国2011年中文纸质期刊为例，品种数量就达到近1.2万种，我国中文纸质期刊出版机构也不断增加和扩大，除了原有的杂志社、编辑部、出版社及学协会外，还出现了许多出版公司。这也是期刊数量逐年增多的原因之一。

（1）杂志社是期刊主要出版机构之一

这类期刊出版机构出版的期刊涉及社会生活的各个方面、各个行业。杂志社出版的期刊较为单一，种类也较少，一般只有1至2种，如人民文学杂志社出版的《人民文学》、人权杂志社出版的《人权》、演讲与口才杂志社出版的《演讲与口才》。但也有少数杂志社出版多种期刊，如中国农村教育杂志社出版4种期刊：《中国农村教育》《中国农村观察》《中国农村经济》和《中国农村科技》，其中《中国农村观察》《中国农村经济》为核心期刊。一般说来，各行业的杂志社都有其优秀的期刊产品，如财贸经济杂志社的《财贸经济》《财贸研究》、电气时代杂志社的《电工技术学报》《电气应用》、法学论坛杂志社的《法学论坛》、高压电器杂志社的《高压电器》、国际金融研究杂志社的《国际金融研究》等，都是该行业的核心期刊，也是目前我国行业性的期刊。

（2）各行业编辑部也是期刊主要出版机构之一

这类期刊出版机构主要为各行业的编辑部、学报编辑部，尤其是大学学报编辑部，数量较大。但多数编辑部出版的期刊较为单一，一般也只有1至2种，如排灌机械编辑部出版的《排灌机械工程学报》、人民音乐编辑部出版的《人民音乐》、眼科杂志编辑部出版的《眼科》、药物生物技术编辑部出版的《药物生物技术》、医学与社会编辑部出版的《医学与社会》等。

从总体看，这类型的出版机构，尤其是学报编辑部、大学学报编辑部出版的期刊学术性较高，且多为核心期刊。学报编辑部方面，如农药学学报编辑部的《农药学学报》、农业工程学报编辑部的《农业工程学报》、农业环境科学学报编辑部的《农业环境科学学报》、气象学报编辑部的《气象学报》、草地学报编辑部出版的期刊《草地学报》，都是核心期刊；大学学报编辑部方面，如北京大学学报编辑部的《北京大学学报》（哲学社会科学版）、《北京大学学报》（自然科学版）、《北京大学学报》（医学版）均属核心期刊；武汉大学学报编辑部有9种期刊，其中6种是核心期刊；复旦大学出版的8种期刊中有5种是核心期刊；长安大学有7种期刊，其中4种属核心期刊。目前大学学报编辑部出版的大学学报有两千多种，是我国重要的期刊信息源。

行业性编辑部出版的期刊质量较高，多数是核心期刊：如电影文学编辑部的《电影文学》《电影新作》《电影艺术》、建筑结构编辑部的《建筑结构》、建筑科学编辑部的《建筑科学》、暖通空调编辑部的《暖通空调》。

（3）除杂志社、编辑部外，出版社也是一支重要的期刊出版队伍

出版社除了出版图书外，也出版大量期刊，少则几种，多则十几种，有的甚至几百种，如山西人民出版社出版的《编辑之友》、上海科学技术出版社出版的《科学》《车迷》《大众医学》《科学画报》《无线电与电视》、上海书画出版社出版的《公共艺术》《书法》《书与画》《艺术当代》、上海外语教育出版社出版的《阿拉伯世界研究》《国际观察》《外国语》《外语界》《中国比较文学》《外语电化教学》；世界知识出版社有15种期刊；外语教学与研究出版社有10种期刊；中国美术出版总社也有10种期刊；而出版期刊最多的当属科学出版社，现已出版各类科技期刊300余种。

出版社出版的期刊学科涵盖面广，特别是名牌出版社出版的期刊学术价值高，报道大量前沿的科研成果。如科学出版社出版的期刊目前已形成了以地学、生命及生态环境科学、技术科学等为主体的科技期刊集群，截至2011年4月，科学出版社出版的期刊被SCI收录的刊物有29种，被EI收录的刊物有34种。科学出版社出版的期刊大部分是核心期刊，如《分子催化》《干旱区地理》《干旱区研究》《湖泊科学》《大地构造与成矿学》《低温物理学报》《地层学杂志》《地球信息科学学报》《地球化学》《地球科学进展》《地球与环境》《地震工程与工程振动》《地质学报》《分析化学》《红外技术》《热带亚热带植物学报》等，再如其他出版社也有其核心期刊，如上海科学技术出版社的《科学》、文物出版社的《文物》、上海外语教育出版社的《阿拉伯世界研究》等。

出版社期刊出版的另一特点是出版年鉴较多，如中国财政杂志出版有《中国财政年鉴》《中国会计年鉴》等年鉴；中国农业出版社出版有《北京农村年鉴》《中国茶业年鉴》《中国奶业年鉴》《中国农产品加工业年鉴》《中国农业年鉴》《中国水产品进出口贸易统计年鉴》《中国乡镇企业及农产品加工业年鉴》《中国畜牧业年鉴》《中国渔业年鉴》等十余种年鉴。有的出版社出版发行年鉴较多且学科面较广，如中国财政经济出版社出版有《中国政府采购年鉴》《中国循环经济年鉴》《中国区域经济发展年鉴》《中国期货市场年鉴》《中国农业综合开发年鉴》《中国纳税百强年鉴》《中国留学人员创业年鉴》《中国开发区年鉴》《中国工业经济年鉴》《中国改革年鉴》《中国彩票年鉴》等有关经济方面的年鉴。

（4）随着成国期刊出版事业的发展，公司出版发行期刊的现象也越来越多，逐渐成为期刊出版的主力军，且有的公司出版发行的期刊学科涵盖面广

如北京弗戈咨询有限公司出版发行有《电力》《流程工业》《汽车制造业》《实验与分析》《现代包装》《现代塑料》《现代制造》等多方面的期刊。再如北京东方燕园科技发展有限公司出版的期刊涵盖较多学科，2011年出版发行年刊233种，且出版光盘版，如《中华礼仪》《政务礼仪》《心理制胜》《糖尿病的家庭防治》《精确管理》《儿童口腔保健》等。而有的公司出版发行的期刊学科较为专一，如上海科文信息咨询服务公司出版的《中国细胞生物学学报》。有的公司出版的期刊虽然学科较为专一

但品种较多，如北京东森蓝盾科技有限公司出版发行军工方面的期刊，如《国际防务译萃》《国际军工研究》《国际军事研究》《国际时事研究》《军事新观察》《世界军工军贸》6种期刊。再如北京市鼎金文化艺术有限公司出版发行摄影方面的期刊，如《大众摄影》《人像摄影》《上海摄影》《摄影世界》《中国摄影》《中国摄影家》6种期刊。

（5）研究所、研究院出版发行的期刊也日渐增多，且品种也较丰富

如中国农业机械化科学研究所出版有《今日工程机械》《工程机械与维修》《矿业装备》《农业机械》《汽车导购》《汽车与驾驶维修》《商用汽车》《越玩越野》8种期刊，中国印刷科学技术研究所出版有《包装财智》《标签技术》《数码印刷》《印刷技术》《印刷经理人》5种期刊。此外，研究机构出版的期刊学术价值较高，如北京矿冶研究总院出版期刊7种，其中3种是核心期刊：《有色金属》《选矿部分）、《有色金属》（冶炼部分）及《有色金属工程》；再如上海材料研究所出版有6种期刊，其中3种是核心期刊：《机械工程材料》《理化检验》（化学分册）及《腐蚀与防护》。

（6）较之于以上几种类型期刊出版机构，学（协）会出版的期刊数量相对少些，但仍不乏出版期刊数量较多者

如中华现代预防医学会就出版有《中华现代护理学杂志》《中华现代临床护理学杂志》《中华现代临床医学杂志》《中华现代医院管理杂志》《中华现代影像学杂志》《中华医学研究杂志》6种期刊。学（协）会出版的期刊也不乏优秀的期刊，如中国造纸学会有3种期刊：《国际造纸》《中国造纸》《中国造纸学报》，其中2种就是核心期刊。中华医学会出版期刊21种，其中有16种是核心期刊。

2. 我国期刊发行渠道的发展变化

期刊的发行方式直接影响到图书馆期刊信息建设。良好的发行方式有利于图书馆尽可能地入藏所需要的期刊文献，反之，就会影响图书馆期刊信息资源采访工作的有效开展，并削弱图书馆期刊馆藏质量。美国期刊出版发行有许多特点：一是无垄断的发行企业，订阅期刊由专门的发行公司经营而不是由邮局垄断发行，这种发行方式有利于公司间开展竞争，提高服务水平；二是发行、征订、收款、邮寄一条龙服务；三是处处方便读者，如定价优惠、电话订购、专人负责读者投诉、补缺刊等；四是期刊发行代理商起着枢纽作用。期刊发行代理商是期刊发行链中最重要的环节之一，是期刊编辑部和图书馆等订户之间的纽带，有了期刊发行代理商这个中介，期刊编辑部就无须同成千上万的订户打交道，免除了复杂的订购办理手续，图书馆或其他订户也不用同无数个期刊编辑部进行联系。美国有很多知名度很高的期刊发行代理商，如法克逊公司，现在为6万多家学术机构和公共图书馆、大学图书馆提供服务；再如艾伯斯可期刊订阅服务公司（EBSCo Subscription Services）在美国国内设立了9个分公司，在世界上7个国家和地区设立了办事处。

我国的期刊发行工作长期以来处于邮政局独家发行的局面，其发行率约占期刊种数的80%以上。随着我国市场经济发展的不断深入，国家也逐步放开对报刊发行的一些限制，允许一些私营销售公司参与期刊发行工作，期刊的发行机制也随之发生着变化，由邮政局单一的发行渠道变为多种形式的期刊发行渠道。相继涌现了北京华教快

捷期刊经销中心、北京海天华教文化传播有限公司、北京国图书刊公司、北京世纪在线图书销售公司、北京人天书店、国铁传媒公司、湖北三新书业等类似国外的期刊代理商。由此，我国中文期刊发行呈现出邮发、代理发行、联合征订、期刊公司代理商发行、个体书店发行和编辑部自办发行等多种发行渠道并存的局面。期刊发行代理商的出现和迅速发展使得图书馆中文期刊采访工作更为便捷、效率更高，图书馆的馆藏质量也更上一层楼。

（二）中文纸质期刊出版特点

1. 我国中文纸质期刊出版特点

（1）我国（不含港澳台）中文纸质期刊近年总体出版情况

自2008年到2010年这三年期刊出版总量逐年增加，2008年我国共有期刊9549种，2009年共有期刊9851种，与上年相比，种数增长3.16%，而2010年共有期刊9884种，与上年相比，种数增长0.33%。除期刊总量逐年增长外，大部分类目的期刊也在逐年增长，如综合类期刊，2008年共有479种，2009年为485种，与上年相比，种数增长1.25%；2010年为495种．与上年相比，种数增长2.06%。哲学、社会科学类期刊，2008年为2339种，2009年为2456种，与上年相比，种数增长5%；2010年为2466种，与上年相比，种数增长0.41%。自然科学、技术类期刊，2008年为4794种，2009年为4926种，与上年相比，种数增长2.75%；2010年为4936种，与上年相比，种数增长0.20%。文化、教育类期刊，2008年为1175种，2009年为1204种，与上年相比，种数增长2.47%；2010年为1207种，与上年相比，种数增长0.25%。文学、艺术类期刊从增加逐步转为持平，2008年为613种，2009年文为631种，与上年相比，种数增长2.94%；2010年为631种，与上年相比，种数持平。而少儿读物则每年持平，均为98种。画刊类期刊也是如此，每年持平，均为51种。由此可见，我国大部分期刊的出版数量也是伴随着社会的发展，特别是经济的发展和科技的进步在逐年增长。

（2）我国科技类中文纸质期刊出版情况

工业技术类（T）期刊占科技类图书比重最大，为39.01%，位居第二的是医药、卫生类（R），所占比重为26.56%，农业科学类（S）期刊所占比重位居第三，为10.31%。此外，除了自然科学总论所占比重为6.67%，其余5个类目的期刊所占比重仅在5%以下，特别是生物科学和环境科学、安全科学类目期刊出版数量较小，所占比重分别仅为2.13%和2.08%。由此可见，科技类期刊各类出版数量悬殊甚大，期刊出版数量主要集中在工业技术类、医药、卫生类和农业类等类目，尤其是工业技术类，几乎占据科技类期刊出版总量的五分之二，而其余各类期刊出版数量就少得多。

（3）我国核心期刊发展变化情况

2011年版核心期刊总数为1982种，其中人文、社科类为750种，占总量的37.84%；自然科学为347种，占17.51%；医药卫生为248种，占12.51%；农业科学为141种，占7.11%；工程技术为496种，占25.03%。与2008年版核心期刊相比较，二者数量相同，均为1982种，继承率高达90.7%，这表示我国的期刊已形成一个比较稳定的核心区，期刊发展变化总体较为稳定。

2. 我国台、港、澳中文纸质期刊出版特点

（1）我国台、港、澳期刊总体数量有所提高

从中国图书进出口（集团）总公司1993年版（台、港、澳报刊目录）与2010年的报刊收录的数据看，报刊数量明显增多，1993年共收录1563种，2010年共收录2142种。这17年里，台、港、澳报刊也在不断增长，共增长期刊品种579种。1993年版（台、港、澳报刊目录）共收录社会类期刊923种，科技类640种；2010年版（台、港、澳报刊目录）共收录社会类期刊1159种，科技类983种；1993年台、港、澳科技类期刊较少，比社科类期刊少了283种；在2010年，科技类期刊比社科类期刊少了176种。显然，台、港、澳科技类期刊所有增长。

台、港、澳地区中，中文纸质期刊出版数量最多的是我国台湾地区，现期刊出版量超过5000余种，香港也有1000余种，澳门只有60种左右。因此，图书馆中文纸质期刊馆藏若缺少台、港、澳中文纸质期刊信息资源，中文纸质期刊信息资源保障体系就显得不完整，也不能满足读者对中文纸质期刊的信息需求。

（2）台、港、澳各类中文纸质期刊出版特点

台、港、澳社科类中文纸质期刊出版物中，社会科学总论（C类），政治、法律（D类），经济（F类）及文化、科学、教育、体育（G类）占有较大比重，它们分别占社科类中文纸质期刊总量的10.87%、11.99%、29.51%和22.26%；而这四类期刊数量总和占总量的74.63%，其余的几类期刊仅占总量的25.37%。而这数量较多的四个类目期刊里，有些方面的期刊较多，有些方面的则较少，如社会科学总论类目中，社会学、管理学和统计学的期刊数量较多；政治、法律类目中，法律与司法、政论时事方面的期刊较多；经济类目中，综合经济、贸易经济、交通运输经济、财政金融等方面的期刊较多；文化、科学、教育、体育类目中，文化娱乐与消遣、教育、体育等方面期刊较多，尤其是教育类期刊。

台、港、澳科技类中文纸质期刊出版物中，医学、卫生（R类），农业科学（S类），工业技术（T类）所占的份额较大，分别占科技类中文纸质期刊总量的20.35%、10.27%和49.44%，而这三类期刊数量总和占总量的80.06%，其余的几类期刊仅占总数的19.94%。而这数量较多的三个类目期刊里，有些方面的期刊较多，有些方面的则较少，如医学、卫生类目中，预防医学、卫生学、药学、内科学、五官科学、眼科学方面的期刊数量较多；农业科学类目中，林业、畜牧、狩猎、蚕、蜂、水产渔业等方面的期刊数量较多；工业技术类目中，工程技术、电信工程、电子技术、计算机与计算技术、机械、仪表制造、仪器、仪表、精密机械、高分子化学工业、食品工业、纺织印染工业、其他轻工业、手工业、服装鞋帽、土木建筑工程、建筑艺术、市政工程等方面的期刊较多。

3. 中文电子期刊出版特点

随着互联网和信息技术的发展，期刊的载体已由传统单一的印刷型载体出版发行方式发展到纸质期刊与电子期刊一并出版发行的方式和纯电子版期刊。所谓电子期刊，是指以数字形式将图、文、声、像等信息存储在光、磁、电介质上，并通过网络与计算机设备在本地区或远程读取使用的连续出版物。电子期刊作为一种新型的文献资源以其传递速度快、检索手段便捷、信息存储量大、体积小等优势，越来越受到人

们的关注和青睐。我国电子期刊起步较晚，1995年1月12日，中国教育报刊出版了《神州学人》，可谓我国第一份纯网络型电子期刊。1996年12月，清华大学出版社出版发行了《中国学术期刊》（光盘版），是我国第一个以电子期刊方式按月连续出版的大型集成化期刊。随后又出现了《今日中国》《化学通报》等网络电子期刊。现今纸质期刊都有相应的机构出版发行电子期刊，如重庆维普资讯公司出版发行的科技类电子期刊、清平同方的学术性电子期刊及万方数字化期刊、人大报刊复印资料的人文及社科类电子期刊以及龙源社科类电子期刊（其中多是知识性、娱乐性期刊），总数已超过1万种，各学科门类的电子期刊都相当齐备。

（三）中文期刊出版信息

中文期刊出版信息主要是有三种渠道，其一是邮局编制的《收订报刊目录》，其二是天津半导体杂志社的非邮发期刊目录，其三是中文期刊供应商编制的中文期刊征订目录。

1985年以前中文期刊出版信息主要有各省、市、自治区邮政局编制的《全国报刊目录》，其收录了我国从中央到省（市、自治区）、市（地区、州、盟）各级公开发行的报刊，是图书馆订购报刊的主要依据。1985年开始，图书馆开始以《中国报刊大全》作为主要参照工具，以各省、市、自治区邮局编印的《收订报刊目录》作为选订期刊的最终根据。《中国报刊大全》的内容包括各报刊邮发代号、统一刊号、主办单位、总（主）编姓名、创刊年月、出版日期、发行量、发行渠道及范围、而向的读者群、报刊社电话、地址、邮编、网址、电子邮箱、栏目简介、包括社简史及历任社长、总（主）编名单、年度主要获奖作品。书中还附有邮发代号索引、汉字笔画索引，以及分类索引。《中国报刊大全》是目前我国最全面、系统地介绍各种报刊的大型工具书，其坚持每年或隔一年新版一次。因此，它能及时反映各种报刊的变化情况，是掌握报刊出版发行信息最可靠的工具。

天津半导体杂志社全国非邮发报刊联合征订目录于1986年随计算机征订系统的投入使用，使非邮发期刊的联合征订正式拉开序幕。当时征订的目录中只有214种期刊；2000年，参加联合征订的期刊数量已达到3432种。

自2002年起，期刊联合征订的品种更是迅猛增加，邮发和非邮发期刊合计达到8000余种。

目前，图书馆中文期刊采访采用的目录主要还是邮局编制的《收订报刊目录》、天津半导体杂志社的非邮发期刊目录和中文期刊供应商编制的期刊征订目录，因中文期刊供应商的目录包含了更多非邮发期刊（其目录多达一万余种），因此，这三种目录是图书馆中文期刊采访常用的目录。

港、澳、台报刊征订主要采用由中国图书进出口（集团）总公司编印《港、澳、台报刊目录》，该目录是目前收录港、澳、台地区出版的报刊中最全面的一种征订目录，所收报刊按中国香港特别行政区、中国澳门特别行政区、中国台湾三部分分别排列。除此之外，还有“索引”“参考索引”部分。“索引”是将前三部分的报纸和期刊按汉语拼音字顺排列，“参考索引”所列报刊是供参考用的，包括所有编过刊号的报刊。

（四）中文期刊评价体系与评价方法的确立

1. 中文期刊评价体系的确立

中文期刊信息资源建设的首要环节就是对众多期刊进行选择，而期刊选择是一项学术性很强的工作。它不能只凭经验办事，更多的是要运用科学的理论与方法对期刊进行评价。期刊评价的实质是对期刊的总体认识，即从定性研究和定量分析两方面着手。对期刊进行评价的结果是图书馆对期刊进行选择的重要依据，因此，图书馆中文期刊信息资源建设首先要确立中文期刊评价体系。

现如今，中文期刊评价工具越来越多，也越来越完善，但中文期刊评价体系必须由《中国科学引文索引》《中文社会科学引文索引》《中国科技论文与引文分析数据库》《中国学术期刊综合引证报告》《中国科技期刊引证报告》《中文科技期刊数据库》（引文版）、《中文核心期刊要目总览》等评价工具构成。《中国科学引文索引》（CSCI）是评价我国中文科技期刊质量的重要评价工具之一。《中文社会科学引文索引》（CSSCI）是评价我国中文人文社科期刊质量的重要评价工具之一。《中国科技论文与引文分析数据库》是了解历年来我国科技论文和科技期刊统计分析与排序结果的工具，也是评价我国中文科技期刊质量的一种重要评价工具。《中国学术期刊综合引证报告》是对我国正式出版的学术期刊引用与被引用情况的分析报告，是评价我国学术期刊的一种重要工具。《中国科技期刊引证报告》是我国中文科技期刊质量重要的评价工具之一。《中文科技期刊数据库》（引文版）是我国科技文献计量研究和科学活动定量分析评价的工具，也是评价我国中文科技期刊质量的重要评价工具之一。这些评价工具都是采用多种定量数据进行统计分析的，如CSCD、CSSCI提供的定量数据有被引频次、影响因子、即年指标、期刊影响广度、地域分布、半衰期等，通过多种定量指标的分析统计，从而为期刊信息资源配置提供科学依据。又如《中国科技期刊引证报告》，选择总被引频次、影响因子、即年指标、他引率、引用刊数、扩散因子、学科扩散指标、学科影响指标、被引半衰期等多种指标，根据不同的权重系数对期刊进行综合评价。其中影响因子是一个国际上通行的评价指标，计算方法为该刊前两年发表论文在统计当年被引用的总次数与该刊前两年发表论文总数的比值，能够较好反映期刊在其学术领域中的地位。通常，影响因子越大，它的学术影响力和作用也越大。《中国科技期刊引证报告》是我国权威的期刊质量评价报告之一，被称为CJCR。再如《中文核心期刊要目总览》（2011年版）评价指标体系是在2008年版的《中文核心期刊要目总览》指标基础上新增

2个指标之后形成的9个指标体系：被索量、被摘量、被引量、他引量、被摘率、影响因子、被国内外重要检索工具收录、基金论文比、Web下载量，其评价指标的统计源由六十余种数据库及文摘刊物构成。为图书情报部门对中文学术期刊的评估与订购提供了重要参考依据。

2. 中文期刊评价方法的确定

图书馆要选择期刊、首先必须对各种期刊进行评价，经过各种标准的评价，对其学术价值和利用价值有一个全面的了解，才能保证所选择期刊的质量。期刊的评价方法可以从两个大的方面来进行：

一方面是对期刊的一般评价，主要包括五个方面的内容：

（1）外观

期刊一般由刊物的名称、出版频率、开本、页数、容量、定价、发行方法、发行范围等基本元素构成。它们受期刊性质、内容、发行数量、经费等因素的影响。

（2）编辑方针

无论什么类型的期刊，在其诞生之前必须首先确定期刊的编辑方针、风格及总体构想。具体包括办刊宗旨：创办刊物的指导思想和目标、方向等；期刊性质：期刊内容的学科类别属性和层次；读者对象：由期刊的宗旨、性质决定的社会读者群体；期刊内容：根据期刊的性质和读者对象确定的刊登内容、范围和层次，以及重点刊登的稿件性质。

（3）板面设计

主要指期刊封面、封二至封四、刊芯页面的设计。版面的设计也是至关重要的，它实际上是形式与内容的统一。一般讲究实用、经济、美观，但更为重要的在于要体现期刊的个性，给读者一种爱不释手的感觉。

（4）索引

期刊论文的索引必须包含三个项目——题名，即该论文的标题名称；责任者，包括该论文的作者、译者、校注者；文献出处，即该期刊的卷、期标识及页码。

（5）期刊的发行

这是期刊传播的重要环节。我国目前的期刊发行已形成多元化的局面，主要有邮局、私营期刊代理商，以及编辑部自办发行。

图书馆在评价中文期刊时应综合考虑各个因素。研究型图书馆更注重中文期刊编辑方针等方面的评价。而公共图书馆较为注重期刊版面设计等方面的评价。因此，图书馆配置期刊时更应根据本馆的实际情况来配置。

另一方面是对期刊的实质评价，这也是对期刊质量的评价方法，主要有七种评价方法：

①利用布氏定律测定核心期刊法

世界著名的英国文献学家和化学家布拉德福发现的文献离散定律也称布拉德福定律，是选择和确定核心期刊最基本的方法之一。利用布氏定律测定核心期刊，可以分为三步：首先对所有相关期刊刊载某一学科或专业领域的论文进行全面统计；其次对所有相关的期刊按其刊载某一学科或领域的论文数量做递减等级排列；最后根据具体情况，选择排在最前面的若干种期刊为核心期刊。但是布氏法是一种纯客观的测定核心期刊的方法，忽略了客观世界的变化和主观世界的状况。比如，在数量方面，只是以刊载一定主题的论文决定数量对期刊进行排列，这样可能会导致小型期刊和出版频率低的期刊被排除在核心期刊外；在质量上，完全以相关文献数量的多少来衡量某些期刊是否为核心期刊，而不管这些文献产生的效益如何，这些都值得商榷。

②引文分析法

所谓引文分析法就是利用各种数学、统计学及逻辑学方法对期刊、论文、著者等各种研究对象的引用或被引用的对象进行分析，以便揭示其数量特征和内在规律的一种文献计量研究方法。它以来源文献的引文（或参考书目）作为处理和操作对象，实际上也是反映期刊被利用的状况，这种方法比较完善，应用较广。期刊文献被引用多少，是对期刊质量和学术价值的极好测度，利用它可以科学地选择和测定核心期刊，这是研究核心期刊的重要方法，但也有缺陷。比如期刊文献的引用，受期刊出版规模、频率及期刊管理工作水准等方面因素的影响，期刊文献的互相引用是一种复杂的思维过程，许多论文实际上已被利用，如已激发了著者的思维，但未实际引用任何文字、数据等。因此，没有标出引用这也影响了统计数据。

③流通统计法

流通统计法是指根据用户阅览和外借期刊的次数来评价期刊质量的方法。这种方法主要靠读者借阅档案来进行统计，而对于室内开架阅览的期刊简化或取消填卡手续的情况，只能通过对读者当天阅览的期刊来集中统计。因此，流通统计评价期刊质量的方法有时具有一定的局限性。

④二次文献分析法

这是通过主要文摘或索引所摘引的各种期刊论文篇数的多少来评价期刊质量高低的方法。一般而言，摘引率越高的期刊其质量也就越好。

⑤载文量法

载文量法是指通过对期刊文献每一个分册刊载的专业论文数量的多少来评价期刊质量的方法。

⑥编辑单位分析法

不同的编辑机构所出版的期刊质量也不同，著名的学者所组成的编辑部或著名的科研机构、学术团体、大学等出版的期刊，其质量一般都较高。另外，一些著名的商业性出版社出版的期刊，一般质量也较高，这类期刊往往都为一些著名学者或研究机构提供资助，以取得其文献及研究成果的出版权。

⑦电子期刊的点击数统计法

就是在某一时间段对某种电子期刊点击数进行统计分析，从而得到某种电子期刊在某一时间段里的点击率。

在具体的分析评价中可根据工作的实际情况单独采用其中一种，也可采用两种或两种以上的方法，参考多种评价指标进行综合分析，以确定每一种期刊质量的优劣。

（五）中文期刊读者、用户利用特点

目前我国高校图书馆，除了“双一流”建设大学外，大部分读者对中文期刊的需求量都是最大的。近几年《福建农林大学学报》（自然科学版）中文期刊引用量所占比重最大，占总引文量的48%左右，《福州大学学报》（自然科学版）中文期刊引用量占总引文量的43%左右，也是位居第一。福建农林大学是福建省重点大学，福州大学是国家“双一流”建设大学，其学报中文期刊引用量均占最大比重，福建省其他本科院校学报对中文期刊的引用量更是占据最大比重。另一方面从福建农林大学图书馆网站中外文数据库点击统计表可知，2012年同方、维普、万方等三种中文期刊全文数据库日均点击数均在400~1000次之间，其点击率排名也是第一，而福州大学图书馆2012年同方、万方等两种中文期刊全文数据库日均点击数均在600~1500次之间，也是排名第一，这说明用户对中文电子学术期刊需求量很大。然而，《龙源电子期刊阅览室》的日均点击数均在10次之下，龙源电子期刊是社科类期刊，且多是娱乐性、知识性期刊。由此可见，读者更多使用电子期刊来进行学术性期刊的查阅，而非对娱乐性、知识性期刊的查阅。

（六）中文期刊信息资源保障体系建立

鉴于读者、用户对中文期刊信息资源的高利用率，大、中型图书馆必须在建立一个资源相对丰富的中文期刊信息的同时又突出本馆特色和重点学科特点的信息资源保障体系。由于台、港、澳中文期刊资源也相当丰富，尤其是台湾中文期刊，在中文期刊保障体系里要占据一定的比例，以充实本馆特色和重点学科馆藏。

（七）中文期刊信息资源建设原则

1. 纸质与电子期刊资源相结合的原则

读者、用户利用中文期刊资源有着不同的目的，做学问、搞科研的读者，其信息需求量大、需求面广、利用信息意在便捷、信息检索要求查全率、查准率高，电子期刊特别能满足这种用户的需求。而对于只是为了消遣、娱乐或者扩大知识面的读者而言，纸质期刊则是更好的选择，因纸质期刊具有欣赏性、方便性、随意性，尤其是年长的读者更喜欢纸质期刊。因此，图书馆中文期刊配置应本着纸质期刊资源与电子期刊资源相结合的原则，正确处理好电子期刊与纸质期刊的入藏比例，学术期刊尽可能配置电子版，消遣、娱乐、知识性的期刊尽量配置印刷版。另外，从出版物的性质看，中文学术性电子期刊出版发行时间一般都要比纸质期刊晚，时滞大约在3个月至6个月。而教学、科研人员需要及时了解学科发展前沿的最新学术动态和最新科研成果，因此常用的学术期刊也要相应地配置纸质期刊，这样才能全面满足读者用户的实际需求。

2. 与中文图书资源互补发展的原则

我国近几年中文图书出版量逐年增长，但也存在着这样的现象：有些类别的图书出版数量很大，甚至达到泛滥成灾的地步，而有些类别或冷僻学科的图书出版得较少，有的甚至极少。如农业类的图书出版得相对较少，而在农业类中园艺类图书出版最多，而农作物类别的图书又出版得极少；由此可见，各类文献出版资源总是不平衡的。因此，中文期刊配置要本着与中文图书信息资源互补发展的原则，中文图书出版量较少的类别、学科，应尽可能多配置这些类别、学科的中文期刊，使得图书馆这些类别、学科的文献资源不至过于短缺，从而影响读者、用户教学、科研工作的正常开展。

3. 与台、港、澳期刊协调发展的原则

台、港、澳期刊有其独特之处，其中，台湾期刊学术价值较高，同时在许多学科上都是强项，如农业。加之我国大陆正在加大海西经济区建设的力度，对台湾期刊文献资源也是相当需要的。但相对而言台湾期刊价格较贵，每份期刊年价均在几百甚至千元。

（八）中文期刊配置策略

1. 综合考虑期刊的各种属性

对学术期刊应多考虑其编辑方针和编辑部的性质。一般而言，科研院所、学术性出版社、大学出版社编辑出版的期刊学术价值较高。如科学出版社出版的期刊不包数量多而且质量高，现已出版三百余种期刊，被SCI收录的刊物有29种，被EI收录的有34种。目前我国大学学报有两千多种，且核心期刊占据较大份额。因此，在采购经费的分配上，要多分配一些经费配置这些期刊，以增强馆藏期刊的学术价值。而消遣性、娱乐性应多考虑其外观及装帧等因素，从而使配置的期刊充分满足读者的需求。

2. 参照相关的期刊评价工具

中文期刊评价工具是一种对期刊科学、公正的评价方式，因此图书馆中文期刊资源配置时应认真参考相关的期刊评价工具。例如，《中文核心期刊要目总览》是对中文核心期刊的评价工具，它每隔3或4年就有新版问世，因此要注意参看最新的《中文核心期刊要目总览》。《中文核心期刊要目总览》（2011年版）的评价指标体系由9个指标组成：被索量、被摘量、被引量、他引量、被摘率、影响因子、被国内外重要检索工具收录、基金论文比、Web下载量，其评价指标的统计源由60余种数据库及文摘刊物构成。每个版本的《中文核心期刊要目总览》无论是核心期刊数量还是名次都会有所变动，如2011年版的《中文核心期刊要目总览》为1982种，而2008年版则为1800种，2011年版与2008年版相比就多了182种。另外在名次上也有所变动，如2008年版《大学图书馆学报》在图书馆学核心期刊里排名第四，而在2011年版就跃居第二位。为此，图书馆在配置期刊资源时应参照期刊评价工具，补齐新增的核心期刊，只有这样才能提高馆藏质量。

3. 从读者、用户实际需求出发

要达到有效地配置中文期刊，必须从读者、用户实际需求出发。台、港、澳期刊，尤其是台湾期刊学科涉及面相当之广且价格比大陆期刊来得高，因此，要根据学科建设的需要来配置。需求量大的学科多配置，反之，少配置。学术性的期刊用户更多是利用电子期刊，而科普性、娱乐性的期刊读者则更喜欢纸质期刊；因此，科普性、娱乐性期刊应多配置纸质期刊，而学术性期刊应多配置电子期刊，对重点学科的期刊最好是二者都要配置，因为电子期刊虽然便捷，但存在时滞问题。

第五章 智慧图书馆信息资源建设的创新发展

第一节 智慧图书馆大数据整合系统平台

随着互联网上各类数据的数量、类型、价值、速度，以及人们对数据价值挖掘的加速，大数据时代正在快步向我们走来。科学数据是人类社会在从事与科学和技术相关的各类活动，包括科学研究活动、教育教学活动、生产活动、管理活动、人类健康活动、生活活动等过程中所产生的基本数据、实验数据、试验数据、观测数据、探测数据、调查数据、资料数据等各类数值型、事实型和文字型的原始基本数据，以及按照不同的科研需求经过系统加工而生成的科学数据产品和相关的科学数据信息的总和。科学数据资源属于信息资源的范畴，与科研论文和其他各种类型的学术科研成果一样，它也是一种重要的科研成果产出。同时，它又是科学研究不可或缺的重要组成部分。近年来，科学数据的数量正在呈现指数级的增长态势。由于科学数据具有明显的现实价值、潜在价值和可再度开发利用价值，并在应用过程中使得科学数据信息资源得到增值。因此，它已经成为现代信息社会和大数据时代最基本、最活跃、影响范围越来越广泛的一种科技信息资源类型。

十余年来，国际和国内以通过互联网免费全文获取各类信息资源为基本特征的开放获取运动取得了快速发展，开放获取发挥的重要作用激发了科研人员对除学术期刊和学术论文以外其他类型信息资源也要开放获取的需求。因为科研人员希望真正的开放获取不仅是对文献信息资源全文或原文的开放获取，还应该包括对相关科学数据的开放获取，而这也恰好吻合了大数据时代到来的步伐。而来自国家政府、科研机构、研究基金组织、各专业学会和协会，以及期刊出版联盟组织在内的政策推进，则成为推动科学数据进入开放共享行列的动力。正是上述机构陆续出台的开放科学数据的管理政策、开放政策、资源共享政策，加速促进了科学数据的开放保存、开放访问和开放利用。科学数据的开放共享会营造出更为丰富的开放科学数据环境，使科研人员能够轻松地发布、发现、访问、下载获取和使用开放科学数据资源。

大数据是IT业颠覆性的技术变革，大数据的影响主要表现在图书馆的各个流程方面的影响，其中包含信息的存储、组织、生产、利用和加工，大数据对图书馆各个方面的影响都比较明显。大数据的建设途径能够对全新的服务体系做出相应的贡献。大数据在图书馆的数字资源建设之中的作用，主要表现在以下几个方面：

第一，分析和深刻挖掘读者相关的数据。图书馆的服务主要是面向读者进行服务，因此，其中进行读者行为相关的数据与统计的分析，能够使得相关的服务进行个性化与深度的确立和实施。

第二，利用大数据挖掘技术，图书馆相关的资源重新建设和构建，对图书馆的数据进行挖掘整理和建设；

第三，相关辅助和决策能力的确立和开发，图书馆管理创新的有效途径。

第四，帮助建立智慧型图书馆。大数据主要是因为IT技术的发展使得相关的图书馆数据服务出现不同的改变，在其中大数据的改变主要有着RFID和各类传感器的应用，这些应用能够使得智慧图书馆的数字资源建设成为智慧型的图书馆。

第五，转变图书馆的数据库的服务模式，使得图书馆的数据库服务的商的自动化和数据库的服务向传统的模式以及云计算和云架构转化；例如，在实际之中以色列Exlibris（艾利贝斯有限公司）开发的Aleph系统（美国国会图书馆、中国国家图书馆等大型馆均使用该系统），在最新的相关研究成果之中已经推陈出新，从而设计出了新一代相关的图书馆管理模式。

第六，图书馆云存储系统快速推动建设。在智慧图书馆的数字资源建设的过程之中，大数据的建设能够使得相关的图书馆保存的数字资源得到有力的科学支持，图书馆相关建设最有利的存储方式，能够使得与图书馆相关的数据实现比较大的增长，并且能够有效地加强图书馆内部的云存储相关的建设。

第二节　智慧图书馆大数据环境特点与价值时用性定位

价值观是指导人的行为的一系列基本准则和信条。核心价值往往植根和渗透于组织发展的过程和层次，并影响组织的发展结果。国内图书馆界对核心价值的介绍和研究起步要晚于国外，始于21世纪之初。由于现代信息技术的迅速发展和社会经济文化的日益提高，图书馆生存环境的急剧变化和国外图书馆界研究的关切等因素，国内学者也注意到了图书馆面临的生存挑战和发展压力，图书馆核心价值的探讨和确认研究，尤其是从2002年以来，逐步成了业界关注的热点问题之一。不少专家和学者纷纷发表自己的观点和意见。

图书馆核心价值是服务效益，而不是别的事物，这一服务的性质是公共的、知识性的服务，而不是别的服务。图书馆服务的根本性质在于公共文化服务与知识性服务，这是人们普遍共识的。图书馆提供的公共信息是与公众利益密切相关的知和资讯，它的获得主要依靠国家权力机关及政府事业部门的帮助。图书馆的公共信息服务的一大特点就是社会共享，主要表现在三个方面：一是图书馆信息资源属于公共信息，公众从图书馆获得信息一般应该免费；二是提供这种公共信息必须通过人们易于接受的渠道；三是图书馆服务工作不具有排他性或竞争性，读者使用、接受图书馆信息资源服务，并不影响或排斥他人，每个公民都可以自由、平等利用图书馆。明确图书馆服务属于公共信息服务目的，正确履行自身的社会责任，实现和保障公民基本文化权益，满足公民基本文化需求以获得应有的社会服务效益，这是实现图书馆核心价值之所在。

图书馆核心价值观是业界共同行为模式的信条、灵魂和指导原则，是行业哲学和判断是非的根本原则。图书馆核心价值的研究与确认，将极大地丰富图书馆学理念体系。图书馆学理论来自实践活动，又指导着实践活动的有序开展。正确的价值取向是指导学科理论深入发展的依据。图书馆核心价值是管理者为统一图书馆成员意志确定的价值标准，更是图书馆管理者为实现既定目标而形成的管理思想。图书馆核心价值是图书馆学基础理论的基石，影响着图书馆的工作行为与服务方式。图书馆核心价值的确认，有助于在理论上对图书馆进行功能定位，提高图书馆在文献服务领域的核心竞争力，进而推动图书馆在具体实践过程中，紧紧把握核心内涵，提升图书馆在社会文化中的价值，实现服务于社会的最终价值。

第三节　智慧图书馆大数据检索服务

信息检索是指信息按一定的方式组织起来，并根据信息用户的需要找出有关信息的过程和技术。狭义的信息检索就是信息检索过程的后半部分，即从信息集合中找出所需要的信息的过程，也就是我们常说的信息查寻。随着网络技术的迅猛发展，通过互联网提供的数据库及种类日渐增多。使得人们对文献信息的查询、加工、存储、利用等方面有了更新的要求。作为智慧图书馆以组织加工数字化信息及技术为广大读者提供有效信息服务，信息检索服务一向是智慧图书馆重要工作的组成部分，教学科研课题的检索服务尤其显得重要，提供的文献信息对保障科研工作顺利进行起到不可忽视的作用。信息检索服务就是把图书馆的馆藏资源和网络资源通过整合和有序化，进行全方位、多途径为教学科研及广大读者提供快、精、准的信息服务和信息导航服务，来满足广大用户的信息需求。

一、检索服务课题分析

当今网络技术发展迅速，通过互联网提供服务的数据库种类日渐丰富。其特点是信息量大、分布广、信息的自由性强，而用户面对浩如烟海的信息海洋，感到茫然无措，对网络与数字资源利用能力准备不足，这就需要图书馆馆员通过信息服务为读者进行信息导航，为读者提供细致、周到、全方位的信息检索服务。由于教学科研工作者的精力相对有限，对学术研究的规范性要求较高，而获取准确、有用的信息需占用大量时间和精力，这将成为制约网络信息有效利用的瓶颈。智慧图书馆开展信息检索服务正是为教学科研工作者了解各国同行的研究现状，进行科技追踪起到导航作用。

二、检索工具的选择

（一）超星数字图书馆

超星数字图书馆成立于1993年，长期致力于纸张图文资料数字化技术开发及相关应用与推广，是国内专业的数字图书馆解决方案提供商和数字图书资源提供商。超星经过多年的研发，已经拥有了成熟的整套阖书馆数字化解决方案，被公认为数字图书馆行业中的第一品牌。超星依托雄厚的资源和技术，不仅迅速占领了国内绝大部分的图书馆市场，也已经跻身于世界图书馆数字化进程中的领跑者行列。超星数字图书馆于2000年被列入国家“863计划”中国数字图书馆示范工程，以其数字图书馆的方式对数字图书馆技术进行推广和示范。超星电子图书数据按照“中图法”分为文学、历史、法律、军事、经济、科学、医药、工程、建筑、交通、计算机、环保等22大类，目前拥有数字图书100万种，是国内数字图书资源最丰富的数字图书馆。

（二）万方数据库资源系统

万方数据资源系统是建立在互联网上的大型科技、商务信息平台，内容涉及自然科学和社会科学各个专业领域。包括学术期刊、学位论文、会议论文、专利技术、中外标准、科技成果、政策法规、新方志、机构、科技专家等子库。

（三）中国维普数据库

该数据库源于1989年创建的《中文科技期刊篇名数据库》。其全文和题录文摘版一一对应。该数据库包含1989年以来的自然科学、工程技术、农业、医药卫生、经济、教育和图书情报等学科8000余种期刊文献。数据库按照“中国图书馆分类法”进行分类，所有文献被分为8个专辑：社会科学、经济管理、教育科学、图书情报、自然科学、农业科学、工程技术和医药卫生。

（四）中国优秀硕士学位论文全文数择库

《中国优秀硕士学位论文全文数据库》简称CMFD，是国内内容最全、质量最高、出版周期最短、数据最规范、最实用的硕士学位论文全文数据库。出版内容覆盖基础科学、工程技术、农业、哲学、医学、哲学、人文、社会科学等各个领域。截至2010年10月，收录来自561家培养单位的优秀硕士学位论文。

资源特色：重点收录“双一流”高校、中国科学院、中国社会科学院等重点院校、科研院等的优秀硕士论文、重要特色学科，如通信、军事学、中医药等专业的优秀硕士论文。

（五）Google搜索引擎

Google的使命就是要为用户提供网上最好的查询服务，促进全球信息的交流。Google开发出了世界上最大的搜索引擎，提供了最便捷的网上信息查询方法。通过对20多亿网页进行整理，Google可为世界各地的用户提供适需的搜索结果，而且搜索时间通常不到半秒。现在，Google每天需要提供1.5亿次查询服务。Google富于创新的搜索技术和典雅的用户界面设计使Google从当今的第一代搜索引擎中脱颖而出。Google并非只使用关键词或代理搜索技术，它将自身建立在高级的Page Rank（tm）（网页级别）技术基础之上。

（六）百度搜索引擎

百度公司是中国互联网领先的软件技术提供商和平台运营商。中国提供搜索引擎的主要网站中，超过80%由百度提供。1999年底，百度成立于美国硅谷，它的创建者是在美国硅谷有多年成功经验的李彦宏先生及徐勇先生。2000年百度公司回国发展。百度的起名，来自“众里寻她千百度”的灵感，它寄托着百度公司对自身技术的信心。

三、检索词及检索式

第一，中文：智慧图书馆信息检索服务。

第二，英文：University Library Search Service。

四、检索过程及结果

对智慧图书馆服务这个概念很耳熟，但是要给出科学的精确的定义，一时难以下手。在各个搜索引擎和数据库搜索，信息量非常大，要认真慎重筛选，才能找到有效的信息。

第一，超星数字图书馆。

先输入：智慧图书馆，检索结果为2条。

第二，万方数据库资源系统，共找到2168篇符合条件的论文。

第三，中国维普数据库。

题名或关键词：智慧图书馆服务，共找到810条。

第四，中国优秀硕士学位论文全文数据库。

输入智慧图书馆服务，共有211条记录。

第五，Google搜索引擎。

获得约2030000条结果（用时0.14秒）

第六，百度搜索引擎。

百度一下，找到相关网页约3510000篇，用时0.102秒。

随着信息技术的发展，网络信息资源的剧增，其分布性、异构性和动态性给信息检索带来了新的挑战。传统的检索服务已不能满足科研对文献信息检索日益增长的需求，对新问题求解为目的的检索已成一种趋势。面对这种检索需求的转变。需要馆员对信息检索提供的深度要求有了更大幅度的提高，要求馆员在信息检索技术上进行资源整合。可采用局部资源整合、文献资源深层次整合、数据库存资源层次的整合、异构数据库的同构化整合、基于文献内容层次的整合等。通过整合从而大大提高检索效率和资源利用率。高校用户在对信息内容综合性要求的同时，对所提供的文献信息及信息服务的深度要求也有了更大提高，因此在对用户提出的某一专业性较强课题时，这就要求馆员积极参与到课题的研究中去，从课题所属的专业角度出发，对其进行一系列的分析，并挖掘其深层含义，从而将分散在本领域和相关领域的专门知识与信息加以集中组织并有序化，从中提炼出有利于用户需求，具有创新思路的“知识因素”。向用户提供潜在内容知识、预测分析具有超前性领域的知识和成果，这将有利于检索质量的提高，也是智慧图书馆今后进行信息检索服务的发展趋势。

总之，智慧图书馆作为高校教学科研和读者服务的部门，必须进一步明确自身的定位，加强服务意识和创新服务举措，凭借自身在文献信息资源特有的行业优势，充分利用图书馆丰富的馆藏文献信息资源、特色数据库等资源，为教学科研工作提供优质、周到的服务，推动高校教学科研工作进一步地向前发展。

通过对信息检索与利用的学习，以及课后信息检索的实践，利用各种信息检索工具，学到了很多信息检索方法，利用一个或者几个相关的关键词进行检索，然后筛选出合适的信息。通常利用网络搜索引擎搜索到的信息比较繁杂，如果要搜索专业的信息资源，应该选择专业学术数据库。

开放科学数据已经成为大数据时代重要的信息资源类型，智慧图书馆应当为用户开展开放科学数据服务，并利用智慧图书馆开放科学数据服务的优势，同时对智慧图书馆开放科学数据服务的八种类型，即智慧图书馆开放科学数据的检索服务、发现服务、申请服务、获取服务、管理服务、关联服务、传递服务和存储服务等进行探析。

第四节　智慧图书馆的创新服务

一、智慧推荐

（一）智慧推荐模型

智慧检索是为用户提供智慧化服务的第一步，主要服务于一般大众用户，属于一种粗略的精细。智慧推荐类似于搜索引擎为代表的信息检索系统，但更强调个性化、多样化和新颖化的推荐结果。搜索是你明确地知道自己要查找的内容，但信息过载下搜索已经无法解决问题。推荐系统则是一个“推”和“拉”的互动，即向用户推荐信息资源，同时向用户提供和展示信息资源，帮助他们选择信息。和智慧搜索引擎将搜索结果在一定过滤基础上进行简单的罗列相比，智慧推荐则能够研究读者用户行为偏好，建立读者用户模型，发现读者用户兴趣点，从而满足读者用户信息资源索取多样化新需求，提升智慧图书馆图书文献资源利用率，增强对知识信息的智能处理能力。智慧推荐系统以融合数字信息资源向读者服务为核心，其主要任务是链接用户与信息，由查询的被动到推荐的主动，具有人性化、个性化及社交化的特点，帮助用户找到有价值信息，还可以让潜在的有价值信息呈现在用户面前，以实现知识生产者与知识消费者共赢。此外，一个优质的智慧推荐系统，一方面能够向读者用户产生智慧化推荐，另一方面，能和读者用户构建紧密的联系，使读者用户对智慧推荐形成依赖。智慧推荐模型构建如图 7-1 所示：

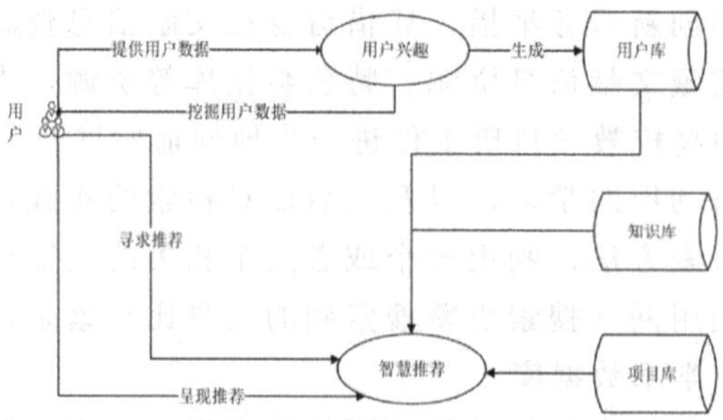

图 7-1 智慧推荐模型

智慧推荐的本质是能够针对不同读者用户的个体差异性，主动为读者用户提供不一样的、量身打造的信息资源服务内容。主动性的实质是智慧推荐能够自动地依据读者用户的知识需求为其匹配适合的服务内容。智慧图书馆的智慧推荐应该有个性化定制与推送、粗略智慧推荐和精细智慧推荐服务三种服务方式。

第一，能够在页面设置单独模块，为读者用户展示推荐信息。推荐内容包括新书到馆、借阅排行、热门馆藏、讲座活动等信息，为所有读者用户提供半个性化的展示推荐服务。第二，在读者用户利用OPAC系统进行书籍或检索服务时，能够有针对性的依据用户之前的借阅信息和所检索文献信息以及文献信息之间进行关联，为用户进行粗略简单推荐，并提供推荐书籍和文献的阅读详细信息及链接，有针对性的提供推荐服务。第三，读者用户登录系统时，具有单独推荐系统，为读者用户提供近乎量身定制的智慧推荐服务，从而能够满足不同用户不同层次多样性的需求。通过收集和分析用户的各种信息包括显性和隐性信息，用户个体特征信息，用户借阅历史，检索信息资源的记录，获取并分析用户的兴趣，预测用户偏好，从而为不同的用户，能够提供差异化服务，帮助用户缓解资源丰富信息匮乏的局面，在提高推荐系统精准高度的同时，拓宽推荐解决的宽度，开拓用户视野，推荐给用户很可能喜欢但是并不是很了解的知识信息。智慧推荐的结果兼具精确性、惊喜性、多样化，真正体现智慧的内涵。

（二）智慧推荐技术架构

智慧检索的推荐功能是面向大众用户或者特定用户，而不是针对某一用户的兴趣爱好、借阅历史等，推荐对象是所有检索使用者，而不是特定用户。因此有其自身的局限性，而智慧推荐则是以每个用户为核心，为每个用户提供智慧化、智能化的服务。传统的推荐系统，其推荐效果并不是很好，也存在诸多问题。智慧推荐的基本要素主要包括读者用户、项目及推荐算法，而其核心是推荐算法。智慧推荐系统就是利用各种推荐算法，挖掘读者用户有兴趣或者可能有兴趣的图书信息资源，之后推荐并展示给读者用户。智慧推荐则在传统推荐基础上，更加细致、更加精准的考虑了读者用户各种特征，尤其是大数据、云计算的到来及数据分析与挖掘技术的深入发展，使得智慧推荐能够挖掘到用户更多更细腻隐性的信息，推荐的结果更加的精准，更加的多样，层次更加广泛，更加体验以读者为核心的智慧化服务。在书籍推荐服务基础上，探讨智慧推荐实现模式，构建智慧图书馆智慧化推荐体系。与图书推荐服务相比，智慧推荐实现的是一种按需和主动的信息智能获取模式，以用户的行为特征和兴趣属性为指导，建立从用户兴趣知识到服务信息的分类，针对读者用户量身定制的推荐技术，尽最大限度的满足读者用户个性化、多样化的信息智能获取。同时在研究现有文献自动分类机制基础上，探讨通过自动化数据收集和分析，感知用户位置、情境、以及用户意图，同时社交网络、移动互联网与图书馆推荐服务与知识智能获取相融合，以提高读者用户对智慧推荐的黏着性，实现真正的智慧推荐服务。智慧推荐系统的技术模型如图7-2所示：

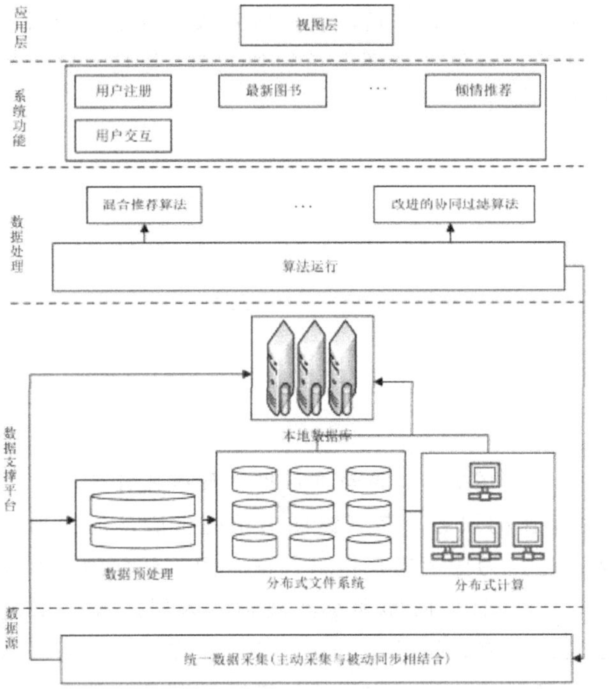

图7-2 智慧推荐技术架构

大数据、云计算时代背景下，智慧图书馆中愈加充斥着各种各样的非结构化、半结构化及结构化等数据。智慧图书馆时代，所有读者个人及其借阅信息、所有书本信息、数字资源等信息数据是复杂海量的，同时也受到用户地理位置信息、感知传输数据信息以及社会化网络信息等相关数据的影响，信息资源呈现出空前丰富的状态。智慧推荐系统需要借助于数据挖掘、云存储、云计算等大数据处理技术，利用各种技术从大规模数据提取并分析数据内在特征和文献的相关性，同时根据用户兴趣及需求，或用户个人借阅历史、阅读习惯等分析读者用户行为，并主动地提供其真正所需的知识服务，将潜在的有价值的信息进行分析提取归纳，然后才能向用户进行信息匹配。云存储和云计算技术，能够解决大数据环境下无限制数据存储和数据高效运行计算的难题，通过技术处理及构建模型，从而能够提供更加优质、更加智能、更具智慧性的推荐结果，为读者用户提供近乎量身打造的智慧性推荐。

二、智慧APP

（一）智慧APP服务设计

高校智慧图书馆其核心为智慧服务，而智慧服务的核心为以人为本，以用户为主体，服务用户，关怀用户，奉献用户。移动互联技术在近年得到飞速成长和发展，移动通信网络逐渐与互联网紧密融合，极大的拓展了互联网服务的时间和空间。同时，移动互联与移动设备的移动性、便携性等特征使得智能移动终端设备日益普及，智能移动终端设备包括手机、平板电脑、掌上阅读器等已渐渐成为人们获取信息资源服务的主要平台。移动终端设备不受时间、地点等限制，这为读者用户提供无处不在的服务成为可能，读者用户能够随时、随地以任何方式获取信息资源。因此以移动终端设备为主体的移动图书馆，开发智慧图书馆的独立APP是是大势所趋。移动终端下，用户与项目属性如图7-3所示：

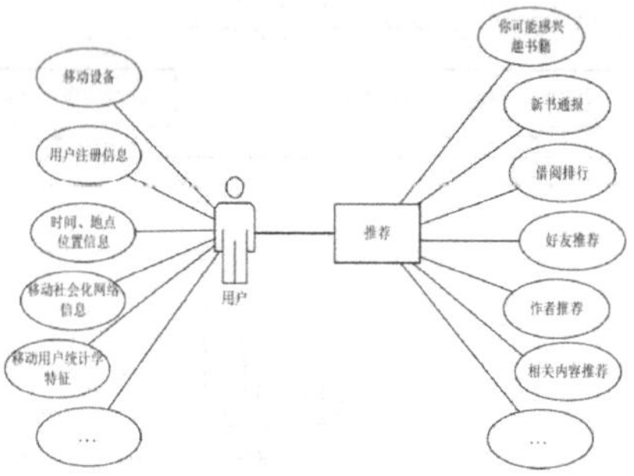

图7-3　移动推荐用户与项目特性

泛在服务-无处不在的服务，是智慧图书馆提供服务的突出特征之一，是指以智能移动终端设备为基础，为读者用户提供任何时间、任何地点和量身定制的服务。智慧图书馆的环境下，应该打破时间和空间限制，为用户提供全方位、多层次、多形式、宽领域的信息资源获取、推送与推荐服务。泛在智慧服务模式是依靠云计算、智能移动终端、物联网等信息技术，实现传统图书馆和数字图书馆由为读者用户提供单向服务向为读者用户提供双向智慧服务网络的泛在服务转型。为此，研究和开发高校独立智慧APP服务，是智慧服务模式泛在化的表现。智慧APP服务模块如图7-4所示：

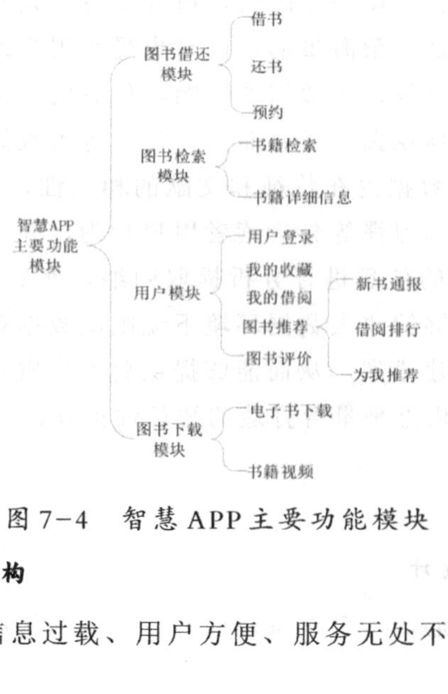

图7-4　智慧APP主要功能模块

（二）智慧APP层次架构

智慧APP推荐是解决信息过载、用户方便、服务无处不在的重要手段。该推荐系统能够利用其在移动网络环境下的种种优势及有利条件，通过移动端设备等为用户提供基于情景等推送，更加精准、更加容易的获取用户的信息，预测用户的偏好，实时性更高，用户可以随时随地享受智慧图书馆提供的各项资源和服务。高校通过开发智慧APP，利用移动推荐系统，用户就可以随时随地获得任何形式的服务，同时获得为其量身定制的，具有个体差异化的智慧化服务，服务更加的方便智能，更加的简洁而迅速，使得智慧图书馆拓宽了服务的领域和手段，更加的以用户为核心，为用户服务。各智慧图书馆都应该有自己的智慧APP，通过智慧APP，用户能够登录系统，完成书籍查找、借还书、预约、续借等基本的服务，同时也能够为用户提供书籍检索、热门借阅，借阅排行，热门收藏等非个性化一般性服务，也能够为每一位用户根据其自身的特点，利用智慧移动推荐，根据其隐性或者显性信息，帮助用户寻找信息资源，提供差异化服务。面向智能移动设备终端的智慧APP层次架构图如图7-5所示：

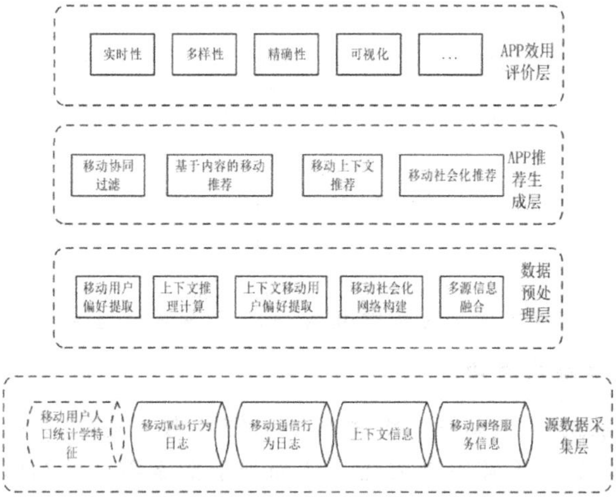

图7-5　智慧APP层次架构

三、智慧微媒体

（一）智慧微媒体服务平台框架及内容

随着各种新媒体的发展，微信、微博、微电影等服务，越来越得到人们的关注，有人说，人类已经步入了微时代。微媒体几乎已经无处不在，它产生与Web2.0时代，是一种网络传播结构，由诸多独立发布点所组成。对微媒体取其狭义定义，以微信、微博为代表，以信息的发布和共享为主，是一种新型的社交网络与交流传播方式。在本文将取微信为研究视角，微信自2011年推出后，以其双向性和互动性得到用户青睐，并在国内社交服务中迅速占据了领先地位，2012年8月，腾讯公司针对团体用户如企业、媒体、机构及其他用户组等，推出了微信公众服务平台，为他们提供专门的微信，专业的服务。微信操作具备使用通俗易懂易用、快捷方便、时效性高，同时内容丰富多样、消息推送精准到位等优点，符合新一代用户群体的生活习惯、消费理念和交流方式。可以说，微信突破了软硬件、运营商及社交平台等种种阻碍，实现了虚拟世界与现实世界的无缝互联。现在，微信服务平台不仅仅是一个普通的名词术语那么简单，更是一个融合了人际交往、心理沟通、生活习惯、文化交流等多种复杂综合性语义的时代化命题。

智慧图书馆一直对新技术非常敏感，是新技术的使用者和推动者。微信公众平台，一方面能够增强与读者用户的互动沟通服务，另一方面还能够拓宽服务渠道，优化信息资源的呈现方式。微信应该成为大学图书馆除微博、BLOG等其他社交媒体外的另一个自媒体平台。对于智慧图书馆读者用户而言，与微博等其他社交平台相比，在微信公众服务平台，微信是与用户一对一的交流互动，用户黏着性更高。微信公众平台不仅能够让越来越多读者用户更好的认识、关注、使用图书馆，而且通过利用各种信息技术，能泛够更好的为读者用户提供独特的差异化服务，为读者提供各种图书资源推荐功能，最终提升智慧图书馆自身的品牌意识及在用户中的地位。智慧图书馆微信公众服务平台框架设计如图7-6所示：

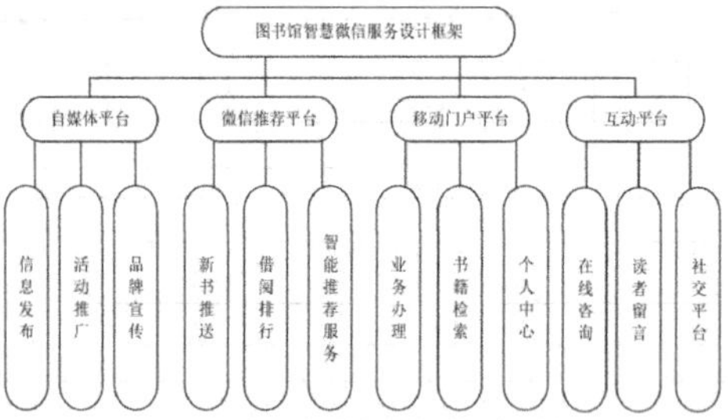

图4.13 图书馆微信公众服务平台框架

图7-6　图书馆微信公众服务平台框架

（二）智慧微媒体层次架构

智慧图书馆提供的微信服务，距离真正的智慧服务有很多差距，微信服务的内容、手段、方式及规划还不够完善成熟，还尚处于探索尝试的初级阶段，智慧图书馆应该着重依托微信公共平台，建立微信智慧服务。微媒体环境下，智慧微信服务，能够扩大服务范围、服务内容及智慧图书馆的服务模式，更好地满足不同用户的不同需求。传统智慧图书馆往往受到时间或地点等多种限制，对于很多不在本地服务区内或者不具备电脑终端上网的读者用户以及在图书馆非工作时间内时，图书馆并不能提供咨询、信息发送等基本服务。而利用微信公众服务平台，智慧图书馆便能够实现对开通了微信的读者用户提供随时、随地的基本服务，还能针对每一位不同用户，提供智慧推荐服务，以真正实现智慧服务模式。图书馆智慧微信服务，首先应该提供面向所有用户的基本服务包括图书馆检索，借阅查询等服务，其次提供RSS定制服务等，进行新书通报，定期讲座的信息推送等，再次，提供智慧化服务，包括为用户提供差异化的推荐，通过收集分析用户的各种信息，提供用户可能感兴趣或者有需求的书籍信息资源，同时提供智慧咨询服务，自动应答服务，设置微信留言服务等，增强图书馆与读者用户的互动和交流，及时满足用户的实时性、多样化的服务需求。最后可以设置用户分享模块，通过用户自身评价或者对书籍的分享，利用社交网络等媒体技术，增加图书馆用户，为好友进行推荐。智慧微媒体层次架构图如图7-7所示：

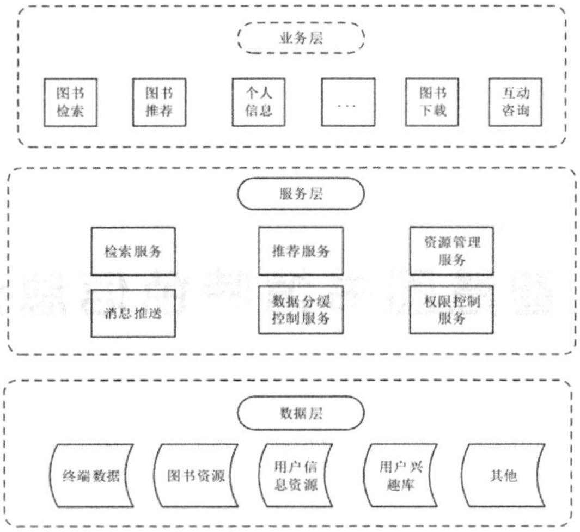

图 7-7　智慧微媒体层次架构图

智慧图书馆应该抓住微信公共服务平台优势，通过该平台为图书馆提供独树一帜和别具一格的图书馆微信智慧服务，提升图书馆在大众读者用户心中的地位，真正实现图书馆的服务价值，为读者提供职责所在的智慧服务。

第六章　智慧图书馆特色信息资源建设

第一节　云计算下的特色资源整合与共享

一、云计算概述

云计算的理解和定义众多，较为共识的云计算是分布式处理（Distributed Computing）、并行处理（Parallel Computing）和网格计算（Grid Computing）的发展，或者说是这些计算机科学概念的商业实现，是虚拟化（Virtualization）、效用计算（Utility Computing）、loas（基础设施即服务）、peas（平台即服务）、SAAS（软件即服务）等概念混合演进并跃升的结果。其基本原理是通过使计算分布在大量的分布式计算机上，而非本地计算机或远程服务器中，按照互联网运作模式将资源能够切换到所需要的应用上，根据需求访问计算机和存储系统的网络资源共享利用模式。在这一共享利用模式中，“云”是指各种大量的计算机阵列组成的大型服务器集群，以共享基础架构为方法，将所有的计算机资源集中起来，构成一个互联网的资源池向全球用户提供公共的服务，用户只需要1台电脑或者1个手机，就可以通过网络服务来获得自己需要的信息、知识。像用电用水一样按使用量来计费。云计算作为新一代互联网计算模型，具有强大的计算能力和低成本、高安全、按需所取等特性，在信息资源共享管理中具有明显的优势。

云计算具有一些新特征，其主要特点表现为以下几个方面。

第一，云计算提供了最可靠、最安全的数据存储中心。在桌面电脑上，硬盘崩溃或病毒入侵可能损坏所有有用的数据，但是云里面一台计算机的崩溃不会影响到存储的数据，这是因为“云”会自动备份存储的数据。同时，严格的权限管理策略可以使用户放心地与用户指定的人共享数据。

第二，云计算对用户端的设备要求最低，使用起来也最方便。用户不需要购买非常高端的电脑来运行云计算的Web应用程序，因为这些应用程序是在云上面，而不是在本地运行，桌面PC就不需要传统桌面软件所要求的处理能力和存储空间。同时云计算能够为各种规模的组织显著地降低硬件和软件的维护成本。硬件都由云计算提供者管理，基本上不用再进行硬件维护，系统软件等也是同样的情况。

第三，云计算可以轻松实现不同设备间的数据与应用共享。一方面，随着网络化进程的迅猛发展，如今的网络就像生活中的水、电一样，正在成为无所不在的生活必需品；另一方面，则是移动设备快速成长，难以计数的互联网装置从计算机、手机一直到汽车、家电甚至相机都有安装。在使用者计算机上的数据，也需要在手机、Pad上使用，最好的方式就是把数据放到网络上，上网就能取得，不用把同一份资料在不同上网工具中转来转去。

第四，云计算为人们使用网络提供了几乎无限多的可能，云计算为存储和管理数据提供了几乎无限多的空间，也为人们完成各类应用提供了几乎无限强大的计算能力。个人和单个设备的能力是有限的，但云计算的潜力却几乎是无限的。当把最常用的数据和最重要的功能都放在“云”上时，只需要一台计算机或电子设备和网络连接就可以获取想要的信息。

二、云计算下特色资源整合与共享的新机遇

信息时代的到来，网络技术的不断更新，决定了特色信息资源的发展趋势是实行共建共享，关于这一点在我国图书馆同行中已经达成了普遍共识。实行特色资源的共建共享，是解决知识信息剧增与单个图书馆馆藏能力不足这一矛盾的有效途径。

但是，图书馆目前采用的现代信息技术应用的局限性，制约着图书馆特色信息资源共建共享的进一步发展。现代信息技术的应用是不断发展的，目前的图书馆采用的一些技术也存在一定的缺陷，如计算机及其配件市场比较混杂，升级换代频繁，给信息技术工作者的选择带来困难，增加了工作强度和难度；通信线路传输速率低，尤其是在传递多媒体信息时更显能力不足。要促进图书馆特色信息资源的共建共享更上一个台阶，就需要解决这些制约发展的瓶颈。

针对上面提到的图书馆现采用的信息技术，给图书馆信息资源共建共享带来的发展缺陷，正好是“云计算”解决的问题。一是“云计算”对用户终端要求不高，一般只需服务器集群升级换代即可，而服务器集群由专人负责，对图书馆来说，云计算不但能解决升级换代频繁带来的困难，还能节约硬件升级及维护费用，有关的技术人员不必在升级图书馆的相关硬件上煞费苦心，工作强度大大降低了，就能有更多的时间开展其他工作。二是要实现“云计算”，就需要存在一片有着强大能量的云，即网络连接和强大的网络计算能力。而云计算的无限带宽网络，就能有效地解决信息传输过程中的带宽不足、速率低的问题。此外，在“云计算”环境下建构图书馆特色信息资源共建共享模式，还可以避免图书馆的资源重复建设，节约图书馆的成本，将庞大的异构资源有机地整合起来，提供统一平台，实现信息资源的全面共享。

颠覆了传统的特色资源利用方式。云计算的核心是海量数据的存储和计算。由几十万台甚至几百万台计算机构成的计算机群，对信息进行聚合和分布处理，然后通过网络对客户提供服务。这样，用户只需使用计算机、手机、Pad等终端设备接入互联网，便可获取需要的信息服务。在未来只需要一台笔记本电脑或者一部手机，就可以通过网络服务来实现用户需要的一切，甚至包括一些个人计算机无法应对的超级计算

任务。

云计算提供了最可靠、最安全的数据存储中心，有利于降低数字图书馆信息资源共享的安全风险，提高了数字图书馆特色信息资源的安全性。目前，阻碍数字图书馆信息资源共享的主要问题仍是信息安全问题，馆藏数据库一旦发生感染病毒、设备损坏造成的数据丢失、破坏等情形，后果不堪设想，而云计算的冗余存储、容灾机制能有效解决这一问题。使用云计算服务的用户，他们的数据库将不在用户自己的数据中心里，而是位于云中心，由数据中心的管理者集中对数据进行统一管理、分配资源、均衡负载、部署软件、控制安全，并进行可靠的安全实时监测，从而可使馆藏数据得到最大限度的安全保证。云计算提供了最可靠、最安全的数据存储中心，用户不用再担心数据丢失、病毒入侵等麻烦。云服务端有专业的团队来管理信息，有先进的数据中心来保存数据，严格的权限管理策略还可以帮助用户指定的人共享数据。图书馆可以根据用户信息需求的不同，将用户从低级到高级划分为若干个层级，根据不同的层级设置不同的资源层访问权限，严格控制用户对共享资源的访问，确保数据安全。

云计算提供了云端设备和技术，有利于缩减图书馆信息资源共享的实现成本，降低了特色信息资源的共享成本。目前，各图书馆为了使用最新的操作系统，不断对工作人员的PC机进行升级换代。在云计算模式下，PC机的定义将发生很大的改变，计算的架构从过去集中于PC或服务器的某一“端”走向“云+端”。软件企业的业务模式从软件走向“软件+服务”。图书馆将不必购买本地安装的自动化系统及开发软件，由云计算提供商提供具体的硬件软件和更新，降低了用户端的设备要求，用户所需要做的只是通过各种上网设备享受云服务所提供的自己需求的资源。可以想象，这种模式若应用于图书馆信息资源共享系统，将节约大量设备、人力等方面的投入成本，从而达到缩减信息资源共享成本的目的。云计算服务提供的是按需服务，基于某个特定应用程序的成本不再是用户个人承担，而是由所有使用用户均摊，用户只需为自己所使用部分付费，降低了数据运行的建设成本。使用过程中用户只需要通过互联网连接云计算中心，不必购买服务器和存储装置，不需要自行升级软件，也不需要专门的技术团队来维护数据中心的正常运行，从而降低了运行和维护成本。

加强特色信息资源整合并兼顾个性定制。云计算的基础是“整合”的思想，采用统一的基础架构诸如硬件、软件、服务等，在对资源的利用方面不用考虑传输协议、数据结构等对信息资源的整合。简言之，在图书馆领域，各图书馆的各种编目信息、自建资源等可以借用一朵“云”统一结合起来，内容高度融合，用户通过网络获取他们想要的文献，但他们只需要关注获取过程本身，无须理会界面之后的繁复运作，各智慧图书馆的信息资源将得到真正的整合和共享。几乎每个云计算服务提供商都提供了开放API，把开放环境、应用程序运行环境、数据库环境等作为一种服务来提供给使用者，让使用者能够自定义开发更加适合自己特色业务的应用程序。

云计算提供了不同数据库间的应用与共享环境，有利于扩大图书馆信息资源共享范围。目前，我国图书馆网络数据基本上处于“分布式存储”“分布式访问”的状况，各种数据资源都有自己的数据结构、组织形式、查询方式，以及显示界面，用户为了查准、查全所需要的资料，需要进入不同的查询系统和熟悉每个数据库的检索方式和显示格式。而云计算可以在技术和管理上将分布式存储在不同设备上的数据库统一起来，通过对数据库的多样性格式进行屏蔽，为用户提供统一的检索入口，使用户可以方便透明地访问多个数据库，极大地提高了信息检索的效率，扩大了共享范围。

三、云计算下特色资源整合与共享的可行性分析

（一）技术体系分析

目前，对云计算技术体系的研究已经相对成熟，国内外众多专家和IT企业都提出不同的解决方案，已形成了一些具有代表性的技术体系结构。例如，亚冯逊研发的网络服务，其技术体系由四块核心服务组成：弹性云EC2（Elastic Compute Cloud）、简单存储服务S3（Simple Storage Service）、简单排列服务SQS（Simple Queue Service）及目前尚处在测试阶段的Simple db。又如，IBM的政府云计算解决方案由四层构成：硬件和操作系统的基础设施，软件系统和管理平台（包括一组部署管理软件、虚拟化组合和云计算管理系统），云计算提供的各种虚拟机，由虚拟机组合形成的各个具体的云计算使用中心。我国云计算专家刘鹏在《云计算技术原理》一文中提出了一个技术体系结构，它由物理资源层、资源池层、管理中间件层和面向服务架构的构件层组成。该体系结构全面系统地概括了不同厂商提出的云计算体系结构的主要特征和重要功能。可以说，这些技术体系和实现方案为构建云计算环境下图书馆特色信息资源共享系统提供了技术支持和讲演积累，因此，构建基于云计算的图书馆特色信息资源共享系统在技术上是切实可行的。

（二）应用环境分析

从应用环境来看，目前国际上知名的企业如Google、Amazon、IBM、Microsoft等在云计算领域均有较成功的实践。如Google公司提供的Google文档、Google地图等多种应用都是基于云计算环境的，目前有超过50万家企业签约使用Google应用软件引擎，用户群已经接近1000万人。Amazon公司提供的弹性云计算EC2，已在世界范围内得到了相当高的认可，许多公司采用这个平台来搭建自己的云计算服务。IBM公司在2007年发布“蓝云计划”产品，已经建立了多个云计算中心，提供丰富的产品帮助企业建立自己的私有云。微软公司推出了新操作系统Azure，企业用户既可以在公司计算机上运行，也可以经由微软通过互联网提供相同服务，将用“即用即付”模式对Azure定价。另外，惠普和英特尔公司也共同组队创建了“云计算测试平台”，目前已有五十多个研究项目与其接轨。在我国，云计算发展也非常迅猛。阿里巴巴、百度、瑞星等IT企业均建立了自己的云计算中心，并取得了初步进展。可以说，现阶段这些云计算的应用，为构建云计算环境下图书馆特色信息资源共享系统积累了丰富的实践经验。

（三）云计算可使图书馆与IT企业实现双赢

对于图书馆而言，通过传统模式构建特色信息资源共享系统会面临资金投入大、更新和维护成本高等一系列问题。而IT企业提供的云计算服务具有零设备投入、零运维成本等优点。因此，在现阶段构建图书馆信息资源共享系统，无须斥巨资购买昂贵

的计算机设备，只需花少量的租金租用IT企业所提供的计算、存储、服务即可，并通过向IT企业支付一定的服务费用就可达到预期的效果。在云计算环境下，服务器的日常维护由云计算服务商来提供，图书馆不必另外支付费用，节省了人力物力和时间成本。一般认为，构建图书馆基于云计算的特色信息资源共享系统，对图书馆来说以极低的成本投入获得高质量的资源服务，可以减少图书馆建立和维护特色信息资源共享系统的经费。对IT企业来说，可以通过提供资源服务而获利，同时也是IT企业深化和开拓市场服务领域的有效途径。可见，云计算可使图书馆与IT企业实现双赢。

四、云计算下特色资源整合与共享的发展对策

与传统图书馆相比，云共享服务模式改变了面向用户的计算服务方式，也带来了诸多云计算的安全问题，开放的接口为非法访问提供了可能，使得对数据的存储、传输、平台的可靠性及持续发展性产生了新的威胁，只有认真分析云共享面临的这些安全威胁，从云存储系统建设、云安全维护策略制定及安全防范、管理制度上入手，有针对性地采取有效安全措施，才能确保云共享的安全、可靠与长久运行，更好地为用户服务。

（一）协商制定科学有效的云特色信息资源共享相关准则

图书馆特色信息资源进行云共享的相关准则，除参考和依据有关国家、行业标准外，一些其体的准则如权益分配、维护权限等，则要根据共享的服务内容、服务方式及服务范围等进行科学协商，制定出科学有效的云共享相关准则，以便对图书馆各方的权利、职责与权限进行划分，防止出现问题时的责任难分现象。同时，在选择云服务商时，依据云共享的规模和建设思路，要选择安全设备较高、信誉度较高、安全防护体系较高的提供商。

（二）提高云中共享资源的威胁监测能力

为了提高云中所存数据的安全性，目前部分云提供商已采取了一些监测手段，如数据审计等，以便高效、准确快速地监测到存储数据所存在的可能威胁，这种检测已成为云安全防护体系的重要部分。在云环境下，云共享为图书馆用户利用云平台提供了开放的接口，对客户端存在的威胁进行检测和防护，并利用病毒行为监控技术防范未知威胁。客户端可将本地不能识别的可疑流量及时送到云端检测中心，利用云端计算能力快速分析安全威胁，并将获取的威胁特征推送到全部客户端和安全网关，使云共享系统和客户端都具备云安全监测、防范的能力。此外，还可建立专门的云安全集中中心，以保障云图书馆核心业务安全，有效地节约云图书馆安全建设经费。

（三）在云共享的信息传输中采用数据隐藏技术

云的开放性与云共享信息资料传输过程中可能存在的信息截取、修改、替换等威胁，使得图书馆与云之间的信息交互过程成为最有可能遭到信息破坏的环节之一，一些云提供商要求用加密的手段以防数据在传输中遇到的种种威胁。其实，在云安全体系的监测保证下，采用加密存储能够保证所存数据的安全与运行，但在传输过程中，经过加密处理的密文由于是一组乱码，当攻击者发现信道存在密文时，就会利用已有

的各种攻击方法对密文进行截获与破译，尽管加密不易被解密，但通信易被第三方察觉，一定程度上向攻击者明确提示了重要信息的存在，容易引起攻击者的注意，进而遭受到干扰和攻击，导致信息传输过程中存在的威胁性大增。对于图书馆的核心数据，如财务信息、读者信息等，可采用目前在军事界应用较为广泛的信息隐藏技术，信息隐藏是将机密信息秘密隐藏于另一公开信息（载体、宿主、掩体对象）中，即将秘密信息（嵌入对象）嵌入到另一表面看起来普通的信息载体中，然后通过该公开信息（隐藏对象）的传输来传递秘密信息，第三方（攻击方）很难从公开信息中判断机密信息是否存在，即无法直观地判断他所监视的信息中是否含有秘密信息，降低了机密信息的截获率，也从根本上降低了传输中数据遭到破坏的威胁性。

（四）建设两个云共享中心

利用云进行图书馆信息资源的共享有低成本、快速部署、管理简便、可靠性高及数据灾难备份等优势。但为了保证云共享的可靠性和持续性发展，图书馆云共享建设中需建设云共享主存储服务中心和备份云共享存储服务中心两个完全相同的跨地域云存储数据中心，形成一个跨地域的统一安全存储平台。图书馆云共享主存储服务中心和备份云共享存储服务中心以负载均衡方式工作，并定期由主中心向备份中心进行数据备份迁移。于是，当主中心遭受攻击或因不可抗拒因素停止工作时，备份中心就能保障图书馆云共享存储中心的数据安全及服务不间断，解决以往困惑人们的持续性和可靠性问题。

五、云计算下特色资源整合与共享的构建模型

构建图书馆特色信息资源共享系统应遵循信息系统的一般模型。鉴于图书馆基于云计算特色信息资源共享系统的特殊性，需要对元数据进行处理，对现有的资源进行封装，以便于系统的查询、用户需求的匹配。因此，在云计算体系结构的基础上，给出个性化的图书馆特色信息资源共享系统结构模型。

其中各部分的任务、功能及可使用技术包括以下一些内容。

（一）物理资源层

物理资源层是图书馆特色信息资源共享云计算系统的最底层，提供最基本的硬件资源：计算机、服务器、存储设备、数据库、网络设备等。在这个模型中，对于计算机的硬件要求很低，可以使用价格低廉的PC机，通过分布式技术和虚拟化技术将分散的计算机组成一个提供超强功能集群用于计算和存储云计算操作。

（二）虚拟管理层

虚拟管理层是图书馆信息资源共享云计算系统的第二层，虚拟化是云计算的核心设计技术。通过虚拟化技术将物理资源层大量相同类型的资源构成同结构或结构相似的资源池，消除物理硬件的限制，降低了硬件管理复杂度，提高了硬件资源的利用率，有效控制其成本，保证了信息资源共享系统的可扩展性，目的是为上层提供共享的资源。

（三）事物管理层

事物管理层是整个图书馆信息资源共享云计算系统的核心部分，由应用监控、用户管理、任务管理、资源管理、安全管理等内容组成。主要功能是利用云计算技术将资源层提交的受控资源整合在一起。供虚拟组织的应用程序共享、调用。在管理层的有效调控下，资源层的各项资源通过一系列作用抵达服务层，最终实现用户的需要。

（四）服务层

服务层是图书馆特色信息资源共享云计算系统的实现平台，由服务接口、服务注册、资源查找、课题咨询、信息交流等内容组成。主要功能是向用户提供应用服务和解决方案，在云计算共享域内所有图书馆通过云计算网络，建立统一的接口，用户通过服务接口进入数据库资源，获得借阅、咨询及其他服务，这也说明图书馆云服务平台的具体实现层——特色信息资源共享系统中，各个子系统之间相辅相成、交互作用，形成一个可控的适应的云计算服务体系，通过对各种服务进行动态管理和分配，来满足不同层次和规模的数字图书馆需求，支持馆级透明的协作和服务获取，支持各馆用户的聚合和参与，支持多馆协作的社会化网络的构建，支持多馆资源的共建共享，巽有自适应扩展的能力。如果图书馆云服务能真正地建立起来，就能彻底解决现阶段图书馆特色资源共建共享面临的问题。

“云计算”的价值不仅体现在先进的技术本身，更体现在技术应用理念方面。它给数字图书馆特色信息资源的共享带来了一种新的思路。云计算在图书馆的应用将是未来图书馆发展的一个趋势，它可以将庞大的异构资源有机地整合起来，提供统一平台，实现特色信息资源的全面共享。随着云计算的研究的应用升级，图书馆应用云进行信息资源的共享、计算与服务不再遥远。

当然，真正实现云计算环境下的信息资源共享要解决的不仅仅是技术问题，还涉及政策法规制度、数据版权、机构管理、信息安全、个人信息隐私等方方面面的问题。然而云计算确实能为图书馆带来价值。云计算的应用可以使图书馆更加专注于自己的特色信息资源的共建共享，摆脱IT的束缚，并使得特色信息资源的建设可以进行更大范围的协作、共享，提供更优质的服务。

第二节　移动图书馆与移动服务

随着移动通信技术的飞速发展，移动通信已经和有线互联网相互融合，正在给社会生活的方方面面带来巨大的变革。基于Internet的图书馆服务如今已经日趋完善与成熟，利用新兴移动互联网技术拓展传统数字图书馆服务，随时随地为读者提供实时信息服务必将成未来的发展趋势。移动互联网技术将对图书馆事业的发展产生深远的影响。移动图书馆通常是指图书馆针对手机用户开设和提供相关信息服务的简称，有时也称掌上图书馆、手机图书馆。

一、移动互联网发展概况

互联网与移动通信的融合是21世纪的科技革命。美国著名的国际金融服务公司摩根士丹利的全球技术和电信分析师指出：我们已经进入移动互联网时代，未来5年内，通过移动通信装置（包含平板计算机、MP3、掌上电脑Pad、汽车电子产品GPS、音频、视频等）接入互联网的用户很有可能超过通过桌面个人电脑接入互联网的用户。

在我国，移动互联网也展现出巨大的发展潜力。根据中国互联网络信息中心（CNNIC）发布的《第34次中国互联网络发展状况统计报告》显示，截至2014年6月，我国手机网民规模达5.27亿，手机上网网民比例为83.4%，手机网民规模首次超越传统PC网民规模。移动互联网带动整体互联网各类应用发展，移动金融、移动医疗、移动社交媒体等新兴领域移动应用多方向满足用户上网要求，推动网民生活进一步“移动化”。在移动互联网时代，读者可以随时随地很方便地登录互联网获取信息。这是继互联网、搜索引擎之后图书馆面临的又一大挑战。图书馆如何吸引读者，如何提供更优质的服务，很明显，利用移动互联网技术开展移动数字图书馆服务，让读者利用随身携带的移动终端快捷方便地获得图书馆的各种个性化和人性化的服务，将是未来图书馆服务的一项重要内容。从这个角度看，移动服务体现的是数字图书馆的个性化服务，也是数字图书馆服务未来的发展方向。

二、移动数字图书馆产生背景

移动数字图书馆是数字图书馆的一个分支，它具备数字图书馆的一般特征，同时还具备“可移动”的特征。这种“可移动”的特征表现在，普通用户和读者可以不必依赖于PC来实现数字资源的浏览、下载和阅读，用户和读者可以通过手中的便携数字图书阅读设备（如手机、MP3/MP4、Pad等手持阅读器以及笔记本电脑等）来浏览、下载、阅读和欣赏数字资源的一整套系统。

移动阅读作为数字阅读的深化应用阅读形式，克服了需要电脑、网络及固定位置才能进行数字阅读的限制，极大地满足了人们数字阅读时的随意性，不受设备、场地的限制。图书馆将因为引入移动数字阅读会扩大读者的使用范围，发挥更加巨大的作用。

图书馆服务的理想目标，本质就是信息服务无处不在，无时不在。任何读者可以在任何地点、任何时间获取图书馆的任何图书资源。而图书馆的服务从过去的印刷本的借阅到数字图书馆的建设属于上了一个台阶，而数字图书馆进入移动图书馆服务则会使图书馆的服务达到一个新的台阶，真正实现图书馆的理想目标。移动设备使用量在未来几年将会超过目前的电脑，成为主流信息获取设备，而顺应历史潮流也是图书馆发展的必然方向。

三、移动数字图书馆服务现状

目前，许多图书馆已开展移动数字图书馆服务，其服务内容也在不断拓展。主要有SMS（Short Message Service，短信服务）、WAP网站常规服务（包含图书馆新闻、馆藏目录检索、读者借阅信息查询、参考咨询、图书馆使用指南等服务）、WAP网站数据库检索服务、电子书服务和视频指南服务、二维码如QR码服务等。

（一）SMS服务

SMS是最常见的移动图书馆服务，拥有借阅证或读者卡的用户通过注册之后即能享受图书馆的SMS服务。提供的服务一方面是图书馆主动发给读者的新闻、讲座、预约到达、图书催还、过期罚款催缴等；另一方面是用户按照一定的指令查看馆藏、借阅情况、续借、图书馆工作时间、参考咨询等需求。国外开展该项服务的有美国加州大学图书馆、丹顿公共图书馆、澳大利亚莫纳什大学图书馆、瑞典马尔默大学图书馆、新加坡南洋理工学院图书馆等。国内开展该项服务的有国家图书馆、上海图书馆、苏州图书馆、成都图书馆、深圳图书馆、济南市图书馆、吉林省图书馆、清华大学图书馆、四川大学图书馆、成都理工大学图书馆、浙江大学图书馆、中国计量学院逸夫图书馆等。

（二）WAP服务

WAP网站提供的常规服务有图书馆新闻、馆藏目录检索、读者借阅信息查询、参考咨询、图书馆使用指南等信息。各图书馆WAP服务也有其特色的内容，比如美国艾德菲大学图书馆WAP网站还提供班车时刻表、校园黄页、体育新闻、艺术学院表演时间、学校地图、校历等信息服务。加州大学富尔顿分校Poljak图书馆还有电子阅览室空闲计算机的实时数量、图书馆员的联系电话及服务内容等信息。此外还有纽约公共图书馆、哈佛大学图书馆、耶鲁大学图书馆、剑桥大学图书馆、加拿大阿尔伯塔大学图书馆、丹麦奥尔堡图书馆、阿姆斯特丹大学图书馆、新加坡国家图书馆等开通此项服务。国内典型的应用案例有：上海图书馆于2009年10月推出其WAP网站，目前提供“书目检索”“上图电子书”“上海与世博”“动态新闻”“上图讲座”“分馆导引”和“服务与简介”七个栏目。可检索全市书目和馆藏联合检索，查看新闻、讲座、分馆地址、地图、电话、开放时间、读者借阅信息和续借服务等。其中“上图电子书”还提供了全新的电子书借阅服务，凭“上图读者卡”和身份证号即可通过手机移动阅读方式看电子书，在线阅读时可做书签、笔记、划词翻译、书内全文搜索等多个实用功能。

国家图书馆于2008年12月推出“掌上国图——国家图书馆移动服务”，目前为读者提供“资源检索”“在线服务”“读者指南”“读者服务”“文津图书奖”“掌上国图”“留言板”版块。每个版块又细分多项服务，可以检索OPAC和特色资源（包含千余种古代典籍、500余种的音频视频、3万多张图片以及将近10万篇博士论文，检索结果可直接在线浏览），提供在线讲座、在线展览、在线阅读、书刊推介、讲座预告、图书续借、图书催还、在借信息、借阅历史、预约和预约到达通知、用户注册、一卡通信息查询，还提供个性化推送服务，提供国家图书馆阅览室定位帮助和指南信息等。此外，国内苏州图书馆、华东理工大学图书馆、成都理工大学图书馆、南京师范大学图书馆、北京师范大学图书馆、浙江工商大学图书馆、四川大学图书馆、南京大学图书馆、同济大学图书馆等都提供该项服务。

（三）电子书服务

移动电子书服务产生的背景是电子阅读器的飞速发展和图书馆数字资源建设。自2007年亚马逊推出电子书阅读器Kindle，掀起了全球电子书阅读热潮，目前电子书阅读器有Amazon Kindle、Sony Reader等，除了专门的电子阅读器，智能手机、平板电脑也能进行电子书的阅读。图书馆的电子书服务主要是利用数字馆藏，与电子阅读器公司合作，比如得克萨斯A&M大学（德州农工大学）图书馆、北卡罗来纳州立大学图书馆、里弗福里斯特公共图书馆等与Kindles合作，读者通过Kindles阅读器及安装Kindle的移动终端都可以阅读这些图书馆的电子书；纽约公共图书馆、伦敦大学图书馆、加州Rancho Mirage公共图书馆、杜克大学等则与touch/iPod合作；OCLC与Sony Readers合作。一些图书馆还能提供有声读物，比如托马斯福特纪念图书馆、圣约瑟夫县公共图书馆、阿拉斯加大学费尔班克斯校区图书馆、纽约公共图书馆等。

（四）音频和视频指南服务

其服务方式主要有两种：一类是将音频和视频指南放在网站上供读者下载至移动终端，比如西雅图公共图书馆、杜克大学图书馆、波士顿图书馆、波尔州立大学图书馆网站等提供MP3音频指南供读者下载至MP3播放器、iPod及手机等移动终端；另一类是与视频网合作，比如爱丁堡中心图书馆、Suffolk大学图书馆将视频指南放在YouTube上，用户可通过手机访问YouTube网站观看。纽约大学、得克萨斯A&M大学、亚利桑那州立大学图书馆加入了tunes，读者可通过iPhone、iPod等无线访问iTune进行观看。

移动服务体现的是图书馆的个性化服务，保障用户可以随时随地通过移动设备方便地浏览信息资源。移动服务是数字图书馆未来服务的主要方向。

四、移动数字图书馆实现技术

一般地，实现移动图书馆服务的具体技术包括：Silverlight，Manet，J2EE，J2ME.net，Struts-Spring-Hibemate等。刘红等利用Silverlight技术实现图书馆手机服务，作者采用B/S模式，开发技术使用.net，Java script等，后台数据库采用SQL Server 2005，李敬维基于分级异构MANET设计移动图书馆服务系统，MANET是一种无线分布式网络技术。贺利娜提出一种基于J2EE和J2ME技术的移动图书馆实现方案，这是一种手机客户端与服务器的体系结构，需要手机支持Java虚拟机，同时它也是一种跨平台的通用系统。

丁夷提出了一种基于Struts-Spring-Hibemate框架的手机图书馆服务系统，它可以实现各种服务功能的定制，移动阅读服务（下载电子书），视频播放服务、可视参考咨询服务。王泽贤探讨了手机短信在图书馆中应用的关键技术，作者详细阐述了目前用计算机收发短信的三种主要方法：（1）通过短信应用服务商实现。（2）通过网站提供的短信服务，例如新浪、网易。（3）通过无线moDEM需要专用的硬件，包括无线moDEM和支持moDEM功能的手机。沈向若探讨了利用MMS（Multimedia Message Service）多媒体短信技术实现图书馆移动服务。

五、国外移动图书馆的发展与融合

国外图书馆移动服务的应用可以追溯到2000年左右，日本和欧洲在移动通信技术方面是比较先进的，日本富山大学图书馆于2000年9月开发出i-mode手机的书目查询（OPAC）系统，东京大学图书馆也于2001年5月开通i-mode手机书目查询（OPAC）系统，芬兰赫尔辛基技术大学图书馆2001年秋季开始使用手机短信息服务，韩国西江大学2001年7月推出用手机可以查阅图书馆资料的移动图书馆。芬兰、日本、英国、美国、韩国、新加坡等国都有一些图书馆提供手机信息服务，它们的实现方式主要是短信息和无线上网两种。芬兰赫尔辛基技术大学图书馆使用芬兰Portalify公司开发的Liblet TM系统，以短信服务为主，兼顾WAP及其他接入技术，提供的手机服务有续借、到期提醒预约到书通知、列出读者借阅清单等，读者免费使用，只需向运营商支付基本通信费。芬兰国会图书馆也开通了手机短信息服务，服务项目有续借、到期提醒、预约到书通知、检索失败的信息、咨询、读者反馈、每周阅读提示等，读者也是免费使用。日本东京大学图书馆为i-mode手机用户提供在线书目查询、催还、预约、续借、即时通知等服务。美国南阿拉巴马大学图书馆的“无屋顶图书馆计划”使用Pad通过移动通信网检索图书馆资源，读者可以通过无线方式连接上图书馆的在线目录（OPAC）查询馆藏资料在英国的millennium Drives mountain View public Library，开通了wireless enabled mobile library，允许读者通过自己的电脑和手机来查询图书馆中的相关信息。日本、韩国等也相继开发图书馆手机服务的技术软件，并在这一领域取得了很大的成就。剑桥大学的调查发现：学生喜欢接收来自学校的短信，只要不是特别频繁。很多学校使用JISC开发JANET TXT短信系统。该系统可以很轻松地集成到图书馆管理系统中。文本短信提醒给图书馆忙碌的移动用户快速了解图书馆的信息。

（一）国外移动图书馆的服务内容

国外移动图书馆的建设主要在移动图书馆参考咨询服务、移动图书馆流通服务、移动语音导览、移动馆藏等方面取得了较大进展，值得我国手机移动图书馆参考借鉴。

第一，短信参考咨询服务。

短信参考咨询是指允许用户以短信的形式发送咨询问题并以同样的方式接收回复的服务，如比较成功的是AQAO。如果用户的问题可以用简洁的语言回答，那么可以考虑使用短信参考咨询，如一些关于服务信息的咨询等。如果大部分用户的咨询都可以用160字以内的文字回复。那么这一服务就会非常有价值。

第二，移动图书馆流通服务。

Sirsidynix开发了一款手持流通工具pocketcirc，让用户在Pad设备上就可以访问unicorn图书馆管理系统。这种无线解决方案可以让员工在社区或校园活动等非办公区域内帮助书库中的顾客查看资料，还可以在图书馆周围边走边升级书目信息。

第三，移动语音导览。

移动语音导览服务通过让用户将导览下载到自己的MP3播放器或手机中帮助图书馆的参观者或者新用户尽快熟悉图书馆的布局、结构功能与服务。杜克大学图书馆导览包括10部分内容，用户可以下载到MP3播放器中。Simmom学院图书馆将其beatlely图书馆和信息共享空间的语音导览为学生、教职工预装到了iPod中。Southern California提供的Doheny Memorial Library语音导览包括8部分内容，让远程移动用户通过tune目的大学校园生活频道了解其大致的结构。亚利桑那州图书馆也能在iTunes U的图书馆频道下载Hayden图书馆的相关导览内容。哥伦比亚大学的C.V. Starr East Asian图书馆提供了包括英语、汉语、韩语、日语及藏语等多种语言的语音播客。

第四，通过手机完成图书馆为用户提供其馆藏资源、服务和建筑的另一种导览方式。

这一功能的实现方法是通过让用户用手机拨免费号码来获取图书馆的语音导览。用户可以自由选择自己想要了解的那部分内容，自行把握节奏，且可以对图书馆的服务进行了评论与反馈意见。Dartmouth学院的Baker Berry图书馆、folder Shakespeare图书馆和博物馆，以及国会图书馆都采用了这种互动式服务。Museum 411也采用了类似的服务。

第五，移动馆藏。

Thomas forord Memorial图书馆和St.Joseph County Public图书馆将语音图书给事先下载到可以借给用户的iPodnano当中。图书馆下载到用户自己的iPod设备当中的语音图书只有为期3周的借期。大学的Crmich Fine Arts图书馆将所有本学期音乐课程的听音作业都预装到iPod当中，并按照教授和课程号来组织排序。学生最多可以将这些iPod借出12个小时。Virginia大学图书馆建了一个有2100本电子图书的电子文本中心，21个月里下载量达850万次。

（二）国外移动图书馆与图书馆传统信息服务的融合

夏南强通过电子邮件和Internet访问，调查了国内外图书馆开展移动图书馆信息服务情况，充分体现了移动图书馆与图书馆传播信息服务的有机融合：①指南服务；②通知提醒服务；③认证服务；④信息查询服务；⑤移动阅读服务；⑥信息咨询服务；⑦馆内工作应用服务。

1. 国外移动图书馆应用实例

以美国、加拿大为代表的西方发达国家，其图书馆非常重视借助智能手机为用户服务，创建移动图书馆。加拿大最大的远程教育机构athabascan大学，约有学生32000人，全部接受远程教育，为这些学生选择合适而高效的技术来辅助学习显得尤为重要。移动通信工具在年轻人中的普及为年轻人利用学习资源提供了一种新的方式。athabascan大学的M-liLrary项目最早在2005年的IADIS leam大会中提出。M-horary网站提供大量数字资源和图书馆服务，包括数字阅览室、电子课程预约、数字参考咨询、数字论文与项目阅览室、帮助中心、搜索引擎、期刊数据库、airpac（手机图书馆目录检索系统），以及通过万维网提供的图书馆服务。该项目对保证移动图书馆网站的内容能够适合小屏幕阅读做了大量工作，也就是格式可以随着访问网站的设备而调整。M-library系统能够自动识别用户的设备，并给其提供适合该用户阅读的网站版本（移动版或PC版）。此外，用户也可以通过手机访问由Innovative Interfaces开发的专为无线移动设备设计的自动图书馆系统图书馆目录，airpaco用户可以用移动设备检索馆藏目录、核实图书到期时间、请求文献，以及浏览自己的借阅历史。

在美国，很多图书馆为满足特定群体的需要，纷纷着手建设移动版门户网站。移动版图书馆网站提供了部分图书馆服务与馆藏信息，用户可以利用这一界面，通过掌上终端设备，搜索目录和主题指南、查询展览信息和开馆时间存取电子期刊论文等。美国波尔州立大学（Allstate University）图书馆已创建了移动版网站，该网站能为图书馆用户提供目录搜索、期刊全文搜索、图书馆导引视频及其他馆藏与服务信息（如馆际互借），用户还能通过移动参考网站查询天气、新闻、体育、金融等综合信息。美国里士满大学（University of Richmond）图书馆的移动网站可以提供图书目录搜索，查询到图书馆的笔记本及个人电脑占用的实况信息，并能以电子邮件、即时通信工具或短信方式提交参考咨询问题。俄亥俄州图书馆的用户则可以通过OPLIN mobile移动网络，从俄亥俄州250家分支书馆中搜索出距离该用户当前位置最近的公共图书馆。弗吉尼亚大学图书馆也建立了移动网站，读者一方面可以查询到读者阅览指南和开馆时间等图书馆的基础信息，另一方面图书馆的最新消息和展览通报也可从这一网站上获取。波士顿大学图书馆医学分馆所拥有的全部主题目录都能用移动通信设备查询，该馆还建立了具备搜索功能的电子图书、电子期刊和馆藏书目数据库。纽约大学的移动门户提供了通过资源题名、关键字和资源格式三种途径查找电子资源的搜索引擎，该图书馆的其他相关资料也能从其移动门户网站查找到。无论是普通计算机还是移动设备，athabascan大学的图书馆网站都能以最佳格式将其内容以最佳格式显示出来，该网站是用PHP语言编写，可以通过服务器端脚本识别不同的浏览器。通过分析HTTP_USER_AGENT，服务器可以确定是windows CE还是palm OS等相应操作系统，然后系统会选择合适的stylesheet与显示模式，最后数字信息就会为适应不同的浏览器而重新编排格式。

2. 国外图书馆界的尝试

无线通信协议（简称WAP）是在数字移动电话、互联网或计算机之间进行通信的开放式全球标准。此种方式需要读者的手机具备上网功能，具有浏览器软件，能够访问WAP网站。因此，读者在使用这种模式的时候，需要付出一定的数据通信费用。在此基础上读者可以随时方便地浏览每种数字资源的信息，挑选自己需要的资源下载阅读。新加坡义安理工学院图书馆的手机WAP服务，只要用户具有一部支持WAP的手机，就可以享受手机WAP服务。英国汉普郡图书馆建起一个WAP网站，WAP手机用户提供该郡54家图书馆的详细地址、联系方式、开放时间等信息。

日本移动公司通过移动电话使用Internet服务，其采用分组交换叠加技术，保证用户实时在线，使用简化的HTML编辑网站，让传统Web网站容易转变为i-mode网站。日本富士山大学图书馆以及东京大学图书馆利用i-mode技术分别开发了各自的书目查询系统。从技术层面而言，我国运营商完全可以开发类似的平台、网站，诸如起点、九一等中文小说网站也都研发出完全拥有自主知识产权的移动阅读平台，从服务模式和内容上看，和移动数字图书馆的原理是相通的。

此外，国际W3C组织（制定网络服务标准的非营利组织）还制定了一系列针对手机图书馆的建议标准，特别是在2008年底提出的“mobile Web Best Practices”（移动Web最佳实践）草案。该草案在原有标准基础上倡导一套新的修订标准，依循该标准创建Web内容，能极大提高手机移动设备浏览Web站点的便利性。

3. 国外学者对移动图书馆的应用研究

移动图书馆服务作为图书馆在外在环境下拓展自身服务范围、提升服务能力的重要途径之一，不断受到国外学者的重视，包括Sally WilSon，Craham Mc Carthy，R. Bruce Jensen等学者在内，均通过实验或案例调研的方式，开展移动图书馆服务的影响与应用研究。

（1）关注手机用户的移动服务需求

关注手机用户的移动服务需求是提升手机图书馆服务的必要前提。Sally Wil-Son，Craham M. Carthy等2010年通过对RyerSon大学图书馆的用户调查，结果发现，该校当前拥有智能手机的学生数占到全部学校生数的20%，预计在未来的3年内，这一比例将增加80%。针对这一发展情况，图书馆应该充分挖掘和提升基于智机的移动服务。Jensen通过对不同用户使用若干种手机（包括功能相当简单的手机和智能手机）进行移动阅读的调研，指出由于手机具有高效和使用方便的特点。因此，图书馆应该抓住这样的机会，将自身收藏和整理的各类课件资料通过用户较为熟悉和使用方便的手机进行提供。

（2）不断探索手机服务与图书馆移动服务的融合

资源建设是移动图书馆服务的基础。为了研究图书馆的馆藏资源建设是否受到移动用户的直接影响，Glenn Davidson等在2009年对新西兰6家提供移动图书馆服务的图书馆馆藏采集标准与选择策略开展调研。研究结果表明，在移动图书馆馆藏建设方面，并没有放之四海而皆准的选择标准；移动图书馆的馆藏建设者在一定程度上需要考虑不同类型移动用户的需求以实现其相互之间的平衡。当然，馆藏资源采集与建设标准需要考虑多方面的因素而不仅仅只有用户需求。

（3）注重实际效果并有效总结经验

Laurie等在2010年对当前世界范围内有关移动应用、移动技术、移动技术在图书馆的应用，特别是手机访问图书馆OPAC等研究进行系统的评述。深入剖析当前图书馆通过软件开发商提供和图书馆自行开发的移动信息服务，并从图书馆领导者和创新者的角度，指出将图书馆现有的资源考服务借助手机平台进行有效整合集成的重要性，同时就这一发展方向提供有操作的若干建议。Miquel Codina Vila等指出，提供基于手机的信息服务有利于以各种不同的方式扩大用户对图书馆的应用，也有利于馆员与图书馆用户之间通过手机建立更为密切的交流。因此，图书馆要敢为人先，不断尝试借助各种有利于推动移动服务的软件和工具提升自身的服务水平和被用户认可的程度。图书馆建设者应该有清晰冷静的思考和客观准确的判断，监测和评价这一服务方式对图书馆带来的影响。在此基础上，有的放矢地开展手机图书馆服务。Lissermami提出诸如iPhone等智能机功能的加强使得远程学习者可以不受时空限制浏览和使用各种电子课件。但是，当前绝大多数具备移动视频浏览功能的手机并不能有效支持用户方便地浏览语义相关的海量电子课件资源。为此，Roman，Max Source等学者开发一款专门用于浏览电子课件资料的软件。其使用试验结果表明，该软件有利于提升用户对电子课件资源的利用效率。

国外学者有关手机图书馆的研究成果表明，开展移动图书馆服务是图书馆在移动互联网时代不可回避的一种信息服务方式。因此，图书馆需要考虑的问题不在于图书馆要不要开展移动图书馆服务，而在于图书馆应该如何利用手机图书馆开展更为随时随地的移动信息服务。

第七章　档案整理

档案馆（室）对收集来的档案分门别类组成有序体系的一项业务，是档案管理中的一项基础工作。并对档案进行区分全宗、分类、立卷、编制案卷目录等一系列的活动。这项工作的目的是建立档案实体的管理秩序．为档案鉴定、保管、检索、利用、编研等工作奠定基础。

第一节　档案楚理工作的内容和原则

一、档案整理工作的内容

档案整理工作包括区分全宗、全宗内档案的分类、立卷（组卷、卷内文件的排列和编号、填写卷内目录和备考表、拟写案卷标题、填写案卷封面）、案卷排列和编号、编制案卷目录等业务环节。

按照我国文书工作和档案工作的管理体制与分第四章工，档案整理工作是分阶段进行的。其中，全宗内档案的分类、立卷、案卷排列和编制案卷目录等业务环节，一般由文书部门或文书人员承担，即文书立卷；归档案卷的统一编号和排列由档案室承担；全宗的划分和排列多由档案馆承担。在某些特殊情况下，如当档案室（馆）接收到整理质量不佳或基本未经整理的零散档案时，就需要对档案进行局部的或全部程序的整理。

（一）系统排列和编制案卷目录

这种情况是指档案室对接收的已经立卷归档的案卷，按照本单位档案的分类和排列规则，进行统一的分类、排列和编号，使新接收的案卷同已人库保存的档案构成一个整体。

（二）局部调整

这种情况是指对已经接收进档案部门的部分质量不合格的案卷所做的局部改动和调整工作。

（三）全过程整理

这种情况是指档案部门对于接收到的零散文件所进行的从区分全宗到编制案卷目录的全部整理工作。

二、档案整理工作的原则

档案整理工作的原则是：保持文件之间的历史联系；充分尊重和利用原有的整理成果；便于保管和利用。

（一）保持文件之间的历史联系

保持文件之间的历史联系，是档案整理工作的根本性原则。文件之间的历史联系是文件在产生和处理过程中所形成的内部相互关系，也被称为文件的“内在联系”、“有机系”。在档案整理工作中保持文件之间的历史联系，其目的在于使档案能够客观地反映形成者的历史面貌。文件之间的历史联系主要表现为以下四个方面。

1. 文件在来源上的联系

文件的来源一般是指形成档案的社会组织或个人。同属于一个形成者或同类型形成的文件在来源上有着密切的联系。例如：XX物业公司的收文、发文和内部文件，属于一个形成者，具有来源上的密切联系。

因为不同来源的文件反映不同形成者历史活动的面貌，所以整理档案时必须首先保文件在来源上的联系，也就是说，档案不能脱离其形成单位；同时，不同来源的档案也能混淆在一起。

2. 文件在内容上的联系

文件的内容一般是指其所涉及的具体事务或问题；同一个事务、同一项活动、一个问题所形成的文件之间必然具有密切的联系。整理档案时，保持文件之间在内上的联系，有利于完整地反映其形成者各种活动的来龙去脉和基本情况，也便于查找利用。

3. 文件在时间上的联系

文件的时间一般是指其形成的时间。整理档案时，保持文件之间在时间上的联系，有利于体现其形成者活动的阶段性、连续性和完整性。

4. 文件在形式上的联系

文件的形式一般是指其载体、文种、表达方式以及特定的标记等因素。不同形式的文件往往具有不同的作用、特点和管理要求。整理档案时，保持文件在形式上的联系，有利于揭示文件的特殊价值，便于档案的保管和利用。

（二）充分尊重和利用原有的整理成果

充分尊重和利用原有的整理成果是指后继的档案管理者要善于分析、理解和继承前人对档案的整理成果，不要轻易地予以否定或抛弃。在整理档案时充分尊重和利用原有的整理成果，应该做到：第一，在原有整理成果基本可用的情况下，要维持档案原有的秩序状态。第二，如果某些局部整理结果明显不合理，可以在原来的整理框架内进行局部调整。第三，如果原有的整理基础的确很差，无法实行有效管理，可以进行重新整理。但是，重新整理时应该尽可能保留或利用原有基础中的可取之处。

（三）便于保管和利用

整理档案时，一般情况下，保持文件之间的历史联系与便于保管和利用之间是一致的。但是，在某些特殊的情况下，二者之间可能会发生一定的矛盾。例如：产生于同一个会议的档案，有纸质文件、照片、录像材料，甚至还有电子文件等，它们的保管要求各不相同，在整理时就需要综合考虑各种因素，在保持文件之间历史联系的前提下，采取分别整理的方法，以利于档案的保管和利用。

第二节　全宗的划分

档案的形成者数不胜数，在档案管理中如何界定、称呼和区别不同形成者的档案呢？社会活动的不断变化导致档案形成者也随之发生变动，那么，他们的档案在归属上也发生变化吗？如果发生变化，档案管理者又应如何识别和处理呢？

一、确定全宗

（一）全宗

全宗是一个具有独立性的单位或个人在其社会活动中所形成的全部档案的总称，是一个表示档案范围的计量单位。凡是具有独立性的单位或个人的全部档案就叫作一个全宗。例如：湖南省人民政府的全部档案，被称为“湖南省人民政府全宗”；毛泽东的全部档案，被称为“毛泽东全宗”。

全宗具有不可分散性，即同一全宗的档案不能分散，不同全宗的档案不可混淆。不管在档案室还是在档案馆，档案首先是按照全宗进行管理的；维护了全宗的完整性，也就维护了一个单位或个人历史的完整件。

（二）立档单位

构成全宗的具有独立性的单位或个人就是立档单位，也称为“全宗构成者”。例如“陕西省人民政府”是一个立档单位，它的全部档案就构成一个全宗；“朱德”是一个立档单位，他的全部档案也构成一个全宗。

确定一个形成档案的单位可否成为一个立档单位，需要依据下列条件：第一，工作上，可以独立地行使职权，并能以自己的名义对外行文。第二，财务上，是一个会计单位或经济核算单位，可以编制财务预算或财务计划。第三，人事上，有一定的人事任免权设有管理人事的机构或人员。通常情况下，在工作上、组织上和财务上具有一定独立性的单位就是一个立档单位，它们的档案就可以构成一个全宗。

应该特别指出的是，上述确定立档单位的条件中，第一个条件“可以独立地行驶职权，并能以自己的名义对外行文”是主要的条件。之所以强调这一点，是因为在某种特殊的情况下一些单位不同时具备立档单位的三个条件，有些单位在工作上是独立的而在财务上和组织上不独立，也有的单位在工作上和组织上是独立的而在财务上不独立，在这种情况下，判断其是否为立档单位‘，主要是依据第一个条件，看它能否独立行使职权和以自己的名义对外行文。

(三) 确定立档单位的方法

在明确了立档单位的成立条件后，我们通过什么方法或途径取得确认一单位是否为立档单位的证据呢？通常可以从如下两个方面去寻找和取得证据。

1. 从文件中查找

可以从与该单位成立、撤销、调整等有关的法规性、领导性文件中查阅、分析。例如查阅关于单位成立的命令、决议、组织章程、会议记录等，这些文件会规定该单位的职权范围、隶属关系、内部机构设置等。

2. 从实际工作情况考察

在实际工作中，一个单位若内部设有比较健全的文书工作机构，通常就是一个立档单位。此外，单位的名称、印信等也可以作为分析其是否符合立档单位条件的参考。

应该注意的是：确定一个组织是否为立档单位，不能以其权限的大小、人员数量的多少和档案数量的多少来确定。有的基层单位或小型公司权限不大，人员有限，档案数量较少，但它具备了构成立档单位的条件，那么它就是一个立档单位，其所形成的档案就应该构成一个全宗。

二、区分全宗

由于社会活动的需要和社会职能的分化、调整常常引起一些立档单位的增设、撤销合并等，而这些变化又会牵涉到全宗的划分，因此，我们需要掌握立档单位的各种变化与全宗之间的关系，从而正确处理有关的问题。

(一) 区分全宗的原则

1. 立档单位发生根本性变化与全宗的划分

立档单位发生根本性变化主要指由于机构撤销、合并、拆分等引起的立档单位实体独立性的变化，由这些变化所导致的全宗划分问题，一般有以下几种情况：

立档单位被撤销，工作终止，其档案应作为独立的全

宗予以保存。如果单位撤销后，其部分职能由其他立档单位接续，撤销之前形成的档案仍作为独立的全宗对待；在今后延续下来的职能活动中形成的档案，作为接续该职能的立档单位全宗的一个组成部分。

由几个立档单位合并组成新的立档单位，合并前的档案分别构成独立全宗，合并后形成的档案构成一个新的全宗。如果以其中的一个立档单位为中心，兼并若干其他立档单位，那么，中心立档单位兼并前后的档案则应作为同一个全宗，其他立档单位被兼并前的档案分别构成独立全宗。

立档单位的某个内部机构或职能独立出来而形成新的立档单位时，其独立之前的档案作为其原所在立档单位全宗的一部分，独立后形成的档案构成新的全宗。原来是独立的立档单位，后来并入其他立档单位成为所并人单位的内部机构的，其并人前所形成的档案构成独立全宗，并人后形成的档案成为所并人立档单位全宗的一部分。

某单位的某内部机构或某职能直接并人其他立档单位时，该内部机构或职能并人前的档案是原所在立档单位全宗的一部分，并入后的档案成为所并入立档单位全宗的一部分。

合署办公的立档单位，其档案如果能区分开，一般应分别构成全宗；如果档案确实难以区分，可以按照全宗的补充形式处理，组建联合全宗。

2. 立档单位非根本性变化与全宗的划分

立档单位非根本性变化是指立档单位名称的变更、职权范围的扩大或缩小、隶属的改变、内部组织机构的调整、组织规模的扩大或缩小、工作地点的迁移等，这些变未引起立档单位实体独立性的改变，因此不会导致全宗的变化。

3. 临时机构和派出机构档案的全宗归属

具有社会独立性的临时机构，其档案是否构成独立全宗，应作具体分析。如果临时机构存在时间较短，职能性质不重要，档案数量不多，则可以不构成独立全宗而作为其上级主管单位全宗的一部分；如果临时机构存在时间较长，职责较重要，档案数量较多，其档案则可以构成独立全宗。

派出机构不具有社会独立性，所以其档案不能构成独立全宗，一般作为其所属立档单位全宗的一部分，实施统一管理或单独管理。

4. 立档单位中党、团、工会等组织档案的全宗归属

各单位中党、团、工会等组织形成的档案，均作为其所在立档单位全宗的一部分，按暇内部组织机构的档案对待。比如：xx玩具公司工会形成的档案，应作为该公司档案的一个部分，统一管理。

（二）判定档案所属全宗的方法

在实际工作中，一些单位的档案在形成或流转过程中会发生散失、混淆，造成其归属不清的情况。这时，就需要我们通过分析来判定档案的所属全宗。

判定档案所属全宗的关键在于确定各种档案的立档单位，我们在操作时应注意：不要将文件的制发名义作为判定标准。具体的判定方法如下所述。

1. 发文和内部文件所属全宗的判定

发文和内部文件应归属于制发该文件的立档单位，因此，只要查明了文件的作者，也就确定了其所属全宗。

一般情况下，发文是指文件的定稿，它是缮印正本的依据，不对外发出，因此，必然属于文件制发单位的全宗。发文一般具有两个特征：一是正本与定稿放在一起；一是有比较固定的格式，或者有起草人、签发人的标记。这些可以有效地帮助人们判定是否是发文、是哪里发的文，从而判定其所属全宗。

内部文件因不对外发出，所以必然归属于制发单位的全宗。判断是否为内部文件，可以从文件的标题、内容、办理意见和落款等方面来看，这些方面都明显地反映出其内部文件的特征；同时，内部文件也大都是定稿与正本放在一起的。通过这些内容也可有效地确定内部文件的作者，确定了内部文件的作者也就判定了其所属全宗。

2. 收文所属全宗的判定

收文应归属于收受该文件的立档单位，因此，只要查明了收文的实际收受者，也

就确定了其所属全宗。通常，收文都是正本文件，而不可能是定稿或草稿（征求意见稿除外），且正本文件具有标准的公文格式，还大都有收文章、收文编号、拟办意见、批办意见等收文处理标记。根据这些特征就能够判明文件的收受者，从而确定文件的所属全宗。

对于全宗混淆严重、不能采用上述方法判定档案所属全宗的特殊情况，往往需要借助文件上的各种标记来综合分析、判断，例如承办单位负责人或承办人的签字、批注的记号、收文和归档的印章或其他戳记、文件上的各种日期等；还可以通过研究文件的内容、查阅档案形成机关的收发文登记簿等方法判定档案的所属全宗。

三、全宗的补充形式

正常情况下，各个立档单位所形成的档案数量齐全，与其他全宗的界限清楚，自身可以构成一个完整全宗的，即为独立全宗。独立全宗是全宗的主体类型。

但是，由于一些特殊的社会、历史原因，许多档案在数量上、界限上或归属上很难组成独立全宗或者按照独立全宗进行管理，因此，为了便于管理，我们可以采取一些变通的方法，采用“全宗的补充形式”对那些处于特殊状态的档案进行组织。

（一）联合全宗

联合全宗是两个或两个以上全宗的联合体。若干立档单位的档案之所以组成联合全宗，主要是因为它们的档案混淆在一起且无法区分。立档单位的档案必须组成联合全宗的情况有两种：第一，两个或两个以上的立档单位在存在时间上前后相继、交替，在人员职能和内部机构等方面相互交叉，文件处理界限不清，使档案混淆在一起无法区分；第二，两个或两个以上同时存在的立档单位，职能相近，关系密切，且合署办公，文件混合处理，致使档案无法区分。遇到上述两种情况，其档案可按联合全宗的方式进行组织。

（二）全宗汇集

全宗汇集是指将若干性质相近的独立全宗人为汇集起来。组织全宗汇集的前提条件是：独立全宗的档案数量极少，按照一个全宗进行管理确实不便。这时我们可以量极少且性质相近的独立全宗组织成为“全宗汇集”。

（三）档案汇集

档案汇集是指将若干全宗所属不明或所属全宗已经不复存在的档案汇集起来，例如“工业生产档案汇集”、“教育档案汇集”等。组织档案汇集必须充分考虑文件之间的关系，即将在内容、性质上确有联系或共同点的孤立的文件组合成为档案汇集。

在档案管理中，一旦某些档案采用了某种全宗的补充形式，就视为一个全宗，赋予正式的全宗名称，并与其他全宗一起统编号、排列。

四、全宗群

全宗群是由若干具有一定联系的全宗构成的群体。在档案管理中，全宗群是一个在宏观上组织全宗的思想方法，而不是档案实体管理分类的层次和实体性的保管单位。例如：在档案室（馆），将形成时期相同、性质相近的全宗集中保存在同一个或相邻的库房中，以便于查找、利用，这便是全宗群的划分。全宗群的划分方式非常灵活，在档案室（馆）中没有统一的标准。在档案馆，可以按照历史时期划分全宗群，也可以按照党政系统划分全宗群，还可以按照地区、行业划分全宗群。

第三节 全宗内档案的分类

全宗内档案的分类是指按照来源、内容、时间或其他形式特征，将立档单位所形成的档案划分为若干类别，使之条理化的工作。

一、全宗内档案分类的基本要求

（一）分类应符合立档单位的客观实际

立档单位的社会职能、规模等各方面的具体情况决定了其档案具有各自的内容、形式特点。因此，全宗内档案的分类要根据每一个立档单位档案的形成规律，选择适合的分类方法，合理地设置类目，准确地归类；分类的结果应该符合全宗档案的客观状况，维护立档单位的历史面貌。

（二）分类应遵守逻辑规则

分类作为一种管理方法，必须遵守逻辑规则。逻辑规则在全宗内档案分类方面的具体体现是：(1) 所设置类别的总和必须覆盖全部档案，既不能出现无实际档案的"虚类"，也不允许存在未纳入任何类别的"多余"档案。(2) 全宗内档案分类可以是多层次的，但是每一个层次所采用的分类方法必须一致，不允许运用多种方法，而不同层次之间的分类方法可以不同。例如：xx饮料公司的档案分为两个分类层次，第一层次采用"年度分类法"，第二层次采用"问题分类法"，这是符合逻辑规则的做法；而同一层次既采用"年度分类法"又采用"问题分类法"，则是违反逻辑规则的做法。(3) 同层次各类别之间的界限必须分明，在概念上不能互相交叉、包容。例如：xx家具公司在采用问题分类法时，同一层次既设置了"产品营销类"，又设置了"经营类"，就出现了概念上的包容现象。

（三）分类应该注重实用性

全宗内档案的分类还应考虑便于保管、检索和利用的要求，从现实需要出发，确定分类策略，选择分类方法。

二、全宗内档案分类的程序和方法

全宗内档案分类的流程如下所述。

（一）区分档案的门类

门类（部类）是指档案在形成过程中自然分化的种类，如：文书档案，科技档案，专门档案中的人事挡案、会计档案……这些档案的内容、载体、表达方式不同，其管理方式和要求也不同，因此，在对全宗内的档案进行分类时，需要首先在门类上将其区分开来，以进行有针对性的管理。

（二）选择分类方法和设置类别

立档单位的工作性质、职能、规模以及运行情况不同，其档案的数量、结构、内容也各具特点，对它们就需要采用不同的分类方法和类别设置；同时，不同门类的档案，其分类方法也有区别。在这一工作步骤中，我们需要根据立档单位和全宗内档案的具体情况，为其选择适合的分类方法，确定分类的基本层次，设置类别，建立分类框架。

（三）编制分类方案

分类方案是用文字或图表的形式表示全宗内档案分类体系的文件；其作用是对分类作进行指导，并最终记录全宗内档案分类的结果。在确定了分类方法和类别设置后，就需要将其编制成分类方案。

分类方案在初步拟好之后，随着档案归类的进行，可能会根据实际情况做一些调整，直至全宗内档案归类完毕，分类方案才可以最后定稿。

（四）文件归类

档案分类人员按照分类方案，设置好类别的标志，将文件实体归入所属的类别中。

三、全宗内档案常用分类方法的应用

（一）年度分类法的应用

1. 年度分类法

年度分类法就是以形成文件的自然年度或专门年度为标准将档案分成各个类别。年度分类法的优点在于：分类标志客观、明确，操作简便易行；符合立档单位按年度归档的制度，文件归类时界限清楚；可以较好地体现立档单位工作活动的历史发展进程。

2. 年度分类法的操作方法

采用年度分类法对文件进行归类操作时，我们应该掌握准确判定文件日期所属年度的方法。常见的情况和判定方法有如下几种：

标有不同年度文件的归类。有些文件上标有属于不同年度的几个日期，在这种情况下，需要根据文件的特点，选择一个最能说明文件时间特点的日期归类。一般按照以下规则处理：

收文的制发日期与收到日期属于不同年度时，一般归入收到日期所在年度。

文件本身存在几个日期，如制发日期、批准日期、生效日期等，属于不同年度时，应根据文件的性质准确归类：一般的文件以制发日期（落款）为准；法律法规性文件一般以批准、通过或生效日期为准。

计划、总结、预算、决算、统计报表等文件，其内容所针对的时间与制发时间属于不同年度时，应归入内容所针对的年度中。例如：2010年的工作计划，制发于2009年12月，这份文件应该归入内容所针对的2010年度中。

如果计划、总结、预算、决算、统计报表类文件的内容涉及若干年度时，如：五年计划，那么，计划、预算应归入其内容所针对的开始年度；总结、决算应归入其内容所针对的结束年度。例如：xx广告公司2006-2010年发展规划，应该归入2006年度中。xx建筑公司2009-2011年项目总结，应归入2011年度。

关系密切、不可分散的一组文件的形成日期属于不同年度时，如一个案件所形成的一组文件、请示和批复等，一般将其归入关系最为密切的年度或结案年度。

按专业年度形成的文件的归类ˆ某些专业采用与自然年度不同的年度进行工作，如学校的教学年度——学年，是从每年的9月1日至次年的8月31日为一个学年度。在这种情况下，如果其所有的工作都按照专业年度运行，那么，其档案也按照专业年度分类、归类；如果其专业工作按专业年度运行，而日常行政工作按自然年度运行，且档案统一管理，则应将专业年度与自然年度结合在一起进行归类。例如：xx大学的档案，2009自然年度的行政档案与2009-2010学年的教学档案为一类，2010自然年度的行政档案与2010-2011学年的教学档案为一类，以此类推。

无具体时间的文件的归类。由于各种原因，一些文件上的日期特别是年度没有标明，给文件按年度归类造成障碍。对此，应该采取多种方法判定文件的准确日期。通常，分析文件的内容、格式、标记、制成材料等都是行之有效的方法；同时，将日期不明的文件与标明日期的文件进行比较对照，也可以帮助人们判定文件的所属年度。如果经过考证仍不能确定其所属年度，则应将其归入可能性最大的相关年度中。

（二）组织机构分类法的应用

1. 什么是组织机构分类法

组织机构分类法就是以立档单位内设组织机构为分类标志，将档案分成各个类别。组织机构分类法的优点是：第一，符合立档单位按内部机构分工开展工作的规律，能较好地保持档案在来源上的联系，完整反映各个内部机构活动的情况；第二，内部机构作为分类标志，类名概念明确、客观，便于识别，有助于文件的准确归类；第三，有共同内容的文件相对集中，便于查找利用。

2. 组织机构分类法的适用范围

并不是所有立档单位的档案都适合于采用组织机构分类法，这种分类方法具有一定的适用范围：

立档单位内部要设立一定数量的内部机构，且内部机构要比较稳定。如果立档单位内部机构的数量很少，或者内部机构经常调整变动，很不稳定，则不适于采用组织机构分类法。

立档单位内部机构之间的档案界限清楚，便于识别和区分。如果立档单位内部机构的档案或残缺不全，或混淆在一起难以识别、区分，则不适于采用组织机构分类法。

3. 组织机构分类法的操作方法

类别设置。应按照立档单位内部机构的序列设置类别，即一个机构为一类，内部机构的名称就是类别名称，内部机构的固定顺序就是类别的排序。如果立档单位的内部机构没有固定排序，则档案人员应为其类别排定顺序。

分类层次。采用组织机构分类法时，具体的分类层次主要取决于立档单位规模的大小和档案数量的多少。通常，大型组织内部机构的层次多，档案的数量大，类别可以分到内部机构的第二层或第三层。对于大多数中小型立档单位来说，按第一个层次内部机构对档案分类即可。

临时性内部机构的分类采用组织机构分类法，一般情况下，临时性内部机构的档案应单独设类，并排在最后一类。

档案归类。在立档单位内部，文件的起草、审核、签发、承办往往涉及若干部门，因此，在采用组织机构分类法时，我们对文件归类应掌握如下要求：

归类的依据是看哪个机构对文件进行了实质性的办理工作，而不能仅看发文名义或处理名义。比如：XX建筑公司采购部起草了一份关于原材料采购品种与价格的函件，以公司的名义发出，那么，该份函件应归入采购部类当中。确认这一问题还有一个辅助性的标准，就是看文件内容是否属于该机构的职责范围。

由立档单位领导人或中心机构负责起草办理的全局性、综合性文件，应归入中心机构，即办公厅（室）类。

由若干内部机构共同起草、办理的文件，应归入牵头机构或最后经办机构的类别中；如果判断不出牵头机构，则将文件归入现实存放的机构或中心机构的类别中。

由某一个或几个内部机构负责起草、办理的全局性、综合性文件，一般应归入中心机构类别，也可归入起草或办理的机构类别之中。

（三）问题分类法的应用

1. 什么是问题分类法

问题分类法就是以文件内容所涉及的主题为标准，将档案分成各个类别。它又称“事由分类法”，是一种逻辑性质的分类方法。问题分类法的优点是：能够集中立档单位具有共同内容的档案，较好地保持文件在内容上的联系，便于反映立档单位各项工作的情况。但是，由于问题分类法在类别的设置上需要档案人员根据档案的具体情况归纳、概括后拟定，而不像年度分类法和组织机构分类法具有客观对应的标志，因此，问题分类法在设类和文件归类的操作上，比起年度分类法与组织机构分类法有更大的难度。因此，不适合于采用年度分类法和组织机构分类法的全宗才考虑采用问题分类法p

2. 问题分类法的适用范围

立档单位内部机构变动频繁，职能分工界限不清，或内部机构数量很少。

立档单位内部机构的档案混淆，难以区分，或档案数量少。

在上述两种情况下，全宗内的档案按照组织机构分类已经失去了简便易行的优越性，甚至无法按组织机构分类，因此，可以采用问题分类法。

3. 问题分类法的操作方法

类别设置。为了使类别能够反映立档单位的基本职能活动，在设类之前，需要对立档单位的主要职能、内部机构设置及变动、档案的内容等情况进行调查研究；然后，根据实际情况拟定类别，所设类别不宜过细或过于具体。为了解决记述全面情况、涉及若干方面工作或特殊内容的档案的归属问题，通常应设置一个“综合类”或“总类”，并置于所有类目之前。

文件归类。在文件归类的操作中，为了解决工作人员在归类上认识的不一致，应统一编制归类规则。归类规则应包括：X^J•类别含义的解释，对档案内容进行类别分析认定的方法，多类别属性档案的定义和归类方法，类别属性不明或理解上有分歧的档案的归类处置原则、办法，等等。

类目完善。采用问题分类法，类目体系是一个逐渐完善的过程。因为在分类工作开始时所拟定的类别，在归类的过程中可能会发现不尽合理之处，这时就需要对类别设置进行调整，直至全宗内档案全部归类完毕，类目体系方能最后确定下来。

（四）分类方法的组合应用

按照构成方式，全宗内档案分类分为单式结构分类法和复式结构分类法两种类型。单式结构分类法是指全宗内档案分类只采用一种分类方法；复式结构分类法是指采用两种分类方法结合的方式对全宗内档案进行分类。复式结构分类法在应用上比较灵活，适用面比较广，因此，绝大多数立档单位全宗内档案的分类采取这种分类方法。分类方法的组合形式有如下几种。

1. 年度一组织机构分类法

全宗内档案先按年度分类，然后在每个年度类下再按照内部机构分类。这种方法适用于内部机构比较稳定且档案之间界限比较清楚的现行机关档案的分类。

2. 组织机构一年度分类法

全宗内档案先按照内部机构分类，然后在每个内部机构类下再按年度分类。这种方法置用于内部机构比较稳定的历史档案或撤销机关档案的分类。现行机关的档案如果采用这种分类方法，就需要在档案库房为同类别档案预留保管位置，否则，每年档案人库时都要为同类别新案卷腾挪位置。

3. 年度问题分类法

全宗内档案先按年度分类，然后在每个年度类下再按照问题分类。这种方法适用于部机构很少，或内部机构变动频繁，内部机构之间的档案混淆，无法按组织机构区分的行机关档案的分类。

4. 问题~年度分类法

全宗内档案先按照问题分类，然后在每个问题类下再按年度分类。这种方法适用于部机构变动频繁且档案混淆而难以区分的撤销机关档案或历史档案的分类。

第四节 案卷的组织

案卷是一组有密切联系的文件的组合体，它是在一个全宗的各类别之下对单份文件进行整合后所形成的保管单位。案卷的组织工作包括立卷、案卷的排列和编号、编制案卷目录等环节。

一、立卷方法

全宗内档案分类结束后，在各个类别下将单份文件按照一定的方法组成案卷的工作就是立卷。

目前，我国文书档案基本的立卷方法是“六个特征立卷法”，即根据文件在问题、作者、时间、名称、地区和通讯者特征六个方面的共同点将文件组合成案卷的方法。比如：把同一个作者的文件组成一卷；把同一个会议的文件组成一卷；等等。按照文件的六个特征立卷时，一般不单一地采用某个特征组成案卷，而是综合分析文件之间的关系，选择其中最能说明客观情况的几个特征作为组卷的依据。例如：“XX总公司关于2006年产品销售问题的调查报告、策划方案”，是作者、时间、问题、文种四个特征相结合组成的案卷；“xx省水利开发公司关于xx地区水利资源情况的调查报告”是作者、地区、问题、文种四个特征相结合组成的案卷。

此外，在实际工作中还有一些其他的立卷方法，如将文件按照“事”或“件”组卷的“立小卷法”以及“四分四注意立卷法”等，都具有各自的特点，也是比较适用的立卷方法。

2000年12月，国家档案局发布了行业标准-《归档文件整理规则》，推行“以件为单位”的立卷方式。其操作方法是：将归档文件按“件”装订后，按事由结合时间、重要程度等排列（会议文件、统计报表等成套性文件集中排列）；然后，编顺序号，装入档案盒，填写档案盒封面、盒脊及备考表项目。这种立卷方式需要借助计算机系统进行数据登记，才能便于日后的查找利用和管理。

目前，不少单位的工作中都形成有项目档案，其中包括工程建设项目档案和科研项目档案。工程建设项目档案指在立项、审批、招投标、勘察、设计、施工、监理及竣工验收全过程中形成的文字、图表、声像等形式的全部文件，包括项目前期文件、项目竣工文件等。根据有关规定，建设项目档案的真实、完整、系统状况已纳人项目竣工验收的范围。如果项目档案收集和整理质量不合格，将直接影响工程项目通过验收。因此，工程建设项目所形成的全部文件应由建设项目的所在单位（甲方）在竣工验收前组织有关人员按照国家的相关规定收集齐全，并依据项目文件的形成规律和成套性的特点整理立卷、编制目录，随后提交档案接收部门进行检查、评估和验收。

科研项目档案主要分为项目管理档案和项目研发档案，具体包括：项目申请书、会议记录、研究成果的著作、研究报告、论文等，其表达方式有文字、图表、数据、声像，现在电子文件成为项目档案的一个主要组成部分。由于科研项目涉及的范围大小不一，参与者往往涉及若干单位，因此，科研项目档案的形成比较分散。为了保证科研项目档案的完整，项目参研单位要建立文件收集、积累、整理和保管的责任制，使科研档案日常管理达到的完整、准确、真实。当项目完成结题时，需要对涉及该项目的全部文件集中清理、鉴定和整理立卷。通常情况下，项目管理档案与项目研发档案分开整

理，项目研发过程的档案（实验数据、实验记录等）与最终成果档案（成果报告等）分别立卷，不同载体的档案分别整理立卷。科研项目档案整理完毕后需要通过项

目主管单位及档案部门的检查、评估和验收s目前一些科研主管机关已经把科研项目档案的验收作为对科研项目实施验收的前提。

二、卷内文件的整理

（一）卷内文件的排列和编号

卷内文件排列的目的是建立卷内文件之间的顺序，以便于管理和查找利用。卷内文件的排列一般采用若干文件特征相结合的方法，比如："问题一时间"是先将卷内文件按问题分开，然后再对同类问题的文件按时间顺序排列；"作者一时间"是先将卷内文件按作者分开，然后再对同一作者的文件按时间顺序排列；"问题重要程度一时间"是先将卷内文件按问题的重要程度分开，然后再对相同重要程度的文件按时间顺序排列。此外，还有"名称一时间"、"地区一时间"等排列方法。

卷内文件排列完毕后，为了固定文件的排列顺序，便于保护、统计和检索文件，还要为文件依次编定件号、页号或张号。

（二）填写卷内文件目录和备考表 1.卷内文件目录

卷内文件目录是揭示卷内文件内容和成分的一览表，按照卷内文件的列顺序填写，置于案卷的首页。

顺序号：按照每件文件在案卷中的排列顺序依次填写。

发文字号：按照文件上的编号填写。

责任者：填写文件的作者。

文件题名：照实抄录文件标题。如果有的文件没有标题或标题不能揭示文件的内容和成分，应为文件重新拟写标题。由立卷人员重新拟写的文件标题要外加"[]"。

日期：填写文件的形成日期，填写方法是采用阿拉伯数字在年月日间加""分隔表示具体日期，比如：二〇〇六年八月一日，与为2006.6.1。

页号：有两种填写方法。第一，填写每份文件首页所在页的编号，最后一份文件填写起止页号；第二，每份文件均填写起止页号。

备注：当卷内文件有一些特殊情况时可予以说明。卷内文件目录可以一式三份，一份装在案卷中，一份留在立卷部门供查阅，一份与案卷目录合编为全引目录，作为检索工具。

2.卷内备考表

卷内备考表是用以注明卷内文件存在状况的表格，置于案卷的末页。

本卷情况说明：填写卷内文件的缺损、补充、移出、销毁等情况。如果无情况，可不填写。

立卷人：由立卷者签名。

检查人：由案卷质量检查者签名。

立卷时间：填写完成立卷的时间。

三、拟写案卷题名

案卷题名又称案卷标题，用以概括和揭示卷内文件的内容和成分，是识别、检索文件的重要标记，也是编制各种检索工具的重要依据。

拟写案卷题名要遵守政治观点正确、内容概括准确、结构完整、语言精练的基本案卷题名的基本结构是：

作者（责任者）——问题（内容）——名称（文种）。

四、填写案卷封面

案卷题名拟写完成之后，需要填写案卷封面。填写案卷封面的要求是：项目填写齐全，字迹工整、清楚；手工填写应使用毛笔或钢笔；也可使用计算机打印输出。

全宗名称：填写立档单位的名称，使用全称或规范的简称。

类目名称：填写该案卷所属类别的名称，如“办公室类”、“综合类”等。

案卷题名：填写所拟写的案卷标题，居中书写。

时间：用阿拉伯数字填写卷内文件的起止时间。

保管期限：填写为该卷划定的保管期限。

件（页）数：装订的案卷填写其总页数；不装订的案卷填写总件数。

文书处理号：填写立卷方案中的类号和条款号。

档号：填写全宗号、案卷目录号、案卷号，其中全宗号是由档案馆给予立档单位的编号。

为了避免卷内文件的散失和损坏，还需要对卷内文件进行装订。卷内文件装订的方式分为以“卷”为单位装订和以“件”为单位装订。同一全宗的案卷应该统一装订的方式，使档案保管整齐划一。

五、案卷排列、编号和编制案卷目录

（一）案卷排列

案卷排列就是根据一定的规则，将案卷组织成一个有机的整体，以保持案卷之间的历史联系，便于保管和利用。

排列案卷可按照案卷的作者、内容等结合时间进行。例如：内容联系密切的案卷排列在一起，再按形成时间的顺序排列；相同作者的案卷排列在一起，再按形成时间的顺序排列；按照案卷的重要程度排列等等。

（二）编号

案卷顺序排定后，就应对案卷逐一编写案卷号，将案卷排序固定下来。案卷编号的方法有两种：第一，一个全宗的所有案卷统一号序，从“1号卷”开始，按顺序编制流水号；第二，按全宗内档案的类别、年度或保管期限，分别从“1号卷”开始编号。

分编或统编案卷号各有其特点和适用情况。统编号的优点是号序单一，不易出现管理上的错乱；其不足之处是号码排列较长，难以按照类别或保管期限接续新归档或补充归档的案卷。分编号的优点是号序能够反映全宗内档案分类或保管期限的状况，便于随时接续新归档或补充归档的案卷，因此，档案室管理阶段较多采用分编号方法；其不足之处是一个全宗内的同号卷过多，管理中也容易发生错乱。

（三）编制案卷目录

案卷目录就是案卷的名册，其作用是：固定全宗内档案分类体系和案卷排列顺序；记录全宗内案卷的数量，是一种基本的登记形式，可以作为对档案进行清点、检查和统计的工具；揭亦全宗内档案的内容和成分，是一种基本的检索工具，同时可以作为编制其他检索工具的基础。

1. 案卷目录的编制方法

案卷目录必须以全宗为单位编制，准确反映全宗内档案的实体整理秩序；必须严格按照案卷的排列顺序登录条目，准确反映案卷号的排序系统。

案卷目录的编制方法分为统编和分编两种。统编法是指一个全宗只编制一本案卷目录；分编法是指一’个全宗编制若干本案卷目录。一个全宗的档案采用哪一种案卷目录的编制方法，取决于全宗内案卷的编号方法。即采用统编法编制案卷号的全宗，案卷目录就只能统编；采用分编法编制案卷号的全宗，案卷目录就只能对应地分编，如按每一年、每一类、每一个保管期限或密级分别编制案卷目录案卷目录编制完成后，还要给每本目录编定一个案卷目录号，作为管理和检索标识。

2. 案卷目录的结构与内容

案卷目录的形式均为簿册式，不宜采用卡片式或活页式。因案卷目录使用频繁，所以应加硬质封皮。装订线可在左侧或上侧P开本尺寸一般采用16开并横向使用。

封面和扉页：由全宗号、目录号、目录名称、编制时间、编制单位等项目构成。全宗号和目录号一般并列写于左上角或右上角；目录名称由全宗名称或加全宗内类别、保管期限、密级等和“案卷目录”构成，居于中间位置，如“xx玩具公司产品研发类（永久）案卷目录”；编制时间置于目录名称下方中间位置；编制单位即编制目录的档案室（馆）及其保管机构名称，一般置于编制时间的前面或上方。

目次：即案卷目录中类目的索引，专门用于进行了档案分类且采用统编法编制案卷号的目录。对于采用分编法，编制案卷号的目录，则无须设目次。目次应标明每一类的类名及所在的起止页号，也可同时标明案卷的起止卷号。

序言或说明：是对目录结构、编制方法、立档单位和全宗状况、档案完整程度等情况进行简要说明的文字。

简称对照表：即目录中所用的名词简称与其全称的对照表。如果所用简称较少且为人们所熟知，则可不设此表。

案卷目录表：案卷目录表是案卷目录的主体部分，用于逐卷登录案卷封面上的基本信息。每一案卷目录条目的项目由案卷号、案卷题名、卷内文件起止日期、保管期限、件数、页数、备注等构成。

案卷号：用阿拉伯数字填写案卷的实际编号。

案卷题名：按照案卷封面上的案卷题名抄录。

保管期限：填写该卷标明的保管期限。

件数：填写卷内单份文件的数量。

页数：填写卷内实有文件的总页数。

备注：用于说明卷内文件的某些特殊情况，如卷内文件纸张、字迹的老化情况和卷内文件的销毁、移出情况等。

备考表：置于目录最后，用于总结性地记录案卷目录及其所包括案卷的基本情况。如案卷总数量和排架长度，案卷号总号数与案卷实有卷数的对应程度，即是否有分卷（一号两卷或几卷）、空号（有号无卷）等，案卷目录编制完毕后，应复制数份，供日常管理使用和备用。档案室在向档案馆移交档案时，必须同时移交一份或若干份案卷目录。

六、档号

档号是档案室（馆）在整理和管理档案的过程中赋予档案实体的一组位置号或存址号，包括全宗号、案卷目录号、案卷号、卷内文件的页号或件号。档号是档案实体最基本的秩序号，在档案管理中起着基础性的控制作用。

（一）档号的编制方法

全宗号是档号序列中的第一个号码。全宗号通常是档案馆为每一个全宗编定的，其编制方法主要有大流水编号法、分类流水编号法。

“大流水编号法”是档案馆按照全宗进馆的先后顺序从1号开始依次编定号码。

“分类流水编号法”是将档案馆的所有全宗划分为若干大类（全宗群），并以固定的代字或代码作标志，如用汉字的“党”、“政,'、“建”、“革”、“旧”或汉语拼音字头作为代字，然后在各个大类中按全宗进馆的先后顺序流水编号。

案卷目录号、案卷号、卷内文件的页号或件号的编制方法已在前面介绍过，故不再赘述。

在编制档号时，要注意指代的唯一性，即每一个编号对象被赋予的号码都是不同的，不允许有重号的现象。具体地说就是：同一个档案室（馆）内不能有相同的全宗号，同一个全宗内不能有相同的案卷目录号，同一个案卷目录内不能有相同的案卷号，同一个案卷内不能有相同的页号或件号。

（二）档号的表示方法

全宗号标写于全宗名册、案卷目录封面和案卷封面上；案卷目录号标写于案卷目录封面和案卷封面上；案卷号标写于案卷封面和案卷目录中；页号或件号标写于卷内每一页或每一份文件的首页上。

检索工具中，如果检索级别为案卷，则要同时标写全宗号、案卷目录号、案卷号三个号码；如果检索级别是文件级，则要同时标明全部档号。其标写方法是用“一”置于各层次各号码之间，并将其连接起来，例如：革002永7-659。

第五节 立档单位与全宗历史考证

立档单位与全宗历史考证是在档案整理工作中编写的，对立档单位和全宗基本状况进行概括性说明的文字材料。立档单位与全宗历史考证在档案整理工作中具有背景介绍和思路指导的作用；同时，它还成为日后对该全宗进行管理、介绍、报道、查考的重要的参考材料。

一、立档单位与全宗历史考证的内容

（一）立档单位概况

立档单位概况一般包括：立档单位成立的原因和时间、立档单位的名称变化、隶属关系及其变化；立档单位的性质、职能、职权范围及其变化；立档单位历届主要领导人姓名、内部机构设置及其演变，办公地点的变更，文书工作制度及其变化，公章和各种文书处理戳记及其印模；立档单位重要的历史活动情况，立档单位撤销的时间和原因等。

（二）全宗档案概况

全宗档案概况一般包括：全宗档案的数量、完整程度，全宗内档案分类的方法，档案保管状况，档案移交、整理、鉴定情况，重要档案的内容简介，特殊档案与新型载体档案的情况，检索工具的编制情况及其种类，档案被利用的情况及编研工作的情况等。

二、立档单位与全宗历史考证的编写方法

立档单位与全宗历史考证一般由档案室或档案人员负责编写。为了全面掌握立档单位和档案的情况，在撰写的过程中应查阅有关文件和走访一些老同志。材料收集齐全后，即可以按照上述立档单位与全宗概况的格局撰写。

撰写立档单位与全宗历史考证要注意：文字表达要客观、真实、全面；叙事要直截了当、言简意赅；如果一些问题一时查不清楚，可以不涉及或作相应注明；如实记叙内容，不作评价，更不能进行褒贬。

立档单位与全宗历史考证的初稿完成后，应由主管领导审阅修改后方能定稿，必要时可征求有关方面的意见或组织讨论审议。

档案室向档案馆移交档案时，必须同时移交“立档单位与全宗历史考证”。档案馆应将接收的“立档单位与全宗历史考证”归入各个全宗卷中保存。

第八章　档案保管

档案保管工作是指在档案入库后所进行的存放、日常维护和安全防护等管理工作。它的目的是维护档案的完整与安全，为档案工作提供良好的物质基础。档案是一种社会现象，它以一定的物质形式存在并且其中有一部分要永久保存下去，为子孙后代造福。但是我们也应该看到，随着社会的进步与时间的推移，一方面档案的数量和成分在日益增加和不断丰富，另一方面档案又处在不断损毁和遗失的过程中。对于不断形成和增加的档案，可以通过加强档案的收集工作来解决这一矛盾，而对于处于不断损毁的档案，则需要通过加强档案的保管工作加以解决。目前，在档案保管工作中有许多问题亟待解决。比如纸张的老化，字迹褪色模糊，有相当数量的档案纸张变黄发脆；档案虫害也十分严重，不仅在档案较为集中的档案馆，而且现行机关档案虫害也不在少数；档案保管的条件得不到及时改善，库房建筑不合乎档案保护标准，需要复制的档案数量很大，复制档案的手段也比较落后，以上问题向档案工作提出严峻挑战。为了解决这些急迫的问题，必须加强档案保管工作，无论对于现在还是将来的档案事业，这都是任重而道远的重大工程。

第一节　档案保管工作的任务、要求和条件

一、档案保管工作的任务和要求

（一）档案保管工作的任务

1. 建立和维护档案的存放秩序

为了使档案入库、移出、存放井然有序，能够迅速地查找档案，并随时掌握档案实体的状况，档案室（馆）要根据档案的来源、载体等特点，建立一套档案入库存放的规则和管理办法，使档案不管是在存放位置上还是被调阅移动都能够处于一种受控的状态s

2. 保持和维护档案实体良好的理化状态

档案实体是以物质的形态存在和运动的，而各种环境因素，如温湿度、光线、有害气体、灰尘、生物及微生物等，会对档案的载体、字迹材料等造成不良影响，不利

于档案的长久保存。为此，在档案的保管工作中，就需要了解和掌握不利于档案长久保存的各种因素及规律，采取有效措施，最大限度地消除和降低它们对档案的损坏，使档案实体保持良好的理化状态，以延长档案的寿命。

（二）档案保管工作的要求

1. 注重日常管理工作

为了保持档案库房管理的稳定、有序，我们应注重建立健全管理规则和制度，加强日常管理。在库房管理中要做到：归档和接收的案卷及时入库；调阅完毕的案卷及时复位；定期进行案卷的清点和检查，发现问题及时处理。只要持之以恒地坚持严格的日常管理，就能保证库房内档案的良好状态。

2. 预防为主，防治结合

在档案保管工作中，保护档案实体安全的方法概括起来主要有两类：一是如何预防档案实体损坏的方法；二是当环境不适宜档案保管要求时或当档案实体受到损坏后如何处置的方法。在归档或接收的档案中，实体处于“健康”状态的档案占绝大多数。因此，在档案保管工作中，积极“预防”档案受到各种不良因素的破坏是主动治本的方法。我们应该采取各种措施，确保这些档案的长期安全。同时，还应该通过加强日常管理和检查，及时发现档案实体出现的“病变”情况，以便于迅速地采取各种治理措施，阻断或消除破坏档案的有害因素，修复被损害的档案，使其“恢复健康”。预防为主，防治结合，才能全面保证档案实体的安全。

3. 重点与一般兼顾

由于档案的价值不同，保管期限长短不一，所以，在管理过程中，我们应该掌握突出重点、兼顾一般的原则。对于单位的核心档案、重要立档单位的档案、需要长久保存的档案，应该加以重点保护，尽量延长档案的寿命。同时，对于一般性、短期保存的档案也要提供符合要求的保管条件，确保其在保管期限内的安全和便于利用。

二、档案保管的物质条件

档案保管的物质条件是档案库房管理所需一切物质装备的总称。档案的保管工作必须依托于一定的物质条件才能实现。

（一）档案库房

档案库房建筑是档案保管最基本的物质条件，是档案保管中长期起作用的因素，其质量直接影响档案保管中各项设备的采用与效果。为此，国家档案局制定了《档案馆建筑设计规范》，作为档案管理机构建设档案库房的标准。

但是，在实际工作中，因受职能、规模、财力等因素的限制，各档案室（馆）在库房建筑配置上不可能完全一致，因此，应该分情况解决。档案馆应该按照《档案馆建筑设计规范》的要求建造档案库房；档案室在挡案库房的选址或建造上也应该尽量向《档案馆建筑设计规范》的要求靠拢。在无法达到其要求的情况下，也必须注意：第一，档案库房要有足够的面积，开间大小要合适。第二，库房必须专用，不能与办公室合用，也不能同时存放其他用品。第三，档案库房必须是坚固的正规建筑物，临时性建筑不能作为档案库房。第四，档案库房应该远离火源、水源和污染源，符合防火、防水、防潮、防光、防尘、隔热等基本要求。因此，全木质结构的房屋和一般的地下室均不宜作档案库房使用。第五，档案库房的门窗应具有良好的封闭性。

（二）档案装具

档案装具是指用以存放档案的柜、架、箱，它们是档案室（馆）必需的基本设备。档案装具在制成材料、形式和规格上的种类很多，其特点各有不同。一般说来，封闭式装具比敞开式装具更有利于对档案的保护；金属的装具比木质的更坚固，并有利于防火。

目前的档案装具中，活动式密集架在有效利用库房空间、坚固、密闭方面具有较好的性能e活动式密集架平时各架柜合为一体，调卷时可以手动或自动分开，比常规固定架柜节省近2/3的库房面积。新建库房如果使用活动式密集架则可比使用常规固定架柜节省近1/3的建筑费用。但是，安装活动式密集架要求地面承重能力需在每平方米2400kg以上，同时还必须考虑整个建筑物的坚固程度以及使用年限等相关因素。

（三）档案保管设备

档案保管设备是指在档案保管、保护工作中使用的机械、仪器、仪表、器具等技术设备，它们主要有：空调机、去湿机、加湿器、通风机、温湿度测量仪、防盗和防火报警器、灭火器、装订机、复印机、缩微拍照及缩微品阅读复制机、光盘刻录机、通信及闭路电视监控设备、消毒灭菌设备以及档案进出库的运送工具等。

（四）档案包装材料

档案包装材料主要有卷皮和卷盒。现行国家标准《文书档案案卷格式》（GB/T97052008）规定：卷皮分硬卷皮和软卷皮两种。硬卷皮封面及封底尺寸为300mmx220mm或280mmx210mm（长x宽），厚度有10mm、15mm和20mm三种；软卷皮规格为297mmx210mm（供A4型文件纸用）或260mmx185mm（供16开型文件纸用），且必须与卷盒同时使用，即用软卷皮包装并装订的案卷必须装入卷盒中存放。卷盒的外形规格为300mmx220mm（长x宽），厚度有30mm、40mm、50mm三种规格。卷盒须有绳带等扣紧装置。

（五）消耗品

消耗品是指用于档案保管工作的易耗低值物品，如防霉防虫药品、吸湿剂、各种表格及管理性的办公用品等。

档案库房、装具、设备、包装材料和消耗材料在档案保管工作中构成一个保护链条，共同发挥着为档案创造良好环境、防护档案免受侵害、维护档案完整和安全的作用。因此，档案室（馆）在开展档案保管工作时，应根据档案保管的整体要求和自身的情况，本着合理、有效、实用、节约的原则对这些物质条件进行配置。

第二节　建立库房管理秩序

一、档案保管模式

科技的进步、改革的深人促进档案保管模式的多元化发展。下面分别介绍几种典型档案保管模式，以供推广和借鉴。

（一）部门档案馆模式

随着政府机构职能转变、企业发展壮大以及档案门类和数量的增长，为了适应专业工作的需要，中央和地方的某些专业主管机关相继建立了一些部门的档案馆或专业档案馆；如建委系统建立的城建档案馆、省科委建立的科技成果档案馆、省气象局建立的气象档案馆、公安厅建立的公安厅档案馆等。同时，一些大型企业、事业单位，随着核算单位划分、下放，立档单位多起来，档案数量日益增多，从而出现了一些企业、事业单位的档案馆，如本溪钢铁公司档案馆、华北油田档案馆、东北大学档案馆等。现在的档案馆是单位所属的事业机构，负责接收本单位下属机构的到期档案，这些档案馆与各级国家档案馆也有区别。主要区别是：这些馆原则上都不是永久保管档案的基地，而是一种中间性、过渡性档案馆。他们的档案最终都要向国家档案馆移交，或者作为国家档案馆的分馆；尽管某些部门或专业档案馆、企事业单位档案馆存在的时间可能相当长，但除所收集的他人印件件、复制件外，机关自身及其所属单位的档案中需要永久保存的，亦应定期（期限可长于一般单位）向国家档案馆移交。部门档案馆的优势是利于本部门和本行业对档案的管理和利用；缓解国家档案馆的馆藏压力；调动了行业积极性并减轻政府的财政压力。

（二）联合档案室模式

联合档案室适应地、县以下小机关、小单位。由于地、县以下级单位机关小、人员少，文件不多，建立档案工作机构或配备专职档案干部既不可能，也无必要，只能明确一名同志兼管兼做，因此，大多数基层单位的立卷工作，特别是档案工作，长期处于若有若无、名存实亡的境地。为了寻求一条出路，一些驻地相对集中的中小机关（有的同一个院，有的同一座楼）率先起来冲破封闭的樊篱，建立了联合档案室。参联机关只负责文书处理、立卷、档案工作由联合档案室负责。实现了档案干部专职化、库房设备集约化，有利于档案各项工作的开展和质量的提高，符合优化组合的原则，达到了精简、效能和节约的目的。联合档案室的基本属性还是机关档案室性质，同时，也具有某种过渡性、中间性档案馆的性质，因为它管有几个、十几个现行机关全宗。不相隶属机关之间的联合可称之为横向联合档案室。以主管机关为主建立起来并统管其直属单位的档案的，可称之为纵向联合档案室。它可以解决许多小单位档案工作有名无实的问题，并有利于推动主管机关管好本系统的档案工作，其发展方向可能是档案、资料、情报一体化的信息中心。乡一级的档案工作本来就是天然的联合档案室，因为机关小，过去又是政社合一分不开，可以把它视为一个全宗，并不存在一个联合全宗的问题。现在乡党委、乡政府、乡经济联合体、乡直单位等等，职能分开，麻雀虽小，五脏俱全，宜建一个联合档案室来统管。在相当长的时间里，乡级需要永久保存的档案应移交县档案馆。

（三）档案寄存中心模式

档案寄存中心，是在改革开放前沿阵地深圳出现的另一种新的模式。1998年8月9日，深圳市档案局正式成立全国首家档案寄存中心，将不具备充分保管条件及配备档案保管成本过高的国有或非国有及破产企业、社会团体、个人在工作、生产、经营、生活等各项活动中形成的档案，寄存在档案馆中。该中心与档案馆、文件中心均有不同：该中心在性质上是有偿服务的机构，既不同于为具有社会和历史价值的各种档案提供无偿服务的综合档案馆，也不同于具有会员制性质，共筹资金，按所筹资金划分库房等的外国文件中心；在机构的设置上，该中心隶属深圳市档案局（馆）领导，并设于市档案馆内。既与综合档案馆是由国家各级政府设立并领导不同，也与外国文件中心作为独立性的，为机关非现行文件提供保存服务的过渡性文件保管机构不同；在任务上，该中心主要为市内各类企业、社会团体及个人提供档案寄存服务，既与国家综合档案馆主要为具有社会和历史价值的各种档案提供保管服务不同，也与文件中心主要为各机关不经常使用、但还不能作最后处理的文件提供保管服务不同；档案寄存中心满足了小型企业和流动人口的需求，在深圳这块三资私营企业多、人口流动性大的土地上，大有市场。

（四）一体化信息管理中心模式

档案室兼做一定的图书、资料工作一直是有明文规定的，但主要强调管内部资料，而且是限定在围绕档案而收集、配合档案而利用，即作为档案的一个补充性、从属性部分而存在。这些年，随着竞争观念、信息观念的增强，经济科技情报工作在许多单位迅速发展起来，于是档案、资料、情报工作一体化管理信息中心在一些单位应运而生了。如河北省晋州市农业局在把下属植保站、土肥站、种子站和农业技术中心的档案工作联合起来的同时，还把他们的档案、图书报刊、情报工作也统一起来，实行一体化管理，他们的经验已引起石家庄地区农业局、省农业厅和农业部的重视和推广。在交通战线，张家口地区交通局的做法与晋州市农业局相类似，尽管它挂的是联合档案室的牌子，但其工作内容实际上已是档案、资料、情报工作一体化管理。在工业战线，唐山钢铁公司是一个全民所有制大型企业，1979年开始恢复整顿，组建了科技档案室，1983年成立档案科，统一管理文书科技档案。1985年成立档案处，成立了/唐山钢铁公司信息中心0，保管公司的文书档案、会计档案、技术档案、底图、科技图书、科技资料，开展了晒图、咨询、编研和情报加工等业务。一体化信息管理中心模式的优点是，档案工作的业务范围扩大了，节省了单位的人力物力、增加了效益。

（五）文件中心模式

文件中心的性质是一种过渡性的半现行文件管理机构，它处于文件形成单位和档案馆的中间位置。国外文件中心独立于机关之外，归档案部门管理，属于档案系统，它起源于20世纪40年代的美国，是管理半现行文件的过渡机构，是当今各国的文件管理机构的主流形式。永靖县文件中心是在总结机关联合档案室工作经验并借鉴国外文件中心的范例基础上，于1988年8月建立的一种新型的群体性机关档案管理机构。永靖县的文件中心是在中国档案事业体制下设立的试验田，在全国档案事业发展“十一五”规划中将把建立文件中心试点作为任务之一，要求在实践中要进行大胆创新。文件中心负责统一收集、统一保管、统一鉴定、统一服务、统一销毁，定期向挡案馆移交档案。各机关不设档案室、但要设分管领导，设兼职档案员，其职责是推行立卷改革，向中心移交档案。文件管理中心的职能是对各个单位半现行文件的管理，使文件资料的利用更有效、科学，为档案管理部门提供完整的归档文件。文件管理中心的工作分为实体管理和信息处理两部分。

可以这样认为，文件中心同样适应中国。因为首先国外文件中心与中国档案室相比具有高效、经济、服务快捷、信息共享等鲜明特点，它既然能被许多国外先进国家所接受，同样中国也有学习和借鉴的必要，其次，随着改革的不断深人，中国单一的公有制形式已经改变，中国多种所有制成分并存，档案的所有权也随之多元化，因此，与之相适应的公有制为基础的单一档案室形式也应改变，建立包括文件中心在内的多种管理档案机构。第三，中国加人世界贸易组织并融入一个充满变革和竞争的国际社会，这个国际社会由于通讯、网络及电子化的影响已变成地球村，信息共享方便快捷客观上要求适应新形势、同国际接轨，建立文件中心已成为时代的要求。应该以拿来的态度，用创新的精神构建具有中国特色的文件中心并与机关档案室乃至联合档案室（仍具有档案室的性质）共同发挥作用。

（六）中外合作的档案管理模式

中外合作的档案管理模式首次在中国落户，引起档案界的关注。2002年，坐落在金沙江路上海长征工业园区内的上海信安达档案文件管理有限公司是由美国Guaran-tee公司和上海创造实业公司共同合作投资的中国首家档案文件保管机构。它是由企业通过社会化、市场化的运作方式向社会、企业及个人提供全方位的档案文件保管服务，其特点是省时、省钱、省力，适合文件资料较多的企业如银行、律师楼、会计事务所、投资公司及广告公司等。他们的口号是：我们是您的后勤部门，是您的另一间办公室！我们能减少您的行政管理成本。信安达公司的服务特色体现在处处为客户着想。要查档案，为客户送上门，有2小时快递、当天或隔天送达。打个电话，公司就会把你需要的文件送上门，使用完毕再打个电话，公司又会派人取回文件。信安达的服务项目中也有在线服务，公司有自己的数据库，客户可以24小时享受服务，不受时间限制。

综上所述，中国机关档案工作已不是计划经济时代的单一的档案室。综合管理、联合管理、行政管理和一体化管理趋势非常明显。综合管理是一个立档单位内部所形成的全部档案，不管有多少门类，都应集中统一管理。联合管理是指多个立档单位的联合，是建立在各个立档单位档案综合管理基础之上的联合。行政管理是主管机关档案工作机构或工作人员对其下属单位档案工作负有监督指导之责，一体化管理则不仅是档案综合管理，而且是档案、图书报刊、情报资料等信息的综合管理，当然这也要以各信息载体自身的综合管理为前提。从中国机关档案管理体制看，中国机关档案管理模式为单一的行政命令自上而下建立起来的。随着机关体制的变革，要求打破一个单位一个档案室的传统做法，以适应21世纪的信息化、电子化社会需要。从精简高效原则考虑，中国机关工作又面临精简机构，缩编裁员，干部分流的实施，在这种情况下，合理设置文件中心，有利于提高机关行政效率，改善了档案文件的保管条件、节省资金和空间，大大减少人力、物力和保管费用。计划经济体制下构筑起来的庞大机关档案室网确保了国家档案的完整与安全，但在新形势下，档案室已渐渐地暴露出其业已存在的种种弊端。多年来人们所奉行的单一的机关挡案室形式应该改变，从中国的国情出发，勇于创新，改传统的管理模式为多元的管理模式，寻找一条适合中国国情、并合乎精简高效的档案保管模式已成必然。

二、档案库房编号

拥有多间或多幢档案库房的档案室（馆），应对库房统一编号，以便于管理。档案库房编号有两种方法：一种是为所有的库房编统一的顺序号，这种方法适用于库房较少的档案室（馆）；另一种是根据库房的所在方位及库房建筑的特征进行编号，如“东一楼”、“红三楼”等。楼房内的库房自下而上分层编号，每层的房间从楼梯人口处自左至右顺序编号；平房应先分院或排，然后从左至右统一按顺序编号。

三、档案装具的排列和编号

库房中档案装具应排列有序，不同规格、不同式样的档案架、柜、箱应该分开排列，做到整齐划一。

如果是有窗库房，档案装具应与窗户呈垂直走向排列，以避免强烈光线直射；对于无窗库房，档案装具的排列也要注意有利于库房的通风。

档案装具的排放应注意最大限度地利用库房的空间，同时，也要宽度适宜，以便于档案的取放和搬运。一般情况下，档案装具之间的通道宽度应便于档案管理人员的工作与小型档案搬运工具的通行ˆ在排放档案装具时应注意其不要紧贴墙壁。

为了便于对库房内档案的管理，所有档案装具应统一编号。一般的编号方法是：自库房门口起，从左至右、自上而下依次编档案装具的排号、柜架号一格层号（箱号），其号码采用阿拉伯数字。

四、档案的存放顺序和方式

在库房，档案是以全宗为单位进行排列的。所谓档案按照全宗进行排列，并不是说在任何情况下各种不同类型的档案都必须存放在一起。一些特殊类型的档案，如照片、影片、录音、录像档案，会计档案，以及科技档案等，应该分别保管。为了保持文件之间的历史联系，应该在案卷目录、全宗指南等检索工具中说明属于同一全宗、因类型不同而分别保存的档案的保管情况，并在全宗末尾放置全宗保管位置参见卡，指明存放地点。

入库全宗应按照档案进馆的先后顺序排列。全宗的位置确定后，就可以组织档案

上架。档案上架的次序应按照档案架、柜、箱以及栏、格的编号顺序进行q

纸质档案在装具中的存放方式有竖放和平放两种。竖放时案卷的脊背朝外，管理人员可以直接看到卷脊上的档号，调卷方便。因此，目前较多的档案室（馆）采用竖放方式平放比竖放有利于保护档案，其空间利用率也较大。但是，平放方式的缺点是不便于查看卷脊上的信息，存取也不太方便。因此，这种方式多用于保管珍贵档案，以及卷皮质地比较柔软、幅面过大、不宜竖放的档案。同时，采用平放方式应注意适当控制档案叠放的高度。

五、档案存放秩序的管理

在档案进入库房、排放于装具上之后，就开始了档案实体的保管阶段。在这个阶段中，档案存放秩序的日常管理和维护是一项基础性工作，其使用的工具和方法主要有以下几个。

（一）档案存放位置索引

档案存放位置索引是以表册或卡片的形式，记录档案在库房及装具中存放位置的一种引导性管理工具；其作用是指引档案管理人员准确无误地调取、归还案卷，以及进行其他项目的管理工作。由于档案存放位置索引能够清晰地反映各个全宗、案卷的存址，因此，它在档案室（馆）档案的迁移中具有更为突出的引导和控制作用。档案存放位置索引分为如下两种体例。

1. 指明档案存放处所的存放位置索引

这种索引是以全宗及各类档案为单位编制的，指明它们存放于哪些库房及装具中。

2. 指明各档案库房保管档案情况的存放位置索引

这种索引是以档案库房和架、柜、箱为单位编制的，指明在哪些库房和装具中存放了哪些档案，档案存放位置索引还可以制作成大型图表，张贴于办公室或库房人口的醒目之处，以方便管理人员使用。

（二）装具所存档案标识牌

装具所存档案标识牌是在每一列、每一件、每一层（格、箱）装具表面醒目处设置的标牌，以标明每一个档案架、柜、箱中所存放档案的起止档号，以便检查和调还档案。

（三）档案代理卡

档案代理卡是档案室（馆）在档案暂时移出库外时，在档案原存放位置放置的一种替代卡片；其作用是便于库房管理人员随时掌握档案流动情况和进行安全检查。

档案代理卡的使用方法是：事先准备好印有固定栏目的卡片备用；每当从库房中调出一个或一组卷号相连的案卷，就填写一张代理卡，然后放置于所调出案卷的位置上；案卷归还时再将其取下。

由此可见，档案代理卡实际上是案卷离开其存放位置时的“替身”，库房管理人员如果能够在调卷时认真填写、正确使用，还卷时仔细核对，则可以有效地防止档案放错位置的现象。尤其是在档案利用频繁、档案出人库数量大的情况下，其效用更为明显s将使用过的档案代理卡积累起来，还可以作为统计、分析档案利用情况和规律的数据。

六、全宗卷

全宗卷是档案室（馆）在管理某一全宗的过程中形成的，记录和说明该全宗历史情况的专门案卷；它是一个全宗在形成和管理活动中形成的“档案”。我们在每一个全宗的管理中都应该建立全宗卷。全宗卷的形成过程和成分如下所述：

在档案收集工作中形成的文件材料，如“档案移交目录”和“移交书”等。

在档案整理工作中形成的文件材料，如“档案整理工作方案”、“分类方案”、“立档单位和全宗历史考证”等。

在档案鉴定工作中形成的文件材料，如“档案鉴定材料分析报告”、“档案销毁清册”等。

在档案保管、统计工作中形成的文件材料，如“档案受损与修复记录”、“档案安全检查记录”、“档案数量与状况统计”等。

在档案提供利用工作中形成的文件材料，如“全宗指南”、“机关工作大事记”、“机关组织沿革”等。

全宗卷的建立是一个由少到多、不断积累的过程。全宗卷在管理上不宜装订，而适宜使用活页夹或档案袋（盒）进行保存，以便于材料的积累和整理。全宗卷内的材料积累到一定程度，应该进行清理。如果全宗卷内的文件数量较多，也可以分为若干卷。

全宗卷是围绕全宗的管理活动而形成，并以一个全宗为单位组合成的案卷。因此，全宗卷不属于全宗内的一个案卷，在管理上不能与全宗内的档案混合在一起，而应单独存放。其存放方式是：每个全宗的全宗卷，可以按照全宗号进行排列并专柜保管，也可以置于每个全宗排列的卷首。

七、档案库房管理的信息化

随着信息化技术的广泛采用，目前一些档案室（馆）不仅应用计算机和网络技术开发档案信息，而且在库管理中也开始引进一些适用的信息技术取代传统方法进行档案库房的日常管理。例如：有的档案馆在库房管理中引入了RFID技术，提高了管理效率和质量。

RFID技术即无线射频识别技术，也被称为电子标签技术。它通过无线射频信号实现非接触方式下的双向通信，完成对目标对象的自动识别和数据的读写操作。该技术目前被广泛应用于诸如物流管理、交通运输、医疗卫生、商品防伪、资产管理以及国防军事等领域。档案库房采用RFID技术后，可以将档案库房内的装具数量和编号，案卷/文件的数量、编号、存储位置和流动情况，以及库房温湿度、防火、人员和档案出人等各种管理信息整合在一个系统内，通过视频、计算机等设备不仅可以实时监控库房的动态情况，还可以有针对性地核查案卷或文件的保管情况，实现了档案库房管理的自动化。

应该看到，信息化和自动化是档案库房管理发展的大趋势。但是，档案室（馆）无论采用哪种信息技术和装备，其前提都是需要具备良好的基础管理，包括档案保管物质条件的齐备和规范，库房、装具编号系统的科学和完备，档案整理质量良好，档案入库排架得当，各种目录、索引标识等相关信息充分、完整、准确。因此，档案室（馆）注重库房日常管理的制度化、规范化和标准化不仅是为满足当前的管理要求，更是为档案库房管理技术的顺利更新创造条件s

第三节 档案流动过程中的维护和保护

一、档案在流动过程中的维护与保护制度

（一）档案使用的登记和交接制度

档案无论因何原因被使用，我们都必须对调卷、还卷及交接行为实行严格的登记和交接手续。例如：档案出入库时、与使用者交接档案时，等等，其档案的数量必须准确，签收手续必须清楚、细致、严格。

（二）档案使用行为的管理与限制制度

档案使用行为的管理与限制制度的内容应包括档案使用行为的方式及所应防止的不良现象，在使用档案时，我们应制止的行为包括：不允许使用档案的人员在使用档案时吸烟、喝水、吃食物；不允许在档案上勾画、涂抹；更不允许有撕损、剪切等破坏档案的行为。档案在库房外未被使用时，不允许长时间摊放在桌子上，而应及时放人专用的柜子里锁好；不允许擅自将档案带离规定的使用场所；档案利用者之间未经允许不得私自交换阅览其他人借阅的档案；未经允许，任何人不得擅自拍照、抄录、复印档案；经过批准进行的拍照、复印等行为，应以不损坏档案的理化状态为前提；无论是档案管理人员还是档案利用者，每次使用档案的数量、使用的时间长短都应有一定的限制。同时，对于损毁档案的行为要有严格的惩罚规定。

二、档案在流动过程中的维护与保护方法

（一）数量与顺序的控制

无论是档案管理机构内部使用还是外部利用档案，当所需使用的档案数量较大时，我们应按制度规定分批定量提供，并且应该要求档案使用者在使用过程中和交还档案时保持其排列秩序，以免发生错乱。

（二）对档案利用行为的现场监督与检查

凡外部利用者利用档案，档案管理部门应在利用现场配备工作人员实行监督，并随时检查利用者的利用行为，发现问题及时指出并予以纠正。有条件的档案室（馆），可配备闭路电视监控系统。

（三）档案利用方式及利用场所的限制

档案的利用以现场阅览为基本方式，经允许的拍照或复印工作原则上应由档案工作人员承担。档案利用场所应为集中式的大阅览室，一般不为利用者安排单独的阅读房间，以免发生意外。

（四）对重要档案的保护性措施对于重要的珍贵档案

我们应实施重点保护，其保护措施有：严格限制利用；即使提供利用，一般也不提供原件，而是提供缩微品或复印件；利用中要特别注意监护，必要时可责成专人始终监护利用。对重要档案的复制也应比一般档案有更严格的限制和保护性措施。

第四节　档案实体的安全与防护

档案库房内部的环境因素不是孤立的，它始终受外界环境的影响。为了保证档案实体的安全，我们必须根据本单位档案库房的具体情况，采取适当的措施，将库房的环境控制在适宜档案实体安全的范围内，最大限度地避免外界不良因素对档案实体的侵害，保证档案实体良好的理化状态。档案库房的安全与防护措施主要包括如下方面。

一、人员的进出库制度

档案库房是保存档案的重要场所，因此，必须对进出库房的人员及其进出的方式、时间、要求等进行必要的限制，并做出专门的规定。

一般情况下，档案库房只允许档案工作人员进入，非档案工作人员原则上不允许进入档案库房。如果工作确实需要非档案工作人员进入库房，如维修库房或设备等，则必须有档案工作人员始终陪同。

档案工作人员进出库房也必须有相应的限制性规定，例如：非工作时间内一般不允许进入库房：在库房内不允许从事与库房管理工作无关的活动；不允许携带饮料、食物进入库房；不允许在库房内吸烟、喝水、吃东西；库房内无人时必须关灯、关窗、锁上库房门等。

二、库房温湿度的控制

档案库房内的温湿度是直接影响档案自然寿命的环境因素，适宜于纸质档案保存的库房温度是14——20°，相对湿度应在50%——65%。为了准确掌握库房温湿度的情况，档案室（馆）应在库房内配置精确、可靠的温湿度测量仪器，随时测量并记录库房温湿度的具体指标状况。针对不同的库房条件，控制和调节温湿度的方法主要有下述两种。

（一）库房密闭

对档案库房进行严格密闭，能够较好地隔绝库房内外温湿度的相互交流，加之在库房内安装空调或恒温、恒湿设备，可以将库房内的温湿度人为地控制在适宜的指标范围内。但是，这种方法所需费用较高，并非所有的档案室（馆）都有能力做到。

（二）机械或自然的调控

有些难以做到密闭库房又无力承担配置空调或恒温、恒湿设备费用的档案室（馆），可以采用如下一些机械的或自然的措施对库房的温湿度进行人工调控：

在档案库房的门窗加密封条，可减少库房内外温湿度的相互交流，并有防尘作用。

使用增温、增湿或降温、降湿等机械设备进行调控，改变不适宜的温湿度。这种方法需要将库房门窗关闭方能奏效。

当库房外的温湿度适宜而库房内的温湿度较高时，我们可以利用库房内外温湿度的差别，采用打开门窗或排风扇、换气扇等方法进行自然通风，用库房外的自然温湿度来调节库房内的温湿度。采用这种方法，需要把握好库房内外温湿度的差异，以及通风的时机、具体时间、过程的长短和强度等。

采用一些更为简便的人工方法调节库房的温湿度^例如：在库房地面洒水，放置水盆、湿草垫，挂置湿纱布、麻绳等，以适当增湿；在库房中或档案装具内放置木炭、生石灰、氯化钙、硅胶等物质，以适当降湿。但是，这些方法的效果只是局部的。

上述这些方法虽然达不到库房密闭的效果，但如果措施运用得当，也可以在一定程度上控制库房的温湿度。

三、库房的“八防”措施

档案保管中的“八防”通常是指防火、防水、防潮、防霉、防虫、防光、防尘、防盗，它们是库房管理工作中保证档案实体安全的重要内容。

（一）防火

我们在选择档案库房装具、照明灯具及其他电器时，要保证材质，性能上的安全性；在各种器材的安装方面必须按照规范执行，保证线路的安全。档案库房中必须按照消防规定配备性能良好、数量足够的消防器材；在条件允许的情况下，应安装防火（烟雾）报警器和自动灭火装置。

（二）防水

档案库房不能设置在地势低洼之处；库房内及附近不能有水源；库房选址应远离易发洪水的地点，位于有利于防洪的地段。

（三）防潮

防潮与库房温湿度的控制特别是湿度的控制密切相关。库房防潮的措施有：采用密闭隔热技术，安装通风、降湿、空气调节设备，采取通风、换气、除湿和降湿措施等。

（四）防霉

防霉主要指预防或抑制以霉菌为主的微生物在档案库房内的生长、发育和繁殖及其对档案实体的破坏。环境中微生物的数量与人和动物的密度、植物的种类和数量、馆舍的建筑材料、温湿度、日照、气流等因素有关。库房防霉的方法有：

及时清扫库房、装具、设备、档案中的灰尘，定期清除库房内的垃圾，包括剔除待销毁的档案，维持库房内的清洁卫生。

对库房的进出口、通风口等主要空气通道采用过滤措施，以净化人库空气。

严格控制库房的温湿度。

在档案实体和装具上施放低度、无色、高效、性能稳定的防霉药品，以抑制有害微生物的生长或蔓延。同时，定期对档案进行检查。

（五）防虫

预防档案害虫的关键是创造并维持一个不利于害虫生长又不损害档案的环境。具体措施有：

档案库房在选址、建造时，应注意远离粮仓、货仓、食堂等场所；地基采用钢筋水泥或石质结构；加强门窗的封闭性；地板、墙面、屋顶等处不能有缝隙。

搞好库房内外的清洁卫生；做好档案入库前的检疫工作，防止将档案害虫带入库房；一旦发现疫情，应立刻进行熏蒸消毒处理；定期对档案进行检查。

在档案库房及各种档案装具内放置驱虫药物。

（六）防光

光线对档案实体有破坏作用，特别是紫外线，其破坏作用更大。因此，档案库房要注意防止和减少光线对档案的危害，重点是防紫外线。具体措施有：

档案库房尽可能全封闭，即无窗；如果设置窗户也应尽量小一些。如果库房为有窗建筑，可以采用安装遮阳板、滤光玻璃或窗帘的方法，减少光线的透过量，降低紫外线的危害。

档案库房内宜使用含紫外线少的人工光源。库内使用人工光源时，以白炽灯为好，不宜使用日光灯。档案在保管期间，除了整理、检查、提供利用外，应尽量做到避光保存。

尽量减少档案使用过程中受光照射的时间和光辐射的强度。在档案受潮、水浸、霉变、生虫的情况下，不要将档案放在阳光下直接曝晒，只能置于通风处晾干。

（七）防尘

灰尘会对档案造成各种污染，是危害档案的隐性因素。预防灰尘的具体措施有：

库房的选址应尽量避开工业区或人口稠密的地区；提高库房的密闭程度；库房建筑要选择坚硬、光滑、易于清洗的材料作为墙面、地面，防止库房内表面起尘；采用空气净化装置，过滤和净化空气等。

档案入库之前要进行除尘处理；日常管理工作中要注重档案库房、装具和档案本身的除尘。

（八）防盗

档案库房要做到门窗坚固，进出库房要随时锁门，并尽可能安装防盗报警装置。

四、定期检查、清点工作

定期检查、清点是档案库房管理的一项制度化措施。定期检查的重点在于档案实体的理化状态，以查看档案是否发生霉变、虫蛀等迹象，库房中是否存在危害档案的潜在隐患，档案的调出和归还是否严格履行了手续，档案实体存放秩序是否出现了错乱，是否存在长期使用尚未归还的案卷等为具体内容。目的是及时纠正档案库房管理中的漏洞，保持档案实体的安全和严整有序。尤其在档案室（馆）搬迁或大规模的提供利用工作之后，清点工作更为必要。

一般情况下，档案室（馆）以月、季度、节假日为周期进行定期检查；定期清点的周期可以比定期检查的长一些。但在档案发生大规模变化的情况下，应及时清点。

五、档案应急抢救措施

档案应急抢救措施是单位为了保证档案在突发人为或自然灾害事故发生时获得及时救护，最大限度避免损失而编制的预案及所做的准备工作。尽管现在许多单位已经具备了现代化的档案管理条件，但是仍然需要在强化安全意识和管理措施的前提下，做好应急准备，确保各类档案，特别是重要档案的安全防护工作。2008年8月，国家档案局等单位发布了《档案工作突发事件应急处置管理办法》指出：突发事件应急处置工作应贯彻统一领导、分级负责、及时反应、果断决策、合作互助的原则，应建立严格的突发事件防范和应急处置责任制，制定相关工作预案，切实履行各自职责，保证突发事件应急处置工作有序进行。档案应急抢救措施主要包括如下内容：

（一）编制档案应急抢救预案

各单位应针对可能发生的灾害，如水灾、火险、塌方、盗窃等编制突发事件应急处置预案，其中应对档案进行抢救分级，以便在非常紧急的情况下保证单位永久保存档案的完整安全。《档案工作突发事件应急处置管理办法》提出预案的主要内容如下：

编制和实施预案的有关危机情况和背景。

应急处置工作的目标、要求和具体措施。

应急指挥机构的建立及其人员组成，应急处置工作队伍的数量、分工、联络方式、职能及调用方案。

有关协调机构、咨询机构及能够提供援助的机构、人员及其联系方式。

抢救档案的顺序及其具体位置，库房常用及备用钥匙、重要检索工具的位置和管理人员。

档案库房所在建筑供水、供电开关及档案库区、重点部位的位置等。

向当地党委和政府、有关主管机关和上级档案行政管理部门报告的联系方式。

其他预防突发事件、救灾应注意事项。

（二）落实档案应急抢救预案的各项要求

各单位应在组织、人员、设备、环境等方面提供切实的保障落实预案的各项措施，使之面对突发灾害性事件发生时，有效地发挥阻挡灾害蔓延，保护档案安全的作用。同时，必须通过宣传、培训、模拟演习等方式，强化人员的安全防范意识，并使相关人员学会紧急情况发生时的应对方法，保证预案的可行性和有效性。

首先，单位应该编制档案应急抢救预案，针对可能发生的灾害如水灾、火灾、塌方、盗窃等设计防范和抢救措施，其中应对档案进行抢救分级，以便在非常紧急的情况下保证单位永久保存档案的完整安全。

其次，单位应该落实档案应急抢救预案的要求，在组织、人员、设备、环境等方面提供切实的保障；同时，还要通过模拟演习使相关人员学会紧急情况发生时的应对方法，保证预案的可行性和有效性。

第九章 档案检索

档案检索是指对档案信息进行系统存储和根据需要进行查找的工作，它是开展提供利用工作的基本手段，是开发档案信息资源的必要条件。档案部门根据利用需求编制检索工具，建立检索体系，并帮助利用者查找档案的活动；它属于一项档案信息资源开发的工作，目的是为档案的提供利用创造先决条件。

第一节 档案检索工作概迷

一、档案检索工作的内容

档案检索包括广义和狭义两种含义。广义的档案检索包括档案信息存贮和档案查检两个具体的过程。狭义的档案检索只限于查找所需档案的过程。作为档案工作人员，需要掌握广义的档案检索工作的内容和方法，学会编制档案检索工具、建立检索体系，并且能够熟练地利用检索工具查找档案，以获得开启档案宝库的钥匙。

（一）档案信息存贮阶段的主要内容

档案信息存储是指将档案原件中具有检索意义特征的信息，如文件作者、题名、时间、主题词等，记录在一定的载体上，进行分类或主题标识，编制成档案检索工具，建立档案检索体系的过程。它包括如下环节。

1. 档案的著录和标引

著录和标引是对档案的内容和形式特征进行分析、选择和记录，并赋予规范化的检索标识的过程；著录和标引的结果就是制作出反映档案内容、形式、分类和存址的可以用来检索的条目。

2. 组织档案检索工具

这项工作是指按照一定的规则，对著录和标引所产生的大量条目进行系统排列，使之形成某种类型的检索工具，并根据需要进行检索工具的匹配，组成手工的或计算机检索系统。

（二）档案查检阶段的主要内容

档案查检是指利用检索工具和检索系统查找所需档案的过程，包括如下环节。

1. 确定查找内容

确定查找内容是指对利用者的检索要求进行分析，确定利用者所需档案的主题，形成查寻概念，并将这些概念借助检索语言转换为规范化的检索标识。从确定利用主题到形成检索表达式的过程，也称为制定检索策略。

2. 查找

查找就是档案人员或利用者通过各种手段把表示利用需求的检索标识或检索表达式与存储在手工检索工具或计算机数据库中的标识进行相符性比对，将符合利用要求的条目查找出来。在手工检索中，相符性比对由人工进行；在机检过程中，则由计算机担负两者间的匹配工作。

二、档案检索语言和符号

检索语言和符号是检索工作中存贮档案形式和内容特征信息时使用的记录工具。它们的作用是规范检索语言，简化记录的形式，并作为利用查寻的标记，使各种档案检索工具具有较高的查全率和查准率。

（一）档案检索语言

档案检索语言也称为标引语言，它是根据检索的需要而编制的一种专门语言；与自然语言不同，它是一种人工语言。检索语言具有如下两个特点。

1. 单义性

单义性是检索语言与自然语言的根本区别所在s自然语言是人们日常生活与工作交往中使用的语言。由于在不同的时代和地域，人们表达事物具有不同的习惯，所以就存在一词多义和一义多词的现象，例如：“分配”一词具有经济学和行政学上不同的含义；“电脑”和“电子计算机”表示的则是同一个事物9档案检索过程中，如果使用自然语言，就会造成著录信息与查寻信息之间的匹配误差，降低检索的查全率和查准率。例如：在检索中如果对“分配”一词不加限定，查找出的文件就可能不符合特定需要，造成误检s这类问题在计算机检索中更为突出。例如：对文件标引时使用“电子计算机”一词，在查找时却使用“电脑”一词，如果不加以人工的或自动的转换，两个词就无法匹配，从而造成漏检。而检索语言正是通过各种方法对自然语言加以严格规范，达到一词一义的效果。

2. 专业性

专业性是指检索语言的词汇和编排方法符合档案信息的特点，专门用于档案的标引和查找。

（二）档案检索符号

符号作为一种人工语言，在档案的整理、编目、保管、利用等工作中具有指代档案实体、固定档案排列次序、表示档案存放位置的作用。在档案检索工作中，无论是著录标引，还是组织档案检索工具，都需要利用符号的简洁、易于组合、指代性强等特点，来表达档案信息的逻辑关系和作为标识。

档案检索符号大致可以分为实体符号、容具符号和标识符号三种。实体符号包括档案室（馆）代码、档案分类号、档号、缩微号等。容具符号包括库房号、装具号等。标识符号包括著录项目标识符与著录内容标识符。这些符号相互结合，构成一个完整的检索符号系统。

三、档案检索效率

检索效率是指通过检索满足利用者特定要求的全面性、准确性程度；它是衡量检索系统性能以及每一个检索过程质量的最基本的指标。我们在计算检索效率时通常采用查全率和查准率两个指标来衡量和表示。

查全率是指检索结果满足利用者要求的全面程度，即检索出来的有关档案与全部有关档案的百分比；与之相对应的是漏检率，即未检索出来的有关档案与全部有关档案的百分比。其公式如下：

查全索=检索出的有关档案/全部有关档案X100%

漏检率=未检索出的有关档案/全部有关档案x100%

查准率是指满足利用者要求的准确程度，即检索出来的有关档案与检索出来的全部档案的百分比。与之相对应的是误检率，即检索出来的不相关档案与检索出来的全部档案的百分比。其公式如下：

查准率=检索出的有关档案/检索出的全部档案x100%

误检率=检索出的不关档案/检索出的全部档案x100%

应该注意的是：查全率与查准率之间存在着一种互逆关系，即：如果放宽检索范围，以求得较好的查全率，那么，查准率就会下降；反之，如果限制检索范围，以提高查准率，查全率则会下降p因此，我们在设计档案检索系统和进行检索时，应该从利用者的不同需要出发，确定适当的查全率和查准率指标。

第二节　档案著录和标引

档案检索工作的一项重要内容就是编制各种档案目录，以从不同的角度揭示和介绍档案的内容和成分，指出其存放位置，为利用者提供查找档案的途径。档案著录和标引则是编制档案目录时的两项具体工作。

一、档案著录

（一）档案著录的含义和作用

档案著录是指在编制档案目录时，对档案的内容和形式特征进行分析、选择和记录的过程。内容特征是指档案的主题，表现为档案的分类号、主题词、摘要等；形式特征是指档案的标题、作者、形成时间、档号、文种、载体等。

著录是形成档案目录的基础。档案目录是按照一定的顺序排列的，指出案卷或文件的内容和形式特征以及存址，供人们查找的名目，如案卷目录、卷内文件目录等。

档案目录本身是一个档案信息线索查寻体系，它是由许多档案条目组成的6档案条目是组成档案目录的基本单元，它是对单份文件或案卷的内容和形式特征所做的一条记录。而档案条目又是由著录项目组成的，每一个著录项目都揭示了档案内容或形式方面的一个特征。

（二）档案著录规则

为了保证档案著录方法的规范，我国制定并颁布了《档案著录规则》，作为档案著录的应用标准。这个规则主要包括如下内容。

1. 著录项目

著录项目是指用以揭示档案的内容和形式特征所需要的记录事项。根据《档案著录规则》，档案著录项目包括以下各项：

题名与责任说明项，该项包括正题名、并列题名、副题名及说明题名文字、文件编号、责任者、附件六个单元。

稿本与文种项，该项包括稿本和文种两个单元。

密级与保管期限项，该项包括密级、保管期限两个单元。

时间项。

载体类型及形态项，该项包括载体类型、数量及单位、规格三个单元。

附注与提要项，该项包括附注、提要两个单元。

排检与编号项，该项包括分类号、档案馆代号、档号、缩微号、电子文档号、主题词或关键词六个单元。

在这些项目中，正题名、责任者、时间、分类号、档号、缩微号、电子文档号、主题词或关键词为必要著录项目，其余为选择著录项目。

2. 标识符号

标识符号是表示不同著录项目和著录含义的标志。根据《档案著录规则》，著录项目和一些特定的著录内容使用标识符号，而不是传统的文字指示的表示方式。指明各著录项目、单元及内容的标识符号及其位置如下所述：

“一”置于下列各著录项目之前：稿本与文种项、密级与保管期限项、时间项、载体类型及形态项、附注项。

“一”置于并列题名之前。

“:”置于下列各著录单元之前：副题名及说明题名文字、文件编号、文种、保管期限、数量及单位、规格。

“/”置于第一责任者之前。

“;”置于多个文件编号或多个责任者之间。

“,”用于相同职责、身份省略时的责任者之间。

“置于每一个附件之前。

“[]”置于下列著录内容的两端：自拟著录内容、文件编号中的年度。

“（）”置于下列著录内容的两端：责任者所属机构的名称、责任者的真实姓名、责任者职责或身份、外国责任者国别及姓名原文、中国责任者的时代，以及历史档案中的朝代纪年、农历、地支代月、韵目代日转换后的公元纪年。

“?”用于表示不能确定的著录内容，一般与“［］”号配合使用。

“—”用于下列著录内容之中：日期起止、档号、电子文档号、缩微号的各层次之间。

“…”用于表示节略内容。

“口”用于表示每一个残缺文字和未考证出时间的每一数字。未考证出的责任者及难以计数的残缺文字用三个“口”号表示。

3. 著录格式

著录格式是著录项目在条目中的排列顺序及表达方式。《档案著录规则》规定，一般始用段落符号式的条目格式，实际工作需要也可以使用表格式条目格式。

段落符号式是指将著录项目分为若干段落，每个项目之间用符号分开的著录格式。在这种格式中，每一著录项目的字数不受限制。

使用表格式条目时，其著录项目应与段落符号式条目相同，排列顺序亦可参照段落符号式条目。

采用“段落符号式”卡片著录，卡片的规格为12.5cmx7.5cm；著录时，卡片四周均应留出1cm空隙。如果卡片正面未著录完，可在背面接续著录，并在正面右下角采用“（接背面）”的方式加以注明。

4. 著录用文字和著录信息源

《档案著录规则》要求：著录时使用的文字必须规范化。汉字必须是规范化的简化汉字；外文与少数民族文字必须依照其书写规则。文件编号项、时间项、载体类型及形态项、排检与编号项中的数字一律使用阿拉伯数字。图形及符号应照原文著录，无法照原文著录的可改为其他形式的相应内容，并加“［］”号标识。

档案著录的信息来源于被著录的档案。单份文件或一组文件著录时主要依据文头、文尾；一个或一组案卷著录时，主要依据案卷封面、卷内文件目录、备考表等；被著录档案本身信息不足时，可参考其他有关档案材料。

5. 著录级别

按照《档案著录规则》，档案著录级别可以是单份文件、一组文件、一个案卷或一组案卷。一般说来，档案室（馆）对价值较大或珍贵档案应主要采用文件级著录，辅之以案卷级、一组文件或一组案卷的著录。对于内容比较单一的案卷，可以采用案卷级著录；对于反映同一问题的案卷以及由内容基本相同的文件组成的案卷，可以以一组文件为单位著录；对于相同题名的若干案卷，可作为一组案卷著录。

（三）著录项目细则

1. 题名与责任者说明项

题名又称标题，是表达档案中心内容、形式特征，并使其个别化以区别于其他档案的名称；责任者是指对档案内容的创造负有责任的团体或个人。

正题名：是档案的主要题名，一般指单份文件文首的题目和案卷封面上的题目。正题名照原文著录，题名中的各种符号亦不应遗漏。单份文件无题名的，依据其内容拟写题名，并加“［］”号。单份文件的题名不能揭示其内容时，原题名照录，并根据其内容另拟题名附后，加“［］”号。例如：“通告［xx县人民政府关于春季封山育林的通告］”。

并列题名：是指以第二种语言文字书写的与正题名对照并列的题名，必要时并列题名与正题名一并著录；并列题名前加“一”号。

副题名及说明题名文字：是指解释或从属正题名的另一题名。必要时照原文著录，其前加“:”号。例如：“加强档案馆工作建设，为四化服务：xx同志在全国档案馆工作会议上的报告说明题名文字是指在题名前后对档案内容、范围、用途等的说明文字，必要时照原文著录，其前加“:”号。例如“：根据录音整理，未经本人审阅”

文件编号：是文件制发过程中由制发机关或个人赋予的顺序号，包括发文字号、科技实验报告流水号、标准规范类文件的统编号、图号等。文件编号照原文字和符号著录，其前加“:”号，例如“：中发［1980］1号”、“：J6-021-001”。联合发文有多个文件编号时，一般著录立档单位的文件编号。

责任者：当责任者只有一个时，照原文著录，其前加V”号，例如：“/山西省劳动局”。责任者有多个时，著录列居首位的责任者；立档单位本身是责任者的必须著录，其余的视需要著录。责任者之间以“；”号相隔，例如：“/国家计委；财政部；商业部等”。职责或身份相同的责任者之间用“，”相隔，例如：中共北京市委办公厅，北京市人民政府办公厅”。

机关团体责任者必须著录全称或通用简称，如“中国共产党中央委员会”简称“中共中央”。不得使用非通用简称；不得著录“本省”、“本公司”、“省计委”等。历代政权机关团体责任者，其前应冠以朝代或政权名称，并加“”号，例如：“/（民国）教育部”。个人责任者一般只著录姓名，必要时，在姓名后著录职务，并加“”号，例如：“/王枫（《人民日报》记者）”。清代及其以前的个人责任者应冠以朝代名称，并在其前加“0”号，例如：“/（清）左宗棠”。

少数民族个人责任者称谓各民族有差异，应按少数民族的署名习惯著录。

外国责任者应著录各个历史时期易于识别的国别简称，其后著录统一的中文姓氏译名，必要时著录姓氏原文和名的缩写。国别、姓氏原文的缩写前均应加“0”号，例如：“（美）尼克松”。

文件个人责任者为别名、笔名时，均照原文著录，但应将其真实姓名附后，并加“”号，例如：“/胡服（刘少奇）”

未署责任者的文件，应著录根据其内容、形式特征考证出来的责任者，并加“［］”号；经考证仍无结果时，以三个“口”代之，著录为“口口口”。

文件责任者不完整时，应照原文著录，将考证出的完整责任者附后，并加“［］”号，例如：“/周［周恩来］”。

文件的责任者有误时，仍照原文著录，但应将考证出的真实责任者附后，并加“［］”号，例如：“/王国央［王国英］%

考证出的责任者证据不足时，在其后加“?”号，一并著录于“［］”号内，例如：“［张治中?］”。

附件：是指文件正文后的附加材料。只著录附件题名，其前冠“号。文件正文后有多个附件时，应逐一著录各附件题名，各附件题名前均冠以“i_”号。

如果附件题名具有独立检索意义，亦可另行著录条目，并在附注中说明。

2. 稿本与文种项

稿本是文件的文稿、文本、版本的名称，依实际情况著录为正本、副本、草稿、定稿、手稿、草图、原图、底图、蓝图、原版、修订本、影印本等，其前加——”号。

文种是指文件种类的名称。文种依实际情况著录为命令、决议、指示、通知、报告、批复、函、会议纪要、原始记录、说明书、协议书、鉴定书、任务书、判决书、国书、照会、诰、敕、奏折等，其前加“:”号。

3. 密级与保管期限项

密级是指文件的机密程度，依国家标准《文献保密等级代码与标识》(GB/TW56-2003) 划分为公开、国内、内部、秘密、机密、绝密六个级别。密级一般按文件形成时所定密级著录，公开、国内两级可不著录；对已升、降、解密的文件，应著录新定密级，其前加“，——”号。

保管期限一般按案卷组成时所定保管期限著录，其前加“:”号；对已更改保管期限的案卷，应著录新定保管期限。

4. 时间项

时间项视不同著录对象，分为文件形成时间和文件起止时间，其前均加“一”号。以单份文件为对象著录一个条目时，著录文件形成时间；以一组文件、一个案卷、一组案卷为对象著录一个条目时，著录文件起止时间，其中最早和最迟形成的文件时间之间用“一”号连接。

时间一律用八位数字表示：第一位至第四位数表示年，第五位至第六位数表示月，第七位至第八位数表示日，例如：“20030501”。

历史档案中的朝代纪年、农历、地支代月、韵目代日，应照原文著录，同时应将换算好的公元纪年附后，并加“”号，例如：“，一一清乾隆十年九月二十六日(17451021)”。

没有形成时间的文件，应根据其内容、形式特征等考证出形成时间再著录，并加“[]”号，例如：“[19630124]”。

文件时间不完整或部分时间字迹不清时，仍著录原文时间，原时间中缺少或字迹不清部分以“口”号补之，再将考证出的时间附后，并加“[]”号，例如：-195口口口口口[19550307]”。

著录起止日期时，无论是本年度或跨年度都要著录完整，不能省略年度，例如-20000901-20010831”。

5. 载体类型及形态项

载体类型标识：档案的载体类型分为甲骨、金石、简牍、缣帛、纸张、唱片、胶片、胶卷、磁带、磁盘、光盘等。以纸张为档案载体的一般不著录；其他载体类型据实著录，并在其前加“，“一”号，例如：以磁带为载体的文件著录为“，“一磁带”。

数量及单位：数量用阿拉伯数字著录，单位用档案物质形态的统计单位著录，如“页”、“卷”、“册”、“张”、“片”、“盒”、“米”等，其前力口“:”号，例如--5

页”；——唱片：3张”。

规格：指档案载体的尺寸及型号等，其前加“：”号ˆ例如：“-5页：16开”；“——磁盘：4片：3.5英寸”。

6. 附注项与提要项

附注项是著录各个项目中需要解释和补充的事项，依各项的顺序著录。项目以外需要解释和补充的列在其后。附注项前加“——”号；每一条附注间均以“，——”号相隔。

提要项是对文件和案卷内容的简介和评述，应力求反映其主要内容和重要数据，一般不超过200字。

7. 排检与编号项

排检与编号项是目录编排和档案室（馆）业务注记项。

分类号依据《中国档案分类法》和《档案分类标引规则》的有关规定著录，置于条目左上角第一行。

档案馆代码依据《编制全国档案馆名称代码实施细则》所赋予的代码著录，置于条目右上角第一行。档案馆代码在建立目录中心或报道交流时必须著录。

档号是指档案室（馆）在整理或管理档案的过程中对档案的编号，通常包括全宗号、案卷目录号、案卷号、件号或页号。某些科技档案可著录有检索意义的专业号、工程号、专题号、产品型号等编号。档号著录于条目左上角第二行，与分类号齐头，各号之间用“一”号相隔，例如：21-3-57-6。

电子文档号是档案室（馆）管理电子文件的一组符号代码，著录于条目第二行的中间位置。

缩微号是档案缩微品的编号，著录于条目右上角第二行，与档案馆代码齐头。

主题词或关键词：主题词是揭示档案内容的规范化名词或词组；关键词是揭示档案内容的未经规范的词语。主题词参照《中国档案主题词表》、《文献主题标引规则》及本专业、本单位的规范化词表进行标引。

主题词或关键词著录于附注与提要项之后，另起一行齐头著录；各词之间空一格，一个词不得分为两行。

二、档案标引

档案标引是指在档案著录中对档案内容进行分析和选择，并赋予其规范化检索标识的过程；标引的目的是提供检索途径。

档案标引包括分类标引和主题标引两种类型；其中赋予分类号标识的过程为分类标引；赋予主题词标识的过程为主题标引。

（一）档案标引的标准文件

1.《中国档案分类法》

《中国档案分类法》主要用于档案分类标引和组织档案分类目录，它适用于我国各个历史时期所形成的各类档案。其体系结构包括如下几个部分：

编制说明：是对分类法进行基本的、全面的介绍。它包括编制目的和适用范围、编制原则、基本类目的设置及次序安排的理由、对各种分类问题的处理方法、标记符号、注释以及分类法的管理等。

“中华人民共和国档案分类表”：适用于类分1949年10月1日中华人民共和国成立以后形成的档案，由主表和辅助表（综合复分表、世界各国和地区表、中国地区表、中国民族表以及科技档案复分表等）组成。

“新民主主义档案分类表”：适用于类分中国共产党领导的新民主主义革命斗争时期形成的档案，由主表和辅助表（综合复分表）组成。

“民国档案分类表”：适用于类分1911年至1949年民国时期形成的档案．由主表和辅助表（综合复分表、民国时期世界各国和地区表、民国时期行政区划表、民国时期民族表）组成。

“清代档案分类表”：适用于类分清代档案，其一级类目还适用于类分清代以前各历史时期的档案。分类表由主表和辅助表（清代档案综合复分表、清代时期世界各国和地区表、清代行政区划表）组成上述四个分类表的结构大致相同，由基本大类、主表所组成。例如：“中华人民共和国档案分类表”设有19个基本大类，涵盖53个专业，类目总量达10万余条。主表是分类表的主体，是档案分类的细目。在主表中，各个大类一般都设立四级类目，有的还设立了五级类目，个别的只设立了三级类目。

《中国档案分类法》采用汉语拼音字母和阿拉伯数字相结合的混合号码制；用一个字母表示一个基本大类，根据需要有些二级类目采用了双字母制。

在字母之后采用了阿拉伯数字表示下属类目的划分并顺序编号。数字的数位一般表示类目的级位，基本上遵循层累制的编号原则ˆ

为了使号码适应类目设置需要，在号码的配备上采用了两种办法。第一，当同位类目超过10个并在16个以内时，采用八分制，即同一类目的号码由1到8，以后用91、92直到98。号码设置一般不用第二，当同位类目超过16个时，为避免号码冗长，采用双位制表示各同位类，即用11、12直到19，再从21、22直到29，以此类推，可以容纳81个同位类。在编号时，应注意为以后扩充类目留有一些空号。

2.《中国档案主题词表》

《中国档案主题词表》是一部由反映档案内容的主题词和词间关系组成的规范化词典，共收录主题词25891条，其中正式主题词21785条、非正式主题词4106条。它是进行档案主题标引和主题检索的词语控制工具，主要供档案部门及文书处理部门标引和检索档案、文件、资料之用。这部词表具有比较突出的专业性，在揭示档案、文件的主题内容上具有较强的表达能力。该词表对科技档案中的专业词汇收录较少，明清时期的专业名词基本未收。专业主管机关的档案部门可参照该表体例，编制各专业的档案主题词表。

《中国档案主题词表》的体系结构。《中国档案主题词表》主要由主表及其词族索引、范畴索引、首字笔画检字表和附表、附录组成。

主表的基本单元是主题词款目，由款目主题词及其汉语拼音、范畴号、注释、词间关系项等组成。款目主题词依照首字音序、调序结合汉字字型笔画排列，款目主题词首字相同者依第二字音序、调序、字形笔画排列，以此类推。

注释是对主题词所作的简要说明，分为限定注释和含义注释两种类型。限定注释指明该主题词的使用范围，用圆括号注在款目主题词之后，作为该主题词的组成部分；含义注释是说明该主题词的特定内容，用圆括号注在款目主题词之下，不作为主题词的组成部分。

范畴号是款目主题词的范畴分类类目代号，标识于款目主题词的右侧。通过范畴号可以在范畴索引中查寻与该主题词同属一类的有关主题词。词间关系又称参照系统，用来说明款目主题词在语义上的等同关系、属分关系和相关关系。词族索引是将主表中具有属分关系、包含关系和整体部分关系的正式主题词按规定属分级别展开全显示的一种词族系统。这种索引是在标引和检索中提供查词和选定标引词辅助工具，在机检系统中是实现自动扩检、缩检、上位词登录及满足族性检索的重手段。

范畴索引是将主表中的全部主题词按照既定的类目分类排列以便按类查词的一种辅助工具。《中国档案土题词表》的附表包括人名表和机构名表两种，收录的是人名和机构方的词目。设置附表的目的：一是控制主表的词量，免得主表过于臃肿；二是方便利用者查找人物和机构方面的主题词。

《中国档案主题词表》的附录包括《档案著录规则》、《中国历史纪年表》、《韵目代日表》、《干支次序表》和《化学元素周期表》，供标引、检索档案时使用。

《中国档案主题词表》的使用方法q《中国档案主题词表》的使用方法如下所述：

按汉语拼音音序、调序、字形笔画参照天头提示，从主表或附表中查找标引用主题词，或按笔画笔顺从词目首词笔画检字表中检出主题词的首字，再按该字所在的页从主表中查找标引用的主题词。

按分类类目从范畴索引中查找标引用的主题词，必要时再从主表中查阅该词的问关系项，以选定更恰当的主题词。

所选词是主表、附表或范畴索引中标明属非正式主题词者，应转换为正式主题作为标引词。

在主表中查到的主题词，如果不能恰当反映文件主题，可参考该词的词间关系进行校正，也可按该词的范畴号或族首词在索引表中查选更恰当的词，Q

从词族索引中查找属性相同的一族词，从中选定最专指的主题词。必要时，再从主表中查阅该词的其他词间关系，以定更恰当的主题词。

应用计算机进行标引、检索时，可利用计算机机读主题词表中的词族索引进行上位登录和自动扩检、缩检，以提高标引速度和查全率、查准率。

（二）档案标引的步骤与方法

档案标引步骤主要包括主题分析和概念转换两个方面。档案分类标引和主题标引都要按这两个步骤进行。

1. 主题分析

主题分析是确定被标引档案主题概念的过程。正确的主题分析是保证档案标引质量的重要因素；主题分析的误差必然会导致检索标引的误差，从而直接影响档案的检索效果。

主题的类型。主题分析的主要内容是确定主题的类型和构成因素。主题的类型依据档案的内容可以分为单主题和多主题。单主题是指一件（卷）档案只表达一个问题。根据主题概念语义性质的不同，单主题中又分为单元主题和复合主题。单元主题是指用一个单元词即可表达的主题，如《关于聘任的若干规定》，用“聘任”一个单元词即可表达其主题。复合主题又称多元主题，是指用若干个单元词组配或直接采用复合词表达的主题，如《中国人民银行调整储蓄利率的公告》，需要用“储蓄”和“利率”两个单元词组配才能表达其主题。多主题是指一件（卷）档案记述两个以上的问题，如《关于做好农产品市场预防“非典”工作和维护农产品流通秩序的通知》，包括农产品市场预防“非典”和农产品流通秩序两个主题，需要分别给予标引。

主题分析的步骤和方法9档案主题是通过对文件的内容和形式特征的分析而得到的，内容特征是其根本依据，形式特征是其辅助依据。采用主题分析的步骤和方法是：第一，阅读与理解文件或案卷标题。文件或案卷标题是其形成者或整理者对其内容的概括，一般能够反映其主题。但也有些文件或案卷的标题对其主题揭示得不够准确或不够完整。因此，文件或案卷标题是主题分析的重要依据，但不是唯一根据。

第二，阅读文摘、简介、前言、领导人批语等，从中往往可以发现标题中未予表达的内容；但不是所有文件都有这些组成部分。

第三，浏览正文。通过浏览正文可以了解文件的大致内容，对于揭示文件主题特别是揭示隐含的主题具有重要作用。一般情况下，除了内容单纯明确的文件之外，仅依据标题来确定文件主题是不够的，还需要浏览正文才能确定。

第四，查阅文件的外部特征，如作者、时间、密级等，有助于明确文件的形成背景和作用范围，对确定文件主题具有一定的帮助。

在主题分析时，不仅要分析档案本身的特征，还要注意考虑利用者的需求方向和查寻角度，使确定的主题因素尽量与利用者的需要吻合。

2. 概念转换

在确定了文件的主题概念之后，我们应将其转换为检索语言，并且做出标引。

分类标引概念转换的基本做法是：根据主题分析的结果，查找档案分类表，将相应类目的分类号作为检索标识，标于著录的条目之上。

主题标引概念转换的基本做法是：根据主题分析的结果，查找主题词表，将相应的主题词作为检索标识，标于著录的条目之上。对单主题文件的概念转换，只要赋予相应的一个分类号或一至若干个主题词标识即可；对多主题文件则需要先分解为单主题，再分别赋予其分类号，或再采用主题词分组组配的标识方式。

3. 审校

审校是标引的最后一道程序，是确保标引质量的重要环节。审校的内容包括：

档案的主题是否提炼得准确全面；主题概念是否准确恰当；是否遗漏了隐含的主题；所标主题是否具有检索意义。

是否存在过度标引或标引不足的问题。

分类标引是否符合分类标引规则；主题标引是否符合主题标引规则和组配规则。

标引的类号、主题词是否充分、完整、准确，书写是否正确无误。

对同一主题的标引是否前后一致。审校的程序分为自校、互校和总校。

自校：标引人员对自己的标引结果进行校对，发现主题分析有误、归类不当、前后不一致、符号错误等，及时纠正。

互校：标引人员对标引结果互相进行校对，纠正因个人理解不同而引起的错误，保持不同人员标引的一致性。

总校：在自校、互校后，必须选派熟悉业务、通晓目录工作的人员担任总校。通过总校，可以进一步消除档案主题分析与标引过程中的误差，保证标引工作的整体优化；同时，可以对标引工作中所遇到的问题进行综合分析，统筹考虑合理的解决方案。

第三节　档案检索工具

档案检索工具是记录、报道和查找档案的工具。它的基本职能有两个：存储档案信息和提供查找档案的途径。档案检索工具是档案检索工作中存贮阶段的工作成果，又是查寻利用档案的必要条件。

一、档案检索工具的种类

（一）按编制体例分

1. 目录

是指将通过档案著录标引工作编制成的条目按照一定的次序编排而成的检索工具，如分类目录、主题目录、专题目录等。

2. 索引

是指将档案的某一内容或外部特征及其出处按照一定的原则和方法排列而成的检索工具，如人名索引、地名索引、文号索引等。

索引与目录没有严格的界限，一般说来，目录是对挡案内容和形式特征进行全面、系统的著录，项目比较完整；索引则是对档案中的某一部分特征进行著录，如文件中涉及的人名、地名等，著录项目比较简单，有的只有名称（人名、地名、文号）及出处（档号）两个项目。

3. 指南

指南是以文章叙述的方式综合介绍档案情况的一种检索工具，如全宗指南、专题指南、档案馆指南。

（二）按检索范围分

1. 全宗范围的检索工具

即以一个全宗的档案为著录或介绍对象的检索工具，如案卷目录、案卷文件目录、全宗指南等。

2. 档案馆范围的检索工具

即以一个档案馆全部档案为著录或介绍对象的检索工具，如全宗目录、分类目录、主题目录、档案馆指南、人名索引、地名索引等。

3. 专题范围的检索工具

即以档案馆内有关某一专题的档案为著录或介绍对象的检索工具，如专题目录、专题指南、专题性人名索引和地名索引等。

4. 若干档案馆范围的检索工具

即以全国或某一地区若干个档案馆内的全部或某一专题的档案为著录或介绍对象的检索工具，如综合性或专题性联合目录、馆际档案史料指南等。

（三）按功能分

1. 馆藏性检索工具

馆藏性检索工具是反映档案实体整理体系及其相互关系的检索工具，如案卷目录、全宗目录、案卷文件目录等。馆藏性检索工具的主要功能是：固定和反映档案整理顺序，帮助档案管理人员了解和分析馆藏情况，便于按照档案整理顺序查找档案。其缺点是：目录组织方式受档案整理顺序的限制，检索途径单一；检索范围一般不能超出一个全宗，检索深度不够。

2. 查检性检索工具

查检性检索工具是脱离档案实体排列顺序，从档案的某一内容或形式特征的角度来提供检索途径的检索工具，如分类目录、主题目录、专题目录、人名索引、地名索引、文号索引等。查检性检索工具的主要功能是：建立多种检索标识，提供多种检索途径；可以打破全宗、案卷等档案实体管理的界限进行检索；可以选择多种检索深度。

3. 介绍性检索工具

介绍性检索工具是指是以文章叙述的形式介绍和报道档案内容及其有关情况的检索工具，如全宗指南、专题指南、档案馆指南等。介绍性检索工具通常不记录档案的检索标识，不建立排检项目，因此，它不能起到直接检索档案的作用，只是一种间接性的检索工具。介绍性检索工具的主要功能是：全面概括地介绍档案的情况，客观评述档案价值，发挥宣传报道的作用，向利用者提供一定的档案线索。

（四）按载体分

1. 卡片式检索工具

卡片式检索工具是以单张卡片为单位，每张卡片上著录一个条目，并将卡片按照一定顺序排列成查找体系的检索工具。其主要优点是具有较大的灵活性，便于增减条目和调整条目之间的顺序；利用其各个条目相对独立的特点，可以编制其他形式的检索工具；由于卡片纸质较好，比较耐翻检。其主要缺点是：卡片数量和体积较大，不便于管理；不便于传递和交流，一般只适用于在档案室（馆）内使用；手工检索速度较慢；成本较高。

2. 书本式检索工具

书本式检索工具也称簿式检索工具，是将著录条目连续排列并装订成册的检索工具。其主要优点是：体积小，便于管理；可以出版，便于各档案室（馆）之间进行交流和馆外查询；编排紧凑，便于阅读；手工检索速度较快；成本较低。其主要缺点是：缺乏灵活性，编制完成后不便于增减条目和调整条目之间的关系。

3. 缩微式检索工具

缩微式检索工具是以缩微摄影方式制作的以胶片为载体的检索工具。这种检索工具用于手工检索时可使用缩微阅读器放大阅读，也可用于计算机检索。缩微式检索工具的主要优点是：密集存储，节约空间；体积小，便于携带和交流，便于复制；耐久性较好，便于长期保存和使用。

4. 机读式检索工具

机读式检索工具是以数码形式存储在磁性材料上，供计算机识读的检索工具。其主要优点是：存储密度高，检索速度快，可以进行多种途径的检索。

5. 网络检索工具

网络检索工具是档案馆在互联网上公布档案馆开放档案目录而形成的检索工具。目前，我国许多省级档案馆在互联网上建立了馆藏开放档案的目录检索系统。这种检索工具的最大优点是，用户在任何时间、地点，利用任何一台联网的计算机就可以查询已经上网的档案馆的目录，并且还可以向档案馆预约查阅原件的时间，极大地方便了档案用户。

二、常用检索工具的编制方法和使用

（一）案卷文件目录

案卷文件目录也称为~“卷内文件目录汇集”或“全引目录”它是将一个全宗内的案卷目录和卷内文件目录汇编成册，使每一案卷中所包含的文件标题都在目录中反映出来，兼有案卷目录和卷内文件目录的双重功能。案卷文件目录使馆藏性目录实现了对案卷和文件的配套检索。编制案卷文件目录的方法是：将案卷目录和卷内文件目录依次打印，复印剪贴后装订成册，或者利用计算机编辑整合即可。案卷文件目录是书本式检索工具。

（二）分类目录

分类目录是根据分类法的原理，以分类号为排检项，依据《中国档案分类法》的体系组织起来的一种检索工具。分类目录的主要特点是系统地揭示档案的主题内容，具有较强的族性检索的功能。目前各档案室（馆）的手工检索分类目录大多采用卡片式。编制卡片式分类目录的基本方法如下所述。

1. 填制卡片

应根据《档案著录规则》的有关规范和档案标引的有关要求在卡片上进行著录和标引；可以采用一文一卡、一卷一卡、多文（卷）一卡等多种形式。当一件（卷）档案需标引多个分类号时，应对该档案分别填写多张卡片。

2. 排列

卡片填写完毕后，需要对其进行系统排列，排列方式应以《中华人民共和国档案分类表》为准。一方面，记录不同历史时期档案信息的卡片应分别排列；另一方面，一个挡案室（馆）中，记录同一时期不同种类档案信息的卡片应统一排列，构成一个完整的分类体系。

排列时，应按分类号的顺序逐级集中卡片。具体做法是：先按字母顺序排列，同一字母的卡片集中排放在一起，然后再逐级按阿拉伯数字的大小排列；类目排列顺序应与《中华人民共和国档案分类表》相一致。

在同一类目内，卡片的排列顺序可以根据档案以及利用特点采用不同的做法，但在一个档案室（馆）内应保持方法的一致性。常见的排列方法有按年度、发文级别、责任者、时间、地区、全宗等。

3. 设置导卡

将全部分类卡片排列完毕后，由于卡片的数量大，为了便于查阅，需要在卡片盒中设置导卡。导卡也称指引卡，是一种上端带有耳状突出处的卡片，使用时在突出处标明各类目的分类号和类目名称，便于检索者迅速准确地查找到所需卡片。

4. 编制分类目录说明

分类目录说明是对本档案室（馆）分类目录的介绍，由两部分组成：第一部分是分类一览表，即将档案室（馆）分类目录中所包括的类目按分类表体系顺序列出；第二部分是类目说明，即将归类原则以及每一类中档案的内容加以概要的介绍，特别要对交叉类目以及一些经过特殊归类处理的类目进行说明，以便于使用者了解类目的含义。

（三）主题目录

主题目录的编制方法是：根据主题法的原理，对文件进行主题分析，确定主题概念，然后将其转换为规范的主题词，并标明文献出处的一种目录。主题目录可以采取按字顺排列的方法组织。主题目录的主要特点是能够集中地揭示有关同一事物的档案的内容，具有较好的特性检索功能。主题目录的优势在计算机检索中可以得到充分的发挥；将每份文件的主题词输入计算机后，能够以任何一个词作为检索项，查检出有关该主题词的全部文件。

（四）专题目录

专题目录是集中、系统地揭示档案室（馆）有关某一专门事物、专门内容档案的检索工具。专题目录多采用卡片式，其编制方法如下所述。

1. 选题

在编制专题目录时必须要进行选题，以保证编制出的专题目录针对性强、查检频率高。选题的原则是：第一，选择能够反映馆藏特色，并具有一定研究意义的专题。因为这类专题比较受利用者的欢迎，有较高的利用率Q第二，不能选择与分类目录重复的专题，避免造成浪费。

2. 选材

专题目录是跨越全宗界限的检索工具，在提取信息时会涉及许多的全宗和类别。因此，需要对材料进行选择，以确定著录的对象。首先，要根据专题的内容详细地了解和确定与专题有关的全宗、类别、时间所涉及的档案的范围；其次，将有关的案卷调出直接阅读，逐卷逐件地挑选具有查考利用价值的档案作为著录对象。在选材时，范围可以适当放宽一些，将有关该专题的不同论点的材料尽可能收人，力求给利用者提供全面、系统、完整的材料。

3. 填制卡片

填制卡片一般在选材过程中结合进行。卡片的填写形式有一文一卡、一卷一卡、多文（卷）一卡。在一个专题目录中，根据档案的情况，这三种形式都可采用。填写卡片应按全宗和类别进行，不同全宗和类别的文件或案卷不能填写在一张卡片上。

4. 排列

卡片式专题目录的排列应打破全宗的界限，按卡片著录档案的内容分类来进行。具体而言，可以采用问题、时间、地区等标准将卡片分类集中。例如：对于具有明显阶段性的某一历史事件的专题，可以采用按照时间标准分类；如果事件涉及的面比较广，可以采取问题标准分类。至于类内卡片则可以按时间、级别、重要程度等排列。为了便于查找，应在类、项、目之间设置导卡。

（五）人名索引

人名索引是揭示档案中所涉及的人物并指明出处的检索工具。它是查找涉及人物档案的有效途径。人名索引的著录项目包括人名和档号两部分，两者对应，即可指出相关档案的所在；利用者通过索引的指示，便可查到记载某一人物的档案材料，人名索引可以分为综合性和专题性两种。综合性人名索引是录人档案室（馆）所藏档案中所涉及的全部人名；专题性人名索引是根据所列专题范围，如任免、奖励、处分等，录入涉及该专题的人名。实践经验显示：专题性人名索引在编制工作量和利用效率方面优于综合性人名索引，所以一般的档案室（馆）以编制专题性人名索引为宜。对于某些内容特殊的档案，如外事档案、人事档案、诉讼档案、公安档案等，由于所涉及的人名大都具有检索意义，可考虑编制综合性人名索引。人名索引可以按照姓氏笔画、汉语拼音字母顺序或笔形法排列。排列时，我们应注意区分同姓名而不同人的情况，以免发生误检或漏检。

（六）地名索引

地名索引是揭示档案中所涉及的地名并指明出处的检索工具，它可以为利用者提供查询有关档案的途径。地名索引的著录项目包括地名和档号两部分，一般按照地名首字的字母顺排列。编制地名索引时，我们一定要考察清楚各个地区和机关在行政区划、名称等方面的沿革、变化情况，以免出现错误。

（七）文号索引

文号索引是揭示文号和档号之间对应关系的检索工具，它提供了按照文号查询档案的途径。文号索引一般采用表格的形式，通常称为“文号、档号对照表”。也有的档案室编制项目比较全面的文号目录。文号索引比较适合于单位的档案室和地、县级档案馆，省级以上的档案馆一般不需编制文号索引。

文号索引应按年度、发文机关分别编制，即将同一年度、同一发文机关文件的文号与档号编制成一张表，然后将所有的表装订成册，就成为一个档案室（馆）的文号索引。

（八）全宗指南

全宗指南又称全宗介绍，是以文章叙述的形式揭示和介绍档案室（馆）收藏的某一全宗档案的内容、成分和价值的一种工具书。全宗指南的主要作用是介绍和报道某一全宗的基本情况，如立档单位的历史、全宗的形成历史、全宗的内容和成分等，从而使档案利用者和管理者能够比较全面地了解有关全宗的情况，提供查询档案的线索。全宗指南的内容有以下一些。

1. 立档单位的简要历史

立档单位的简要历史包括：立档单位成立的历史背景，成立的时间、地点，单位的名称、性质、职能、职权范围、隶属关系、内部组织机构设置，立档单位经历的重大事件；如果是撤销机关，还应写明机关撤销的原因和时间。

2. 全宗简要情况

全宗简要情况包括：全宗内档案的起止日期、来源、案卷数量、种类、主要内容、完整程度，档案的接收、整理、鉴定、保管、利用及检索工具的种类等。

3. 全宗内档案内容和成分的介绍

全宗内档案内容和成分的介绍是全宗指南的主体，在介绍时，我们应该依照全宗档案的整理分类体系进行。例如：全宗内档案如果采用组织机构分类法，可按照组织机构的顺序逐一介绍档案的内容和成分；如果采用问题分类法，则可按问题的顺序逐一介绍档案的内容和成分。

档案内容和成分介绍的目的主要是指明档案的来源、内容、形成时间、可靠程度、利用价值等。介绍时原则上以案卷为单位，介绍方法主要有以下三种：第一种，简要介绍。即对案卷的内容综合概括地介绍；其特点是篇幅简短，编写迅速，阅读方便，但是内容比较粗略。这种方法比较适合于那些具有一般价值的全宗。第二种，详细介绍。即对每一个案卷作具体详细的介绍，可以注明出处等；其特点是提供情况全面、详尽，篇幅较大，编写周期较长。这种方法比较适合于具有重要价值而案卷数量又不太多的全宗。第三种，重点与全面相结合的介绍。即对于全宗内价值一般的案卷作简要介绍，而对重要的案卷或文件作比较详细的介绍。这种方法兼有上述两种方法的优点，适用范围较广。

4. 全宗指南的辅助工具

为了便于利用全宗指南，可以编制人名索引、地名索引、目次、机关简称表等，作为辅助工具提供给利用者参考。

（九）专题指南

专题指南又称专题介绍，是按照一定的题目，以文章叙述的形式揭示和介绍档案室（馆）收藏的有关该题目的档案内容、成分的一种工具书。编写专题指南可以在专题目录的基础上进行，这样既便于编写，又便于利用者将两者结合起来查阅。专题指南的选题原则与专题目录相同，其基本结构如下所述。

1. 序言

序言是对所选题目的含义、意义、选材范围、档案价值以及编写方法等的概要说明。

2. 档案内容和成分的介绍

这是专题指南的主体部分，主要介绍档案的来源、内容、起止时间、种类、价值等方面的情况。以专题目录为基础编写的指南，可以按照目录所划分的类别分别介绍，叙述方法可采用简要介绍、详细介绍和重点与全面相结合的方法。

3. 附录

当需要时，可以编制全宗名单、人名索引、地名索引等作为附录，以供参考。

三、建立档案检索体系

档案检索工具的种类很多，每一种检索工具都有自己的特点，在功能上既有互补性，也有重复性。因此，档案室（馆）不需要配齐所有的检索工具，而应根据自身的实际需求，充分利用档案检索工具之间的互补性建立检索体系，这样才能高效率地构建完备的检索途径。档案室（馆）要建立合理的检索工具体系，应符合以下基本要求。

（一）保证有一定数量和种类的检索工具

通常一种检索工具只能提供一种检索途径，满足一种类型的检索需求。为了满足利用者动态的、多方位的检索需求，档案室（馆）需要配备一定数量和种类的检索工具，进行检索工具体系建设。

（二）充分利用检索工具的互补性

在建立检索工具体系时，不能单纯地追求种类的多样化，而应着眼于功能的齐全。因此，对功能上比较接近或部分甚至全部功能可以替代的检索工具，就应该避免重复设置，而应该将互补性作为选择检索工具的条件。

（三）检索工具的设置应与利用需求相吻合

在编制档案检索工具、建立检索体系时，应该考虑大多数利用者的需求，以较为普遍的利用需求和查询规律为依据来设置检索工具，而不必为极少数利用者特殊的查询角度编制专门的检索工具。

（四）馆藏性、查检性、介绍性检索工具并举

在一个档案室（馆）的检索体系中，应同时具有馆藏性、查检性、介绍性检索工具，三者不可偏废。馆藏性检索工具是档案室（馆）必备的检索工具，此外，还需要编制查检性检索工具和介绍性检索工具，以提供比较完善实用的检索途径，满足其检索需求。

四、如何使用检索工具

在档案室（馆）建立了档案检索体系，各种档案检索工具投人使用之后，无论是档案管理人员，还是档案利用者，都需要掌握一定的利用检索工具查询档案方法，才能顺利地实现检索的目的，查找到所需的档案。

（一）档案检索（查询）的一般过程

档案检索（查询）是通过利用检索工具查检出所需要档案的过程。这一过程一般由档案利用者自己操作，有时也可以由档案工作人员协助或代为完成。

运用主题分析法，明确检索要求，即了解清楚档案利用者究竟需要什么档案，将其需求归结为明确的检索主题概念。

根据档案室（馆）检索系统的设置情况制定检索策略，也就是从利用者已经掌握的线索和档案室（馆）检索系统的情况出发，选择比较有效的检索途径，并将检索主题概念转换为检索标识。

执行检索策略，即从检索系统中进行查检。具体操作是将表达检索主题概念的检索标识与检索系统中的检索标识进行相符性比较。

根据查出的档案线索提取档案，进行甄别、筛选或利用。

（二）检索要求的类型

1. 从检索目的角度划分

检索目的是指利用者是为了解决什么问题来查询档案。利用者的具体查询目的虽然各有不同，但总的来看可以归纳为如下两种类型：

查证型检索要求。查证型检索要求是指通过档案提供证据，解决某个需要证实的情况或问题。这种检索要求的基本特点是针对性强，不可替代，只有查到所特指的原始文件才能解决问题。

研究型检索要求。研究型检索要求是指利用档案作为研究历史、总结经验、探索规律的参考资料^这类检索要求的基本特点是全面性，查询档案的范围较大。

2. 从检索对象的角度划分

检索对象是指利用者需要查检的是什么档案材料，如某一文件、事物、人物、机构、事件、地区、学科领域、工作领域等的档案。检索类型所涉及的检索范围，可以是检索对象的全部档案材料，也可以是检索对象某一部分的档案材料。研究型检索要求大多需要检索对象的全部档案材料，而查证型检索要求大多需要检索对象的某一部分的档案材料。

3. 从利用者对检索对象线索掌握的程度划分

这类大体上可以分为已经确切掌握检索对象线索的、未全面掌握检索对象线索的和对检索对象了解甚少或完全未掌握的三种情况。

（三）检索提问分析

检索提问分析是指在档案检索过程中的主题分析。其目的是调查清楚利用者究竟需要什么档案，以便正确划定检索对象和检索范围，并制定出检索策略。为了正确地进行检索提问分析，我们需要了解清楚下列问题。

1. 检索目的

查清利用者是为了查证某一事实，还是为了研究某一问题。如果是委托档案管理人员代为查询，在不影响利用者保密的情况下，提问应尽量具体。

2. 检索对象

查清利用者所需档案涉及的是某个事件、事物、机构、人物、地区，还是某个专业领域或工作领域。

3. 检索范围

查清检索对象涉及的是全部档案材料，还是部分档案材料；是什么类型的档案材料，如文书档案、科技档案、音像档案等。

4. 利用者掌握相关线索情况

了解利用者掌握了哪些有关线索，如机关的名称、沿革情况，文件的作者、标题、时间、文号，事件的时间、地点等。

（四）检索策略的制定和执行

检索策略是指在分析检索提问、明确利用需要的基础上，根据档案检索系统的具体情况制定的以书面形式表达的检索方案。检索策略的内容如下所述。

1. 确定检索范围

检索范围可以分为核心区和相关区两部分。核心区是指与检索对象关系直接，信息比较密集，必须重点检索的部分；相关区是指与检索对象有间接关系，可以对核心区档案进行补充，有助于扩大和深化对检索对象的认识的部分。

2. 确定检索路线

检索路线是指查询者为实现检索目的所可能选择的检索途径以及查询步骤。某种检索要求可能选择什么检索路线，取决于档案利用者对检索对象线索的掌握程度和档案室（馆）检索系统的设置情况。

检索路线有多条，检索时除了确定主要的检索路线外，还可以有备用的和补充的检索路线。例如：利用者需要检索一份已知文号和主题的文件，那么查阅文号索引为最佳检索路线；但是如果档案室所编制的文号索引恰恰没有收录该文件，就可以利用备用的分类目录或主题目录等进行查找。

3. 确定检索标识

检索标识需要根据选定的检索工具来确定。例如：使用分类目录，就要根据《中国档案分类法》确定分类号；使用主题目录，就要根据《中国档案主题词表》确定检索词。同时，许多查询需求的检索标识不止一个，涉及范围广的检索要求可能需要多个甚至几十个检索标识进行检索，因此，为了保证查全和查准，检索标识要设计得完整和周密。

第四节　档案计算机网络检索

随着计算机网络技术的发展，网络办公已经成为许多单位常规办公方式。计算机强大的处理信息的功能，与网络迅速传递信息的功能相结合，使档案计算机检索已经成为现实。

一、档案计算机网络检索系统的结构

档案计算机网络检索是指以电子计算机作为检索设备，通过计算机检索软件对输

人的档案目录信息进行存储、整理、检索、输出、统计，利用互联网或局域网进行传输的过程。计算机网络检索系统由硬件——计算机（服务器、主机及外围设备）、软件和数据库——档案目录信息、著录规则和记录格式、检索语言等要素构成。计算机检索与手工检索的原理相同，也是由存储和查检两部分组成，在计算机中通常被称为输人和输出。在计算机检索的输人阶段，要将反映档案内容和形式特征的著录项目录人计算机，存人数据库，并根据检索需要建立相应的倒排文档。在输出阶段，要根据利用者的提问，编制恰当的检索策略，形成检索表达式，并将其输人计算机，在数据库中查找后将结果输出。

一、建立计算机检索的步骤

（一）系统分析

系统分析是从整体上考虑检索系统的每一部分和建立系统的每一个步骤。首先，我们要明确系统应达到的目标和指标，如规模、查询途径、功能等，进行可行性分析。然后，需要进行四个方面的分析：第一，工序分析，即把检索系统所要完成的工作任务进行分解，划分为若干部分，明确各个部分的工序及其之间的关系等。第二，工作量分析，就是对每一部分的程序设计和数据准备等需要完成的工作量进行估算，并确定工作人员。第三，费用分析，包括购买设备的费用以及一切费用的估算。第四，时间分析，即确定建立系统应划分为几个工作阶段、各阶段所需要的时间、总的工程时间等。系统分析的结果应形成书面材料。

（二）设备选购和安装

选购设备应根据技术系统的要求，从计算机的性能、容量、联网需要、扩展性能、维护条件、费用等多方面考察。除了计算机外，还要有必要的附属设备和适合的操作工作室。

（三）人员培训

人员培训包括程序设计人员、计算机操作人员、著录标引人员、数据输入人员和日常维护人员的培训等。

（四）检索软件设计

档案计算机检索软件的设计应该由软件设计专业人员与档案专业人员共同负责，以保证检索应用系统具有良好的专业资料的检索功能。

（五）数据准备

数据准备就是进行档案信息的采集、著录。在档案计算机检索系统的建设过程中，工作量最大的就是数据的采集和录人工作，并且其质量将直接影响检索系统的效率。

（六）系统的检验和修改

系统设计过程中和设计基本完成后，应输入一定数量的数据进行检验，发现问题，及时修改。修改、检验必须反复多次，才能使系统软件趋于完善。

（七）系统操作管理

计算机检索系统虽然灵活、快捷，但是也存在易发生故障的不足。操作不当、计算机病毒等都会使系统受到破坏。因此，应建立正规的管理制度，设置专门人员负责管理与维护。

（八）系统评价

在档案计算机检索系统建成并运行一个阶段后，应对该系统的功能、质量情况进行评价，以便发现问题、进行改进。

第十章 档案室建设与管理

第一节 档案室建设

一、档案室的含义

（一）档案室

档案室是各类性质的社会组织（机关、团体、企业单位、事业单位）中负责管理木单位忾案的机构，是机关、单位的机要部门，是同家档案事业组织体系中的基层组织。

（二）综合档案室

综合忾案室．指统一管理本单位全部档案的档案室，负责对普通档案、各种专门档案和特殊载体的档案进行统一的综合管理。

我国档案室的数量大、分布广、类型复杂，往往对不同的专门档案和特殊载体档案进行分别管理，分设不同类型的档案室，如普通档案室（文朽档案室）、科技档案室、音像档案室、人事档案室、机要档案室、等等。近年来，企业事业单位纷纷建立综合性的档案保管机构，统管本单位形成的各种类型的档案。综合档案室是企业事业单位档案机构设置的一个发展趋势，它有利于加强本单位杓案工作的统一管理，便于综合开发和利用档案信息资源，也符合机构精简原则。

二、档案室的职能、作用和任务

（一）档案室的基本职能和作用

档案室的基本职能和作用，主要表现在两个方面：

一方面，档案室的本质特征是统一管理本单位档案，主要为本单位服务。它是一个单位档案信息存储、加工和传输的服务部门，与本单位的领导和各组织机构发生联系，为领导决策、处理工作、组织生产、进行科研等活动提供依据和参考材料。档案室工作是行政工作的组成部分，是提高行政工作效率的必要条件。企业、事业单位档案室工作是生产管理、技术管理、科研管理不可缺少的环节。

另一方面，档案室又是国家档案事业组织系统中的基层组织，是档案馆工作的基础。档案室保存的档案，不仅对本单位的工作、生产和科研有现实查考价值，而且其中具有长久保存价值的部分，是国家的忾案财富，具有历史文化价值。因此，档案室具有为国家档案馆积累和输送档案文化财富的功能，其移交档案的完整程度、价值的高低、整理质量、保管状况等，都会直接影响到档案馆的馆藏质量。档案室的上述双重性质，支配着档案室的整个工作活动。

（二）档案室的任务

档案室工作，是为了集中统一管理单位在工作活动中形成的全部档案而建立起来的一项专门业务。《档案法》《机关档案工作条例》和《机关档案工作业务建设规范》，对档案室的任务都作了明确规定，其基本任务可以归纳为七个方面：

1. 贯彻执行党和国家档案工作的各项规章制度

档案室是国家档案事业的基层组织，必须遵守党和国家关于档案工作的法律、法规和方针政策，依法从事本单位的档案工作，这是做好档案室工作的基本前提。同时，为了贯彻执行档案工作法律、法规和方针政策，档案室还应该采取一系列有效的措施，建立健全本单位档案工作的规章制度，使本单位的档案工作有章可循，从而将本单位的档案工作纳入国家档案事业法治建设的轨道，这是开展档案室工作的基本保证。

2. 对本单位各部门形成的文件材料的整理

档案室的档案来源于本单位文书部门和业务部门，档案质量的高低与文书部门和业务部门有直接关系。为使本单位文书部门和业务部门的文件材料的形成、积累、归档工作符合档案工作的要求，档案室应对本单位各部门形成的文件材料的收集、整理、分类、归档工作进行监督指导，以保证归档档案的质量。

3. 集中统一管理本单位各种门类和载体的档案

档案的接收、收集、整理、保管、统计、鉴定工作，是档案室的基本业务。档案室工作人员要根据国家规定和档案业务工作的规范要求，做好上述工作，负责档案室库房的曰常维护，严格按照库房管理的要求，运用科学的方法和现代科技手段，创造和提升档案保管的物质条件，确保档案的完整与安全。

4. 积极提供档案利用，为本单位的工作、生产和科研服务

管理是手段，利用是目的。档案室工作的根本目的，就是充分发挥档案的作用，为单位领导决策和各项工作服务。档案室工作是否有效，是从利用工作表现出来的。利用工作的好坏，直接影响档案室的发展，影响单位工作效益的提高。如果档案室只起“一把锁”的作用，就得不到领导和业务人员的重视与支持。档案室要根据本单位工作利用档案的特点，开展各种利用工作，变被动服务为主动服务。

5. 对所属单位的档案工作进行监督和指导

按照档案工作统一领导、分级管理的原则，一些中央和地方专业主管机关、大型企事业单位的档案室，除管理本单位档案外，还对本系统、本公司所属单位的档案工作进行指导、监督和检查。

6. 依法把具有长期保存价值的档案移交给国家档案馆

《档案法》第十一条明确规定："机关、团体、企业事业单位和其他组织必须按照国家规定，定期向档案馆移交档案。"档案室保存的档案，一方面，它是本单位形成的，对本单位有用，要在本单位保存；另一方面，它又是国家的，对国家各项工作有用，需要移交给国家档案馆保存，在更大的范围内为社会各方面当前和长远的需要服务。档案室不仅要按照移交范围向档案馆移交档案，而且移交的档案要符合一定的质量要求。需要向档案馆移交档案的单位，一般是指党政机关、公办企事业单位和团体，民间组织和单位则不需要移交。

7. 办理领导交办的其他有关档案业务工作

档案室还要办理领导交办的其他有关的档案业务工作，比如编制必要的检索工具、文件汇编和参考资料，为本单位的工作、生产和科研服务；综合档案室应成为一个单位的档案信息储存、开发利用、服务交流的中心，因此有些单位的档案室称作"档案资料（情报）中心"。一些大型企业、事业单位建立统一管理档案、图书、情报、资料的机构，实行信息资源一体化管理，为本单位综合利用信息服务。

三、档案室建设的原则

基层单位的档案室建设应本着安全、实用、方便的原则进行选址、建设和管理。

（一）安全原则

档案室建设要能够保证档案材料的安全，这是首要的原则。档案室建设过程中要采取切实全面的措施消除多种安全隐患，如消防隐患、霉变隐患、失窃隐患、水浸隐患等。贯彻这一原则要求就需要在档案室的选址、基础设施、设备用具、制度建设、人员培训等方面严格执行相关的规定。

（二）实用原则

档案室建设的目的是为了基层单位更加有效地保管和利用档案，因此必须从本单位对档案资料的需求出发建设档案室，以满足工作中的各种实用要求。实用原则要求档案室建设不能过度追求高标准，而是要根据单位的具体情况因地制宜确定建设方案，做到规范性和灵活性相结合。贯彻实用原则需要认真研究本单位的组织结构规模、文件与档案材料数量、应用需求等因素，这样才能使档案室建设有的放矢。

（三）方便原则

档案室设立于基层单位内部，一方面贴近档案材料的来源，另一方面贴近档案利用需求的实际，因此，在档案室的建设过程中，既要便于档案材料的收集工作，也要便于提供利用工作。档案室建设的方便原则，实际上是对建成后更加有效、快捷地发挥应有作用的前瞻性要求。贯彻方便性原则需要对档案室空间布局、管理流程等方面进行精心谋划。

四、档案室的设施与设备配置

（一）档案室空间规划

1. 功能区设置

档案室一般包括库房、阅览室、办公室三个基本功能区。库房是存放档案实体的房间，阅览室是供档案利用者上门查阅档案材料，获取档案信息的场所，办公室则是档案室工作人员从事日常档案工作的场所。为了使各项工作不相互干扰，保护档案安全，应保证各功能区的相对独立。

2. 档案室选址

选择档案室位置首先要考虑安全的原则，选址应远离易燃、易爆、空气污染区，远离卫生间、热水房等特殊用房。用平房作档案室的，位置应在办公室附近，同时要高于周围地势，防止洪涝灾害对档案造成的损害。楼房中的档案室，不要安排在顶楼、一楼、地下室或楼的两侧，楼板承重必须达到档案库楼面荷载要求。无论是采用平房还是楼房，房屋必须坚固，符合建筑质量安全标准，不可采用临时建筑、活动板房作为档案室。

3. 档案库房

库房是保管档案的最基本的物质条件，直接关系到档案的保护和安全。档案库房应符合档案保管的专业要求，但不同的档案机构在库房建筑配置上因受财力等因素的限制又有所不同。设立档案库房必须注意以下一些方面：

库房必须专用，不能与办公室合用，也不能同时存放其他物品，这是因为库房直接关系到档案的安全，要求比较特殊。

档案库房必须坚固，至少应是正规的建筑物，不能是临时建筑。

库房应远离火源、水源和污染源并符合防火、防水、防潮、防光等基本要求，因此，全木质结构房屋不宜作库房使用；档案库房不能安排在顶楼或一楼一般的地下室也不能作档案库房使用。

库房门窗应有较好的封闭性，应安装铁制门窗，不宜采用自然光源，尽量减少外窗.如果必须设置外窗，应避免在东、西向开窗，并且悬挂厚窗帘以防强烈光线照射。

库房面积大小要考虑档案数量，如果条件具备则要考虑到未来的增量。

4. 阅览室

档案室中的阅览室是专门为阅档者查看档案而设立的。阅览室应采用ˆ独的房间，如果条件不具备，也可以在办公室中设立阅览桌。独立阅览室应有窗，自然采光好，避免阳光直射或炫光，可安装窗帘或百叶窗等遮阳装置，辅之以人工光源；应有自然通风，室内应设置空调或通风设备，供冬天和夏天使用。应摆放一定的桌椅、电脑，提供档案检索工具。

5. 办公室

办公室是档案管理人员进行日常办公的场所（，面积根据办公人员数量和办公需要确定，一般在10平方米——20平方米。办公室应设有堆放有待著录或编目的档案卷宗的大办公桌，以及档案管理工作所需要的设备，如计算机、打印机、装订机等。

（二）档案室的物质条件

1. 装具

装具即用以存放档案的柜、架、箱。一般而言，封闭式的柜、箱比敞开式的架子更有利于对档案的保护。柜、架、箱的制成材料最好为金属物，这样更有利于防火。档案室要有足够数量的档案箱柜，要能存放现有的档案和未来10——20年的档案。

可考虑使用密集型活动档案柜。这种平时合为一体，用时可打开的装具比之传统的单个单列、摆放位置固定的装具有较全面的优越性。它不仅具有防火、防光、防尘的性能，而且可大幅节省库房空间和库房建筑费用。一般而言，它可比常规的固定柜架节省近2/3的库房面积。但安装使用密集型活动档案柜，对地面的承重能力有较高要求。楼板承重力一般需在每平方米1200kg以上，同时也要考虑整个建筑物的坚固程度及其使用年限长短等相关因素。

2. 设备

档案保管的设备一般是指那些具有“固定资产”性质的机械、器具、仪器、仪表等技术设备，而不包括库房、装具、卷皮、卷盒、药品等在内。用于档案保管的技术设备种类很多，如去湿机、空调、通风设备，温湿度测量及控制设备，防盗、防火报警器，灭火器，装订机、复印机、计算机，消毒灭菌设备以及档案进出库的运送工具，等等。

3. 档案盒

档案盒是指放置档案材料的包装盒，档案盒应按国家标准A4纸张设计，用无酸纸制作。

4. 消耗品

档案室还需要使用一些低值易耗物品，如防霉防虫药品、吸湿剂、各种表格及办公文具等。

以上介绍的档案室的各种物质基础条件（用房、装具、设备等）是档案工作正常开展的必要前提，不同单位在建设档案室过程中可以根据自身情况、需要和经济实力（建设预算）来合理配置。

五、筹建基层档案室的步骤

一些成立时间比较短的单位，往往面临筹建档案室的任务，一则因为组织自身的发展需要开展建档工作，二则需要满足上级组织的各项评估。一些文秘专业的毕业生到新建不久的中小企业担任档案管理工作，说不定就会碰上企业领导布置你去筹建档案室的情况，要你拿出一个筹建方案来。在这种情况下，你该怎么做呢？

完成这个任务，需要考虑硬件和软件两种建设。硬件建设分为五个阶段，分别是调研、选址、撰写筹建方案、上交领导审批、采购物品。这五个阶段前后衔接、环环相扣，构成筹建一个档案室的基本过程。软件建设包括成立筹建工作的领导小组，确定档案室管理部门和主管领导，配备档案室工作人员，布置档案室，建立档案存放秩序，制定档案分类方案、起草一系列档案管理制度等。在实际工作中，可以根据本单位情况有所调整。以下是筹建档案室硬件的步骤。

（一）调　研究

前期调研是必不可少的。调研的主要目的是准确掌握本单位每年产生归档文件的数量、类型，了解本单位的组织结构，为撰写合乎实际的筹建方案奠定基础。

筹建人员可以采用的调研方法主要有：第一，访谈法，就是和本单位负责办文工作的领导或工作人员进行交流沟通，了解档案管理的需求，把握领导的意图；第二，统计法，就是对已经存在的档案文件进行初步统计，了解每年产生的档案数量与类型，掌握现有档案文件的数量与类型；第三，考察法，就是到当地档案馆或已经建有内部档案室的单位进行现场考察，参观取经，了解档案室建设的标准和要求，借鉴建设的成功经验，减少盲目性，避免失误；第四，研究法，也就是收集档案室建设的标准、要求、方案的文献资料，掌握档案室建设的常规知识和技术要求，使自己在短时间内成为内行。

（二）选择档案室地址和规划办公空间

勘察本单位目前的办公用房情况，根据单位的实际情况和档案室选址的规范要求，确定合理的档案室位置，划分档案室的功能区域。

（三）拟写筹建方案初稿

整理所获的信息，并根据这些信息构思筹建方案。筹建方案的基本内容要涵盖这样一些方面：第一，档案室位置的选取；第二，档案室用房面积的估算；第三，所需装具、设备清单的列出；第四，建设时间进度的安排；第五，建设费用的估算；第六，负责人及其职责的确定。

（四）上交领导审批

筹建方案初稿完成后，需要经过领导审批才能实施。筹建人员应首先将该方案交给其直接上司办公室主任审阅，如果上司提出修改意见，应对初稿进行修改完善，然后再将方案送交公司领导进行审批。

（五）采购设备与物品

筹建方案获批后，筹建人员根据筹建方案列出的物品购置清单，向主管领导提交采购设备与物品的申请，经过主管领导签字批准后，通过各种途径向商家查询物品价格后下单采购。具体的采购工作或由采购人员负责完成，或由筹备人员亲自实施。

第二节　档案室管理

筹建档案室，除了硬件建设之外，还需要进行软件建设。软件建设主要包括档案室的布置、档案实体存放秩序的建立、档案室的日常管理事项、档案室管理部门和领导的确定、工作人员的配备、档案分类方案的制定、各项档案管理制度的起草等。其中，如何制定档案分类方案的内容放在档案整理的相关章节中加以阐述。

一、布置档案室

（一）布置档案室的基本要求

档案室的基础施工完成后，就要着手摆放各类设备与物品，布置档案室。档案室内存放的主要物品有档案材料、档案柜、桌椅以及多种电器等，数量和种类比较繁多，因此必须精心布置，合理摆放，以便于日后开展工作。

1. 有利于保护档案安全

档案室的建设和管理要始终将保护档案安全放在突出的位置，在布置档案室各类物品设备时，要考虑到它们可能存在的安全隐患。除非必要，档案库房内不能放置长时间运行的电气设备，如计算机等，以防出现自燃危险及档案材料安全。

2. 有利于提高工作效率

档案室的空间布置，尤其是档案柜和档案材料的摆放方式与顺序，直接决定将来的查找、利用和管理的效率。科学合理的摆放可以极大地减轻工作量，降低工作强度；反之，杂乱、无序的摆放会给查找和管理造成不便，而且容易发生遗失和损坏。

3. 符合安装技术标准

档案室内所使用的一些设备需要遵循必要的技术标准来安装，这样既可以使设备发挥应有的作用，也能保障档案安全。档案室内的电源线路必须符合工程规范，所使用的构件应符合质量标准，电路的负载功率应满足档案室各类用电设备的需求，防止出现电路发热自燃。安装防火与防盗报警设备应符合相应的技术标准，否则就会形同虚设。

（二）档案阅览室的布置

挡案阅览室要布置成一间舒适和安静的场所。配备一定数量的桌椅，按照美观、舒适、方便人体入座和伸展的原则，整齐摆放。窗子须安装窗帘或其他遮阳物，以便遮挡过强的阳光，安装适合阅读的人工光源作为辅助光源。设置一个借阅处，用以办理借阅调档手续。可放置一个储物柜，用来存放阅览者随身携带的包包和其他物品。可配备一个检索台，放置必要的检索工具，以方便查阅者检索所需档案。还可以配备一些书架，存放全宗指南和一些工具书，以方便利用者查询。在阅览室的墙上。要张贴阅览室制度的告示。安装空调和排风设备，放置消防器材。随着档案的数字化发展，可以在阅览室内配置一定数量的电脑，让利用者上网查阅数字化档案，以减少原始档案的损耗。

（三）库房的布置

1. 档案柜（架）的摆放

档案柜（架）摆放时要做到以下几点：首先，档案柜（架）的放置方向应同有窗户的墙体垂直。其次，档案柜（架）有，列整齐，㈣排之间宽度不小于0.8米。列与列之间的通道净宽度不小于1米。最后，档案柜（架）摆放务必平稳，防止出现摇晃、倾斜等现象。

2. 档案柜（架）的编号

每一个档案柜（架）都应编号，编号的方法一般是按照某种顺序编流水号，以房间为单元进行。同排按从左到右、自上而下依次编列排号、柜架号、层格号，回行到下一排时左右顺序相反，为从右到左、自上而下。

3. 粘贴标志牌

标志牌是粘贴在档案柜（架）适当位置的指示标志，用于说明档案柜（架）的编号或柜架层格中档案的起止编号与类别。标志牌可以采用计算机打印的方式制作，也可以在购买档案柜（架）等装具时索要配套的标志牌。如果档案柜（架）自身带有标志牌的槽口，那么应将做好的标志牌插入其中。如果没有槽口，也可以用胶水粘贴固定。档案柜（架）的标志牌一般粘贴在面向通道的柜体面板上，档案柜（架）的层格标志牌应粘贴在相应的层格旁边。

4. 各类物品的摆放

将禁烟标志分别悬挂在档案库房和办公室（阅览室）的醒目位置。将手提式灭火器放置在档案室人口一侧，不可放在档案库房之内。根据消防器材安全规范，灭火器应存放在专用的器材箱内，器材箱的开盖应比较简便，确保取用方便。

温度计和湿度计应根据库房的面积大小合理设置数量，一般需要放置两组。一组放在通风比较好的位置，另一组放在通风较差的偏僻的位置，这样可以对整个库房的温湿度情况进行准确测量。温度计和湿度计一般悬挂在墙面之上，距离地面高度在1.6——2米之间。

二、档案室日常管理工作

档案室布置完成后，即可投人使用。此后，良好的日常管理是其正常运行的保障。管理人员应对库房等重点部位加强管理，保护档案安全并延长其寿命，使档案更好地为单位的建设和发展服务。

（一）定期检查、清点

对库房和档案应进行定期的检查和清点，并将此作为一项长期的制度化措施。定期检查和清点的方面主要有：

第一，档案是否发生霉变和有害生物活动迹象。如果发现有害生物，应及时投放杀虫药或者使用杀虫液灭杀。

第二，库房中是否存在安全隐患等危险因素。重点查看灭火器等消防器材是否齐全，是否能正常使用，是否超出保质期；检查电力线路是否存在隐患，各类电器是否安全和正常运作；检查防盗门、防盗窗是否安全牢固，是否存在松动、老化、生锈等情况，所安装的防盗报警装置是否正常工作。

第三，档案调出和归还是否履行了必要的手续。

第四，档案存放位置和次序是否混乱，档案是否长期使用未归还。

定期检查的周期可以月、季、节假日为周期，定期清点的周期应比定期检查的周期长一些。检查过程中应对检查结果进行及时、准确的记录。

（二）建立全宗卷

全宗是一个独立机关、组织或个人在社会活动中形成的全部档案，而全宗卷是对全宗内所有档案材料的管理信息的集合，是对全宗内档案实施管理过程中所形成的信息的记载，是了解全宗基本情况的一个工具。

建立全宗卷，就是要在档案室成立之初，为全宗档案的管理专门建立一个档案夹，用来存放全宗的管理文件和各种记录，将相关的清单、列表、登记表等材料有序地排列到里面，并在档案材料状况发生变化时及时更新全宗卷中的相应信息。全宗卷需要独立使用一个档案盒。这些材料主要包括以下几种类型：档案交接凭据、立档单位与全宗历史考证、整理工作方案、档案实体分类方案（分类表）、保管期限表、移进移出记录及手续（凭据）、对全宗档案进行检查与清点的历史记录及所发现的问题记录、档案受损情况记录和实施补救性措施的记录材料、档案销毁清册。总之，凡是在档案管理活动中形成的对全宗状况及全宗历史有原始记录意义的文字、图标等材料都应归入全宗卷中。

在档案室的日常管理工作中，随时向全宗卷盒内添加相关文件材料，或者及时更新其中的文件信息，通过查看和统计其中的信息，掌握全宗的基本情况，对全宗实施有效管理。

三、档案室的人员配备

档案室不仅仅需要具备硬件基础，还要有相应的软环境建设，也就是需要配备专兼工作人员和加强制度建设。只有这两方面相得益彰才能使档案室的作用得到有效发挥。

（一）档案室的地位

档案室在各单位中的地位，既不是凌驾于各业务部门之上的特殊地位．也不是处在可有可无的低微地位，而是处在单位办公室（秘书科）内的与各业务部门有密切联系的地位。有的档案室是独立的职能部门，处在与各业务部门同等的地位。但是，它不同于履行单位主要职能的部门，而是为职能部门服务的辅助部门。

（二）档案室工作的领导关系

档案室正常发挥职能，需要有清晰的领导关系。可以根据单位不同性质确定领导体制。在机关单位，要确定一名领导分管档案工作（一般是分管办公室工作的副职），负责档案工作重大问题的决策，办公室主任主管挡案室丁作，日常丁．作由综合管理部门（办公室、秘书科或者综合科负责人）直接领导或具体组织实施。在企业、事业单位，可以由业务副职分管档案丁作，日常工作由综合部门（即办公室）或技术部门（总工师办）直接领导。

档案室工作的领导与管理体制理顺后，单位领导机构需要在日常办公会上定期或不定期研究工作的重大问题．将档案丁作纳人领导责任制，列入议事H程。

（三）档案室工作人员

档案室主任一职可由办公室主仟兼任。如果档案管理工．作比较繁重，可以设置2——3名专职档案员，并从中选择一名骨干为档案室副主任，负责日常业务工作。档案室工．作人员应具有坚定可靠的政治立场，具备大学专科以上文化水¥和一定专业知识，能够胜任档案工作。

四、档案室制度建设

制度建设是保证档案工作顺利开展的重要保障。单位内部的擀案室虽然规模很小，但是不可忽视管理的制度化和规范化。档案室制度一般包括以下内容：文件材料收集、整理、归档制度，各类档案保管制度、档案鉴定与销毁制度、档案保密制度，档案利用制度，档案阅览制度、库房管理制度和档案人员岗位责任制。

参考文献

[1] 赛礼克·赛依力．智慧图书馆视域下高校图书馆信息资源建设策略［J］．科技风，2022，(7)：17-19

[2] 荀雪莲，姚文彬．大数据网络爬虫技术在智慧图书馆信息资源建设上的应用［J］．北华航天工业学院学报，2020，(4)：20-22

[3] 孟冬晴，牛莉丽．智慧图书馆建设背景下的资源推广服务模式探索［J］．医学信息学杂志 2021，(10)：77-81

[4] 张智慧．略谈西藏高校图书馆文献信息资源建设［J］．西藏教育，2010，(11)：58-60

[5] 蔡红宇．智慧社会建设背景下图书馆信息资源开放服务探讨［J］．中国中医药图书情报杂志，2018，42（4)：39-41

[6] 李晓婧．"双一流"建设背景下高校数字图书馆智能化信息资源服务研究［J］．视界观，2019，(21)：1-1

[7] 徐玲．"智慧城市"背景下的高校智慧图书馆建设探究［J］．人才资源开发，2016，(22)：128-129

[8] 杨柳．信息时代智慧学习空间与图书馆文化建设探讨［J］．Show 大学，2021，(3)：124-125

[9] 章望英．基于 SL 视角的高校图书馆资源建设与推广路径分析［J］．新世纪图书馆，2016，(8)：30-33

[10] 李菲菲，张云坤，王喜．智慧图书馆建设中网络空间安全体系构建研究［J］．科技情报开发与经济，2020，5（6)：29-33

[11] 刘莹．基于云计算与物联网的智慧图书馆建设管见［J］．图书馆学刊，2018，40（11)：124-127

[12] 王思，宁勇．智慧图书馆信息安全服务能力提升探究［J］．科技经济市场，2019，(6)：109-111

[13] 中国图书馆学会年会中国图书馆学会．中国图书馆学会年会论文集（2013 年卷）［M］．北京：国家图书馆出版社，2013

[14] 刘中仁．合理配置资源，有效利用信息［J］．法律文献信息与研究，2001，

（3）：19-19

［15］赵国忠．智慧图书馆背景下高校图书馆信息资源建设策略研究［J］．情报探索，2021，（9）：123-128

［16］吴小凤．智慧图书馆精准服务成人继续教育的学科资源建设路径［J］．继续教育研究，2022，（5）：5-9

［17］朱丽娜．高校智慧图书馆建设路径探讨［J］．科学与信息化，2020，（1）：40-41

［18］李玉海，金喆，李佳会．我国智慧图书馆建设面临的五大问题［J］．图书情报通讯，2020，（3）：8-14

［19］咸秀柔，吕建新，王媛媛．多源数据驱动的智慧图书馆生态建设——以河北北方学院图书馆为例［J］．信息记录材料，2022，（6）：23-23

［20］冉从敬，李旺，宋凯．国内外图书馆信息资源建设研究热点对比分析［J］．新世纪图书馆，2021，（8）：90-96

［21］柯欢玲．校园智慧图书馆建设探索——"广州模式"之文化教育跨界合作［J］．图书馆学刊，2016，38（5）：1-5

［22］陈玲，张红伟，王春梅．现代公共文化服务视角下医学智慧图书馆建设研究［J］．医学信息学杂志，2020，（3）：82-85

［23］张冉．智慧教育背景下高校图书馆数字资源建设与馆配转型探析［J］．中文科技期刊数据库（全文版）图书情报，2022，（8）：76-80

［24］陈戴．信息资源建设研究［M］．上海：上海科学技术文献出版社，2016

［25］浦绍鑫．现代公共图书馆资源建设与服务［M］．北京：光明日报出版社，2016

［26］林水秀．高校图书馆资源建设与管理研究［M］．长春：吉林大学出版社，2016

［27］广州市图书馆学会．现代图书馆研究系列图书馆合作创新与发展［M］．广州：暨南大学出版社，2016

［28］周和平．周和平文集（上）［M］．广州：中山大学出版社，2016

［29］叶青，方倪，郭璐．Internet网络信息资源检索［M］．哈尔滨：东北林业大学出版社，2016

［30］朱锐勋．政府信息资源开发模式比较研究［M］．北京：国家行政学院出版社，2016

［31］马家伟，杨晓莉，萎洋．图书馆与图书管学概论［M］．长春：吉林科学技术出版社，2016

［32］杨新涯．图书馆服务共享［M］．北京：知识产权出版社，2016

［33］张岩．深圳图书馆志：1986-2016纪念深圳图书馆开馆三十年［M］．深圳：海天出版社，2016

［34］张浩著．办公室写作与工作实务丛书 新编机关秘书工作实务全书［M］．北京：中国文史出版社．2017.

［35］国网江苏省电力公司．低压线损精益化管理实务［M］．北京：中国电力出版社．2017.

［36］李莹著．办公室秘书实务研究［M］．长春：吉林大学出版社．2017.

［37］诸葛毅．慢性阻塞性肺疾病社区管理实务［M］．杭州：浙江大学出版社．2017.

［38］霍焱著．21世纪普通高等院校实用规划教材 经济管理系列 商品流通实务实验教程［M］．北京：清华大学出版社．2017.

［39］李晟露，王大海主编．会计信息系统原理与实务 用友ERP-U872版［M］．上海：上海财经大学出版社．2017.

［40］孔令泰主编．不动产统一登记实务 连云港市不动产统一登记实施一周年论文集［M］．徐州：中国矿业大学出版社．2017.

［41］王桦宇著．人力资源管理使用必备工具箱．RAR 常用制度、合同、流程、表单示例与解读 增订5版［M］．北京：中国法制出版社．2017.

［42］李晓婷编著．复旦卓越·人力资源管理和社会保障系列 人事档案管理实务［M］．上海：复旦大学出版社．2015.

［43］人力资源工作网编著．人力资源管理实务指南［M］．北京：中国电力出版社．2015.

［44］郭学利，武晓睿主编．秘书文书档案管理［M］．北京：清华大学出版社．2015.

［45］杜俊娟主编．会计基础理论与实务［M］．上海：上海财经大学出版社．2015.

［46］韩霜编著．计算机会计实务［M］．北京：清华大学出版社．2015.

［47］周万发，饶欣主编．客户关系管理理论与实务［M］．北京：清华大学出版社．2015.

［48］谭伟贞著．“会说话”的档案研究 新建地方本科院校档案理论与实务［M］．广州：羊城晚报出版社．2015.

［49］张仲华主编．云南高校档案工作研究［M］．昆明：云南大学出版社．2015.

［50］李向前，刘川云，唐美主编．社会组织实务宝典［M］．成都：四川大学出版社．2015.

［51］于学军，李文秀，周文龙主编．物业管理实务［M］．北京：北京理工大学出版社．2015.

